PSYCHOLOGY

心理学形态研究系列

P S Y C H O L O G Y

"十二五"国家重点图书出版规划项目
上海文化发展基金会图书出版专项基金资助项目

葛鲁嘉 著

科学形态的心理学

——心理学的科学追求与科学身份

上海教育出版社

SHANGHAI EDUCATIONAL
PUBLISHING HOUSE

丛 书 总 序

心理学的探索和研究已经有了众多的学科分支和丰富的具体研究,有了广泛的生活应用和大众的认知接纳,有了学术的创造支撑。但是,心理学本身依然缺乏反思、界限不清。任何一个成熟的学科,都应该有强大的自我反思、自我定向、自我驱动、自我矫正和自我扩展的能力。心理学在快速的发展进程中,最需要的就是这样的能力。这直接涉及的就是心理学的视野、框架、形态、资源与未来,"视野""框架""形态""资源"与"未来"是把握心理学学科总体、促进心理学学科进步的关键词,也是"心理学形态研究系列"丛书的核心内涵。

任何一位投身心理学事业的研究者和学习者、对心理学感兴趣的其他学科和行业的探索者与从业者,或是对心理学很好奇的思想者和普通人,都可以在这套丛书中有所收获。

心理学研究者如何看待自己的学科?心理学爱好者如何借鉴跨界的学科?如何张望陌生的学科?这需要具有宽广的视野。所谓视野就是人的眼界。同样都有眼睛,但是不同的人在现实生活中能够看到的广度和深度却完全不同。因此,最重要的是心灵的眼睛。这套丛书可以极大地扩展审视、观望和看待心理学的视野。

无论是心理学研究者还是心理学的应用者、爱好者,想要从整体上掌握和运用心理学,最重要的就是有一个整体的框架,包括学科的框架、思想的框架、理论的框架和知识的框架。只有有了这样的框架,才能够对五花八门、纷繁复杂和丰富多样的心理学探索、研究与应用进行梳理和分类。

心理学具有多重性的身份,也有着多样化的角色和多元化的形态。当然,科学的或实证的心理学曾经试图定位自己是唯一合理的心理学形态,从而也就将其他不同的心理学形态及探索丢进了垃圾箱。这在给心理学带来

1

纯洁性的同时,也使得心理学割断了与自身学科土壤的关联。因此,对不同形态的心理学的探索,可以大大丰富关于心理学的理解,扩展心理学的发展空间。

对心理学的多重形态的探索,并不是要分裂心理学、肢解心理学和打碎心理学,而是要在心理资源、学术资源、思想资源、理论资源等方面去重新理解心理学。资源化的处理是心理学学科发展获取学术养分、思想营养和理论滋养的最重要的突破。任何资源都在于挖掘、提取、转化和运用,心理学的资源同样如此。

资源也许汇聚和代表了过去、传统和遗产,但实际上,资源最重要的核心作用是能够指向和引领心理学学科发展的前景、未来和成长。心理学应该成为也能够成为一个强大的学科。这种学科自身的昌盛和繁荣就应该植根于养分丰富的学科资源。这也是探索不同形态的心理学最重要的价值、意义和作用所在。

这套"心理学形态研究系列"丛书包含八部心理学学术著作:《心理科学论总——心理学命运与前途的全景考察》《心理学本土化——中国本土心理学的选择与突破》《常识形态的心理学——心理学的生活形态和日常存在》《哲学形态的心理学——哲学心理学与心理学哲学》《宗教形态的心理学——宗教传统和研究的心理学智慧》《类同形态的心理学——不同科学门类中的心理学探索》《科学形态的心理学——心理学的科学追求与科学身份》和《资源形态的心理学——心理资源的基本性质与核心内涵》。这八部著作直接涉及和探索心理学的视野、框架、形态、资源与未来。

《心理科学论总——心理学命运与前途的全景考察》是关于心理科学本身的学术梳理、学术反思、学术突破和学术建构的。书中对如何推进心理学的学术进步,如何扩展心理学的学术空间,如何引领心理学的学术未来,如何确立心理学的本土根基,如何激发心理学的学术创新等,进行了一系列的学术思考。

《心理学本土化——中国本土心理学的选择与突破》是对中国本土心理学在追求科学化历程中经历的西方化历程的文化性、思想性和历史性的反叛。心理学的本土化也是心理学在更大的范围内去寻求自己学科和学术发展的资源。关于心理学的本土走向,要涉及心理学研究的本土定位、本土资源、本土理论、本土方法和本土技术。心理学的本土化实际上就是心理学的一个新生的过程。中国心理学的本土化也就是中国心理学的创生过程。

立足西方文化传统的"科学的"心理学一直认为自己是唯一合理的心理学,除此之外的心理学探索,或者立足不同文化传统的心理学探索,都可以划归为"非科学的"心理学,而所谓"非科学的",也就是被淘汰的、已过时的、无价值的。心理学的本土化则来自对西方心理学唯一合理性的质疑,来自对各种不同心理学探索的合理性的确认和把握。心理学的文化转向是心理学本土化的方向问题。心理学曾经靠摆脱、放弃、回避或越过文化的存在来发展自己。也就是说,在心理学成为独立的科学门类之后,在追求科学性的过程中,把科学的客观性和普遍性与文化的建构性和独特性对立起来,心理学早期以排斥文化的存在来保证自己对所有文化的普遍适用性。然而现在,心理学必须靠包容、探讨和体现文化的存在来发展自己,来保证自己对所有文化的普遍适用性。

心理学本土化的发展是把心理学确立为创新的心理学。中国心理学的本土化并没有现成的道路好走,没有现成的东西可以继承,没有现成的方式可以照搬。这就决定了中国心理学的本土化历程必然和必须走创新发展的道路。对于中国本土心理学来说,原始性的创新应该成为重要的学术目标。然而,对于中国现代心理学来说,这是非常薄弱的环节。对于许多中国心理学的从业者和研究者来说,好像只有引进的才是心理学,创新的却很难被看成是真正的心理学。

中国本土心理学的研究涉及心理学学术创新和理论建构的学术资源,而获取什么资源和怎样获取资源,就成为重要的任务。心理学的演变和发展有自己的资源根基,这可以体现为不同的心理学历史形态、现实演变和未来发展。当代心理学的发展应该将不同形态的心理学作为自己学术创新的资源,只有掌控和运用这些资源,心理学才能够扩大视野,挖掘潜能,丰富自己的研究,完善自己的功能。

心理学的发展有着属于自身的文化、历史、传统、思想、理论、学科的资源。心理学有着十分不同的历史发展和长期演变的形态,所有不同的心理学形态都是心理学的发展可以借用的学术资源。心理学资源可以体现为心理学历史形态、心理学现实演变和心理学未来发展,共包括六种不同的心理学形态：常识形态的心理学、哲学形态的心理学、宗教形态的心理学、类同形态的心理学、科学形态的心理学和资源形态的心理学。解读这些不同形态的心理学，考察不同形态心理学之间的关系，对心理学的发展有着至关重要的作用。当代心理学的发展不应该是不同形态的心理学之间的相互排斥、对立和对抗，所有不同形态的心理学都应该属于心理学学术创新的文化、历史、思想和学术的资源。

中国本土的心理学、中国本土的理论心理学，最重要的就是自身的理论建构。这主要是确立中国本土心理学的理论思想、理论框架、理论内涵、理论预设和理论构成。中国心理学对外国心理学的理论复制和理论模仿，导致对本土心理学的理论创新和理论开拓的抑制和忽视，而中国心理学理论创新的弱化也直接导致对国外心理学知识和理论的大量引进，这造成了限制中国心理学理论发展的恶性循环。甚至，中国的心理学研究者反而不习惯于心理学的理论创新，对任何创新的尝试都横加阻抑和指责。这导致中国心理学的发展极度缺少理论创新，特别是立足本土文化的原始性理论创新。强化理论心理学的研究可以促进中国心理学的理论创新，特别是原始性的理论创新。

因此，最重要的就是能够对所有相关的心理学资源进行系统化的梳理与整合。心理学资源既可以成为常人的心理生活的资源，也可以成为专家的心理科学的资源。心理学必然面临如何理解、看待、保护、挖掘、提取和转用资源的问题。心理学的发展显然不应该抛弃自己的文化历史传统，而应该将其作为学术性资源。

常识形态的心理学也被称为民俗心理学、素朴心理学等。这是普通人在日常生活中创建的心理学，是存在于普通人生活经验中的心理学。常识心理学既是普通人心灵活动的指南，也是普通人理解心灵的指南。常识心理学是科学心理学发展的文化资源。哲学形态的心理学是心理学最古老的形态之一。在科学心理学诞生之前，心理学就"寄生"在哲学中，是哲学的一个探索领域。对心理学研究的理论前提或理论预设的反思就是心理学哲学的探索。这种探索的目的在于使心理学的研究能够从盲目走向自觉。宗教形态的心理学包含两种不同的和关联的内容。一种是科学的含义或是科学传统中的宗教心理学，是科学家运用科学方法对宗教心理的研究。这是科学心理学的一个分支。另一种是宗教的含义或是宗教传统中的宗教心理学,是宗教家按照宗教的方式对人的心理行为的说明、解释和干预。类同形态的心理学是与科学心理学相类同或相类似的其他科学分支中的心理学思想、理论、方法和技术。心理学发展应该去吸取、提炼、接受、消化和融会类同形态的心理学研究。科学形态的心理学是通过科学的理论、方法和技术来考察、描述、说明和干预心理行为,并在很短的进程中取得了飞速的发展,但依然面临着许多重大的和核心的课题。资源形态的心理学探讨和论述的是心理学未来发展的基本形态。这是科学形态的心理学的进步、扩展和提升。资源形态的心理学把心理学的学术性资源的开发、累积和运用,确立为心理学未来发展的核心任务。

在心理学发展和演变的进程中,科学形态的心理学曾被确立为唯一合理的存在,其他各种不同的心理学形态则受到忽视、排斥和抛弃。因此,从未有过对各种不同心理学形态的系统性和学术性的考察与研究。心理学形态研究将会是对心理学学术研究的全新突破。这将奠定中国本土心理学发展的学术资源的基础,会给中国本土心理学的未来进步带来长久的、巨大的和深远的影响。

中国心理学长期以来依赖于对国外心理学全面、系统和不断的引入、翻译、介绍、评判、学习和模仿,这为中国本土的心理学家了解世界心理学发展和演变的进程与趋势,包括把握西方心理学的发展和走向,掌握苏联、俄罗斯心理学的过去和现状,填补中国心理学研究的空白和缺失,推动中国心理学的研究和应用,提供了基础和前提。在中国心理学的发展历程中,从老一代的心理学家开始,就有对国外心理学的引进、介绍、评判和模仿,体现为重视研究心理学发展史,特别是重视研究西方心理学流派。在一个多世纪的时间里,这给中国心理学的发展和繁荣奠定了坚实的基础,实现了中国心理学的跨越式发展。而追踪和模仿发达国家的心理学,也会导致中国本土心理学创新性和创造力的弱化。这直接造成引进的心理学特别是引进的外国心理学的理论、知识、方法、技术和工具,会与中国本土的文化传统、社会生活、心理行为等存在巨大的隔阂。

本土心理学研究主要体现为对中国心理学思想史、中国心理学史以及中国古代、近代和当代的心理学思想、理论、学说、方法、技术及工具的研究、考察和探索,从而系统梳理中国文化历史、文化传统及思想创造中包含的心理学思想、心理学解说和心理学内容。这是在与西方心理学或国外心理学不同的中国本土的文化历史、文化思想、文化传统和文化创造的基础之上,去重新认识、理解和把握心理学。关于中国本土文化传统中的心理学研究,在研究尺度、评判标准、理论依据、学术把握等方面一直存在学术争议。有的研究按照西方文化或西方科学文化的尺度,按照西方心理学或西方实证科学心理学的尺度,来筛淘和衡量中国本土文化传统中的心理学内容,也有研究者强调应按照中国本土的文化传统、价值尺度、学术标准,来重新衡量、梳理和探讨中国本土的心理学传统。

中国本土的心理学正在寻求自身的创新性发展。这种创新倡导的是,中国心理学的发展不应该仅仅是对国外心理学的修补和改进,也不应该仅仅就是对中国历史传统中的心理学思想的解释和解说,中国本土心理学真正需要的是寻求本土文化的心理学根基和心理学资源,并立足这种本土文化中的心理学核心内容来建构真正属于中国本土的创新的心理学。关于中国本土心理学的发展应该倡导和推动原始性的创新,特别是原始性的理论创新,这已经开始由最初的呼吁逐渐成为付诸行动的学术追求。中国心理学的这种原始性创新的努力,也开始由不同分支学科、不同理论知识、不同研究方法、不同技术手段等分散的方面,转向对更宏大的心理学理论原则、理论框架、理论构成等方面的突破。

中国现代意义上的科学心理学是从国外引入的,包括近代从欧美等科学心理学先导和发达的国家引入的实证科学的心理学,也包括新中国建立初期开始从苏联引进的以巴甫洛夫的高级神经活动学说为代表的唯物主义心理学。这两个不同来源的心理学都存在于中国现代心理学的研究之中。改革开放后,中国心理学开始挖掘和整理中国本土的传统心理学思想,但是,这方面的研究还存在重大的缺陷,最大的问题是认为中国本土文化中并没有心理学,只有一些零散的、猜测的心理学思想,认为这方面的研究仅在于证明现代心理学研究的古代猜想。这就形成了两个巨大的鸿沟:一是翻译、引进和介绍的国外研究与中国本土文化和生活之间的鸿沟;二是中国古代的心理学思想与中国当代的心理学创新之间的鸿沟。这也就导致中国本土心理学的两个重大缺失:一是长期的引进和模仿导致中国本土心理学研究原创性的严重缺失和弱化；二是中国古代心理学思想研究仅仅是为现代心理学研究提供历史的佐证，导致中国本土心理学根基的垮塌和资源的流失。总括起来，中国本土心理学所缺失的是建立在中国本土心理学资源基础之上的心理学原始性的理论创新和建构。这套丛书最核心的学术价值和创新意义就在于，通过立足本土文化的理论创新和建构，开辟中国本土心理学未来的学科发展和创新的理论演进道路。

在中国本土心理学的研究中，关于中国本土文化传统中的心理学理论根基和学术资源的探索是最重要和关键的走向，也是最核心和根本的未来。这套丛书旨在挖掘和把握中国本土的心理学资源、心理学传统和心理学根基，从而推动和引领中国本土心理学的创新性发展。例如，在中国古老的和悠久的心性文化传统中，就存在丰富的心理学资源、特定的心理学传统和深厚的心理学根基，这就是中国文化的心性学说。从心理学的角度加以考察和挖掘，可以将这种心性学说转换为心性心理学，这是中国文化非常独特和重要的心理学理论贡献。中国本土文化中的心性学说和心性心理学有着非常重要的心理学学术性价值，问题是怎样将这种心性心理学的传统转换成为中国心理学理论创新的资源。这套丛书的研究就是对中国本土心理学的研究进行重新定位，就是要厘清中国本土心性心理学的内涵，深入挖掘中国本土的心性心理学，并将心性心理学的思想框架和理论核心引入中国本土心理学的具体研究中。

正所谓"条条大路通罗马"，不同的心理学探索、不同的心理学形态，都是通往人类心理的门户。在通道的沿途，有着各不相同、别具洞天的境遇和景色。心理学的探索者不应该去关闭那些可能的通路。为什么不去探险呢？无限风光在险途！

吉林大学哲学社会学院心理学系

葛鲁嘉

2014 年 10 月

目录 | *Contents*

第一章　科学心理学的定位

　　科学心理学的定位涉及两个方面的重要问题：一是心理学的科学属性问题。这就是，心理学怎样才能成为一门科学，怎样才能具有科学的性质，怎样才能跻身科学的行列。这牵涉到心理学的科学标准。二是心理学的学科属性问题。这就是，心理学应该归属什么学科门类，是属于自然科学、人文科学、社会科学，还是属于中间科学。这牵涉到心理学的学科标准。表面上看，这是两个不同的问题，决定的是心理学学科的不同方面，实际上，这是两个有着特定关联的问题。

第一节　心理学的科学属性

　　心理学的科学属性是指心理学怎样才能被确定为一门科学。按照什么标准，心理学可以划归于科学、非科学或伪科学，这关系到科学的划界标准问题。

　　有研究指出，在人类思想史上，围绕科学划界问题形成了三次历史性转向。[①] 第一次历史性转向起始于 16—18 世纪的经验主义和理性主义，结束于 19 世纪中叶的早期实证主义，科学与非科学之间从无界到有界。第二次历史性转向发轫于 19 世纪康德（Immanuel Kant，1724—1804）"先天综合判断"对科学与形而上学何以成为可能的沉思，集中表现于 20 世纪中叶逻辑实证主义和批判理性主义对科学知识体系的验证方法、科学命题的社会功能

---

① 范燕宁.科学划界标准的三次历史性转折及其方法论意义[J].贵州社会科学,2008(9)：4-11.

以及科学命题的可证伪性、可试错性及相对性问题的探讨。第三次历史转向开始于 20 世纪中叶,导致传统科学划界观由相对到消融。

第一次历史性转折:科学与非科学之间从无界到有界。一种认识方式是继承亚里士多德(Aristotle,前 384—前 322)的传统,继续探讨科学与非科学的知识界限,把哲学与科学共同看作科学的范畴,而与各类非科学的知识相对立。另一种认识方式是在试图对科学知识与非科学知识进行分类的同时,逐渐意识到哲学与各门具体科学的区别,认为哲学并不直接构造知识大厦,只是为这个大厦准备地基,清除障碍,并逐步将哲学排除出科学的范围。孔德(Auguste Comte,1798—1857)等实证主义哲学家在探讨知识的确定性时,把英国的经验主义传统发展到了极端,提出了实证主义的科学划界原则。只有建立在来自观察和实验的经验事实基础上的各类知识体系,才是真正的科学,实证哲学"拒斥形而上学",将哲学本体论研究排除在了科学体系的范畴之外。

第二次历史性转折:科学划界标准从绝对到相对。康德总结了经验论和唯理论的历史争论,试图在弘扬人的主体能动性的基础上,解决科学知识的确定性、普遍性问题。他认为,无论是按照经验论还是按唯理论方法建立起来的知识体系,都很难说是真正科学的知识体系。经验论者由于固执坚持感觉经验的可靠性,而不能解释通过经验归纳方法得出的科学理论的普遍必然性问题;唯理论者则因片面坚持理性演绎前提的先天自明性,而不能给人提供新知识。他揭示了人类理性的一个二律背反:人类理性不应超出经验,又必然会超越经验界限;应当依据经验,又必然会超越经验;就其来源而言来源于经验,就其无限发展的倾向而言又必然超出经验。逻辑实证主义学派的观点为科学划界标准由确定性走向不确定性、由绝对性走向相对性提供了一个中间环节。波普尔(Karl Popper,1902—1994)赞同逻辑实证主义者重视感觉经验在科学划界过程中的作用,但是,认为经验在确定的科学知识体系中的作用,不是去证实而是去证伪一个理论。库恩(Thomas Kuhn,1922—1996)提出科学活动的主体性、非价值中立性思想,强调科学活动必然要受到主体及各种社会因素的影响;科学革命是范式转换的结果,不同科学范式之间具有不可通约性;科学发展往往具有非进步性等观点。这全面挑战了传统科学划界理论的独断性命题,无疑对后现代主义者强调科学的多元化、开放性，反对科学的整体性、统一性等主张产生了极其深远的影响。

第三次历史性转折：科学划界标准从相对到消融。库恩、费耶阿本德（Paul Feyerabend，1924—1994）、夏佩尔（Dudley Shapere，1928—　）、劳丹（Larry Laudan，1941—　）等人阐发的后实证主义（post-positivism）思想，导致了科学哲学中的革命，同时也对社会科学理论产生了重大影响。在库恩的非理性主义、相对主义科学观影响下，费耶阿本德在 20 世纪 70 年代提出无政府主义方法论思想及多元主义的科学划界观，使科学与非科学的界限逐渐走向消融。费耶阿本德把科学看成是一种意识形态，认为科学与非科学应当同等存在并发展。美国当代思想家劳丹把科学划界问题看成是"伪问题"。科学具有明显的认识异质性，因而在科学与非科学之间进行划界是不可能的。科学划界问题只不过是一个并不存在的虚假问题。科学与哲学、艺术、宗教、神话等一样，都只是"一种文化样式"。这样一来，以前传统意义上的科学划界标准就变得无关紧要了。

心理学的科学属性涉及心理学自身的性质和心理学科学的定位问题。科学性一直是心理学的学科追求。心理学为了使自己能够进入科学的阵营，一直在进行不懈的努力。这包括心理学在研究方法、理论建构和应用技术上的科学化。

在科学哲学关于科学划界的研究中，各种不同的划界标准也给心理学带来许多的困惑和茫然。心理学对实证方法的依赖，并希求通过实证方法的运用成为独立的科学门类，是心理学独立后的重要特征。

第二节　心理学的学科边界

心理学的学科边界是指心理学怎样才能被确定为属于一类科学。这涉及心理学的学科属性问题。按照什么尺度，依据什么标准，采纳什么依据，来确定心理学是属于自然科学、社会科学、人文科学还是中间科学？心理学拥有大量的分支学科，可以说，心理学不同的分支学科可以归属于不同的学科门类。有的心理学学科分支属于自然科学，有的属于社会科学，有的属于人文科学，有的则属于中间科学。

　　心理学在对自己学科性质的界定和发展历程的定位中,曾持有和贯彻自然科学的科学观,也曾持有和贯彻社会科学的科学观,还曾持有和贯彻人文科学的科学观。或者说,关于自身的学科属性,心理学曾经把自己归属于自然科学,也曾经把自己归属于社会科学,还曾经把自己归属于人文科学。有很多研究则把心理学归属于中间学科,认为心理学是跨越自然科学、社会科学和人文科学的中间学科,同时具有自然科学、社会科学和人文科学的属性。在心理学的研究中,就贯彻和体现过自然科学的科学观、社会科学的科学观和人文科学的科学观。心理学的科学观本身也具有文化的内涵,是特定文化的体现,是文化传统的延续。

　　心理学的研究中曾经贯彻自然科学的科学观,把自己归属于自然科学家族中的一员。心理学曾经效仿过属于精密科学的物理学,物理学对心理学的发展产生过重要的影响。这种影响就在于物理学提供了考察和探究物理客体的基本科学方式方法。物理学是最早从哲学中分离出来的科学学科。物理学为了在研究中弃除哲学的思辨,而把物理学的研究对象确定为物理现象。对物理现象的研究必须采用客观的、实证的、精确的研究方法或观察的、实验的、定量的研究方式。物理学在脱离哲学思辨成为实验科学之后,就有了突飞猛进的发展和日新月异的进步。物理学也成为带头的学科,成为科学研究的楷模。心理学在早期成为实验科学之时,就是以物理学为榜样的。科学心理学在研究中甚至不惜把人的心理行为还原为物理的事实和规律。

　　心理学的研究中也曾贯彻社会科学的科学观,把自己归属于社会科学家族中的一员,并因此持有社会科学的科学观。心理学与许多的社会科学门类有着十分密切的关联,包括与经济学、政治学、法学、商学等。因此,心理学也具有社会科学的性质,拥有社会科学的身份。心理学作为社会科学的门类,也会确立社会科学的科学观。其实,心理学庞大的分支学科群中,也有许多是与社会科学门类相结合的心理学分支学科。这些心理学的分支学科也都确立了心理学在社会科学中的性质和地位。重要的问题是,心理学的科学观也持有过社会科学的科学观。社会科学与自然科学有着特定的区别,或者两者有着科学性上的特定区别。这就取决于社会科学拥有的科学观,并决定了心理学作为特定的社会科学分支学科的科学属性。这可以通过考察心理学与特定社会科学分支的关系来加以确定。

　　心理学的研究中也曾贯彻人文科学的科学观,把自己归属于人文科学,并因此持有人文科学的科学观。应该说,心理学也与人文科学的众多分支有着十分密切的关联。人类学、语言学、文化学、文学、哲学等都与心理学有着千丝万缕的联系。心理学也曾经跻身这些人文科学的分支,人文科学的科学观也渗透到了心理学的研究中。人文科学的心理学有自己特定的关注内容和着眼点,也有自己特定的核心概念和基本理论,例如人性心理学、语言心理学、历史心理学,等等。人文科学的心理学着眼于人类自身,从人类存在入手去考察和理解人的心理行为。

　　在心理学的研究中也贯彻过中间科学的科学观。这强调的是,心理学既不属于自然科学,也不属于社会科学或人文科学。或者说,心理学既属于自然科学,也属于社会科学或人文科学。中间科学的心理学强调,心理学的研究兼具自然科学、社会科学和人文科学的性质。不同学科性质的心理学具有多元化的特征,体现出共生学的原则。

第三节　心理学的文化取向

　　心理学的对象、发展和研究,都与文化有着十分密切的关系。合理地理解心理学与文化的关系,是决定心理学的发展和研究的重要方面。其中,最根本的不是心理学是否与文化有关联,而是心理学与文化是一种什么性质的关系。对心理学与文化的关系进行反思、探讨、揭示、阐释,从而对心理学与文化的关系能够有更加全面深入的理解和把握,对于心理学学科的发展,对于心理学应用的推进,都具有十分重要的意义和价值。

一、心理学与文化关系的研究

　　当代心理学发展的文化学转向已经成为心理学研究的重大变革。[1] 这也是现代西方心理学的重要转向。[2] 心理学发展的文化学转向已经成为研

---

[1]　葛鲁嘉,陈若莉.当代心理学发展的文化学转向[J].吉林大学社会科学学报,1999(5):79-87.
[2]　叶浩生.试析现代西方心理学的文化转向[J].心理学报,2001(3):270-275.

究者探讨的一个中心课题。心理学的发展和研究与文化有密切的关系。心理学与文化的关系是指,心理学在自身的研究、发展和演变过程中,与文化背景、文化历史、文化根基、文化条件、文化现实等产生的关联。心理学与文化的关系有着特定的内涵,也经历了历史的演变,这包括了文化的剥离、文化的转向、文化的回归、文化的定位。

在心理学的研究发展中,已经历的是心理学研究的文化学转向,在心理学的研究深入中,所采纳的则是心理学研究的文化学取向。心理学与文化的关系界定,涉及心理学的单一文化背景和多元文化发展。心理学与文化的关系的性质涉及文化心理学、跨文化心理学、本土心理学、后现代心理学等,心理学与文化的关系的意义则涉及心理学的新视野、新领域、新理论、新方法、新技术、新发展。这无疑给心理学带来了巨大的改变。在西方发达国家的心理学研究中,研究者已经开始从表面上的去文化研究而实际上的贯彻西方单一文化的研究,转向了实际的有文化的研究,以及贯彻了多元文化主导的研究。很显然,这导致的研究变化就是,多元文化论成为西方心理学发展中的思潮。[1] 因此,有的研究就分析了西方心理学中的多元文化论运动,[2]包括考察多元文化论对于跨文化心理学等特定心理学分支的影响。[3]文化研究与心理学研究开始交汇在一起。[4]

有研究把跨文化心理学、文化心理学和本土心理学看成是涉及心理学与文化关系的三种不同的心理学研究,是有关文化与心理学关系的三种主要的研究模式。[5] 跨文化心理学涉及不同文化群体的心理行为的比较,文化心理学涉及文化对人的心理行为的影响,本土心理学涉及本土背景中与文化相关的、从文化派生出来的心理行为。这三者从不同角度阐明了文化与心理学的关系。

心理学曾经靠摆脱、放弃、回避或越过文化的存在来发展自己,但心理

---

① 叶浩生.关于西方心理学中的多元文化论思潮[J].心理科学,2001(6):680-682.
② 叶浩生.西方心理学中多元文化论运动的意义与问题[J].山东师范大学学报(人文社会科学版),2001(5):11-15.
③ 叶浩生.多元文化论与跨文化心理学的发展[J].心理科学进展,2004(1):144-151.
④ Adamopoulos, J. & Lonner, W. J. Culture and psychology at acrossroad: Historical perspective and theoretical analysis. In David Matsumoto (Ed.), *The Handbook of Culture and Psychology*. New York: Oxford University Press, 2001, pp. 15-25.
⑤ 乐国安,纪海英.文化与心理学关系的三种研究模式及其发展趋势[J].西南大学学报(社会科学版),2007(3):1-5.

学现在必须靠容纳、揭示、探讨或体现文化的存在来发展自己。心理学早期是排斥文化的存在来保证自己对所有文化的普遍适用性，而心理学目前则是包容文化的存在，以此保证自己对所有文化的普遍适用性。这是一个历史性的变化。文化转向被认为是心理学发展的新契机。① 心理学在自己的发展和演变历程中，需要不断地转换自己的研究取向、研究中心和研究重心。心理学的研究和发展曾经在相当长的时期盛行物理主义、生物主义的还原论。这也就使得心理学的研究长期依赖于物理科学、生物科学。但是，伴随着人文科学研究的发展和壮大及其对心理学研究影响的日益扩大，伴随着心理学研究中对物理主义和生物主义还原论的反思和批判，伴随着后现代主义思潮的兴起和扩展，心理学的研究、西方心理学的研究、本土心理学的研究，都开始了文化学的转向。文化心理学的研究、跨文化心理学的研究、本土心理学的研究，逐渐成为心理学研究中的热门和显学。心理学的研究开始进入对文化的关注，开始贯彻文化学的原则。研究者开始从文化的视角去理解心理学的研究对象，去解说心理学的研究方式。

心理学研究的文化学转向开始出现在西方心理学的发展中，并逐渐蔓延到非西方文化的心理学或本土心理学的发展中。关于心理学发展的文化学转向的研究，成为心理学面对的和具有的一个非常重要的热点。可以说，关于心理学的文化学转向，一直存在着不同的研究立场、研究主张、思想观点和理论预设。关于心理学的文化学转向，有研究从心理学方法论的角度进行考察和界定，也就是在心理学研究中引入文化的视角，确立文化的方式，给出文化的定位，将心理学研究的文化学转向看成是心理学研究具有的方法论价值。心理学研究的文化学转向还存在着方法论上的问题。这引发了理论心理学、文化心理学、跨文化心理学等不同心理学学科领域中一系列深入细致的探讨。在这些多样化和多视角的探讨中，有的研究就认为，心理学研究的文化学转向有方法论的意义。② 有的研究则认为，心理学研究的文化学转向还存在着方法论困境。③ 有的研究还认为，心理学发展的新思维应

① 麻彦坤.文化转向：心理学发展的新契机[J].南京师大学报(社会科学版),2003(3)：100-106.
② 麻彦坤.当代心理学文化转向的动因及其方法论意义[J].国外社会科学,2004(1)：2-7.
③ 霍涌泉,李林.当前心理学文化转向研究中的方法论困境[J].四川师范大学学报(社会科学版),2005(2)：49-54.

该从文化转向到跨文化对话。①

　　文化心理学已成为心理学研究中的热门学科,但是文化心理学在此已经不仅仅是一个心理学的分支学科。或者,正是因为扩展成为心理学研究的典范,文化心理学具有了超越单一心理学分支的重要意义。② 文化心理学的兴起和流行,关系到主流心理学发展的困境,③这带来的是心理学方法论上的突破。④ 心理学的发展曾经建立在单一文化的背景或基础之上。多元文化论认为,传统的西方心理学是建立在一元文化的基础上,只能适合西方白人主流文化。因此,多元文化论主张文化的多元性,强调把心理行为的研究同多元文化的现实结合起来。⑤ 多元文化论反对心理学研究中的普遍主义立场或普世主义主张。心理学中的多元文化论运动强调文化的多样性,认为传统的西方心理学仅仅是建立在白人主流文化的基础之上,是立足西方文化资源的心理学探索。多元文化论主张,文化的多元化也就是心理行为的多元化,也就是心理学研究的多元化。这也就导致认为在一种文化下的心理学研究的结果,不能够被无条件地和无选择地应用到另一种文化中去,心理学的研究应该同多元文化的现实结合起来。这是跨文化心理学研究方法的进化⑥,也是文化与心理学之间相互作用的关系⑦。大部分研究认为,心理学的多元文化论运动是继行为主义心理学、精神分析心理学和人本主义心理学之后,心理学中出现的第四种力量。这一运动目前还面临着许多的争议。

二、心理学与文化关系的内涵

　　在心理学的发展和研究中,涉及心理学与文化关系的理解有着千差万别。合理理解心理学与文化的关系,是决定心理学的发展和研究的十分重

① 霍涌泉.心理学文化转向中的方法论难题及整合策略[J].心理学探新,2004(1):12-15,30.
② 田浩,葛鲁嘉.文化心理学的启示意义及其发展趋势[J].心理科学,2005(5):1269-1271.
③ 李炳全,叶浩生.主流心理学的困境与文化心理学的兴起[J].国外社会科学,2005(1):4-12.
④ 李炳全.论文化心理学在心理学方法论上的突破[J].自然辩证法通讯,2005(4):40-45.
⑤ 杨莉萍.从跨文化心理学到文化建构主义心理学[J].心理科学进展,2003(2):220-226.
⑥ Vijver, F. V. D. The evolution of cross-cultural research methods. In David Matsumoto(Ed.), *The Handbook of Culture and Psychology*. New York: Oxford University Press, 2001, pp. 78-92.
⑦ 纪海英.文化与心理学的相互作用关系探析[J].南京师大学报(社会科学版),2007(4):109-113.

要方面。心理学的学科、研究和发展,都植根于文化的土壤。不同的心理学研究者关于心理学与文化的关系的理解和认识是十分不同的。在很长的历史时段中,很多心理学家甚至并没有意识到文化对于心理学研究和发展的重要意义和价值。

尽管实证科学的心理学是在心理学实验室中诞生的,但是心理学学科本身的历史发展和演变却是在特定的文化生态环境中进行的。对于心理学的研究来说,无论是研究对象还是研究方式,都有着文化的根源、文化的体现,或者都有着文化的性质、文化的特征。可以说,如果没有对心理学与文化的关系的合理理解,心理学的研究和发展就会有很大的盲目性。其实,当心理学的发展依附于自然科学的传统,而忽视自己的社会科学和文化科学的传统时,心理学关于对象和学科的理解都是扭曲的。

人的心理行为有对应的两极,关于人的心理行为的研究也就有了两极的对应。一极是自然生物的,一极是社会人文的,因此在心理学的分支中就有了从属于这两极的学科分支。从属于自然生物的心理学分支学科有生物心理学、生理心理学、神经心理学等;从属于社会人文的心理学分支学科有社会心理学、跨文化心理学、文化心理学等。

尽管心理学是把心理行为作为研究对象,但是心理学的早期目标则是把近代自然科学的研究方式移植到心理学中,而并没有考虑到心理学研究对象的独特性质。这导致的一个直接后果就是,按照近代自然科学的方式来理解和对待人的心理行为。心理学的研究因此而忽略和无视人的心理行为的文化特性,也因此而忽略和无视心理科学的文化特性。[①] 心理学当代的目标应该有一个重要的转折,那就是从研究对象的独特性质出发去开创心理科学的独特研究方式,而不是以放弃人的心理行为的某些性质和特点去贯彻自然科学的研究方式。人类心理与自然物理既有关联又有区别。最根本的关联在于,人类心理也是自然的存在,也是自然发生和变化的历程。最根本的区别在于,人类心理具有自觉的性质,这种自觉的心理历程也是文化创生的历程。正是人类心理的特殊性质,导致了人类心理的多样性和复杂性,也导致了心理学研究在理解人类心理时的困难、局限、分歧、争执、对立

---

① 孟维杰,葛鲁嘉.论心理学文化品性[J].心理科学,2008(1):253-255,248.

和冲突。

在心理学科学化的进程中,西方主流心理学的研究倾向于把人的心理理解为自然的现象,或者具有与自然现象类同的性质。这一方面促使心理学成为独立的科学门类,使心理学越来越精密化,另一方面也使心理学的研究具有一定的缺陷。这种缺陷主要体现在两个方面:一是无文化的研究,或者是弃除了人类心理的文化性质。例如,心理学早期的实验研究中运用的刺激是物理的刺激而不是文化的刺激,着眼的反应是生理心理的反应而不是文化心理的反应。二是伪文化的研究,或者是扭曲了人类心理的文化性质。例如,在心理学的一些研究中,仅仅把文化看成一种外部的刺激因素,或者研究假定了人类心理的共有机制,文化的内容只是其千变万化的表面现象。这也是还原论在心理学研究中十分盛行的一个重要原因,也就是把复杂多样的人类心理还原到生理的甚至是物理的基础上。

显然,对心理学研究对象的理解应该且必须发生一个重要的改变或转折。那就是不仅把心理理解为自然的、已成的存在,而且把心理理解为自觉的、生成的存在。如此看来,人拥有的心理就不仅是能够由研究者观察到的现象,而且是拥有心理的人自觉生成的生活。人的心理生活是通过心理的自主活动构筑的,也是人的心理自觉体验到的。这强调了人与其他自然物的不同,人的心灵具有自觉的性质,而其他的自然物则不具备这样的性质。其他的自然物只能成为研究者认识和改造的对象,而不能成为自己认识和改造的对象。心理生活是常人自主生成和自觉体验到的,它不仅可以成为研究者认识和改造的对象,而且可以成为生活者自己认识和改造的对象。心理生活的生成历程实际上就是文化的生成历程,所以心理生活具有文化的性质,或者文化不过是心理生活的体现。当然,对于人类个体来说,作为人类生活产物的文化可以成为背景或环境。但是,无论是就人类整体而言还是就人类个体而言,脱离了心理生活的文化只能具有自然物理的属性,脱离了人类文化的心理也只能具有自然物理的属性。

正是近代自然科学的研究方式,使心理学迈进了科学阵营的门槛,但这也使心理学的研究受到了局限。这种局限不在于是否揭示了心理学的研究对象与其他自然科学门类的研究对象的共同之处,而恰恰在于无法揭示两者的不同之处。心理学研究中的自然科学方式主要表现在三个方面:一是追求心理学研究的客观性;二是依赖研究者感官经验的普遍性;三是确立实证方法的中心地位。

从第一个方面来看,追求心理学研究的客观性强调的是,研究者与研究对象是分离的,追求客观性是为了消除研究者的主观性臆造或主观性附会,是为了从对象出发而完全真实地说明对象。这对于自然科学的研究来说无疑是成功的,但在心理学的研究中却引起出人意料的后果。那就是,在否弃研究者的主观性的同时也否弃了研究对象的主观性,或者是在强调研究对象的客观性的同时而否弃了研究对象的主观性。物理学中有过反幽灵论的运动,生物学中有过反活力论的运动,心理学中也相应地有过反目的论或反心灵论的运动。这就使得心理学研究对客观性的追求变成对研究对象的客观化,而客观化甚至导致对研究对象的物化。

从第二个方面来看,依赖研究者感官经验的普遍性强调的是,研究者面对与己分离的研究对象,或者研究者作为分离的研究对象的旁观者,对于研究对象的认识应始于其感官经验。研究的科学性就是建立在研究者感官经验的普遍性上。一个研究者通过感官把握到的现象,另一个研究者通过相同的感官把握到的也会是相同的现象。这对于自然科学的研究来说无疑是成功的,但在心理学的研究中却引起了出人意料的后果。那就是,人的心理也是内在的自觉活动,这通过外在观察者的感官是无法直接把握到的。或者,依赖于研究者感官经验的普遍性,使心理学无法把握到人的心理的完整面貌。

从第三个方面来看,确立实证方法的中心地位强调的是,为了保证研究者感官经验的可靠性和可信性,只有通过实证的方式和方法来确立心理学的科学性质。心理学的研究运用实证方法是心理学的一个重大进步。但是,运用实证方法和以实证方法为中心具有不同的含义。发展和完善实证方法是十分必要的,而以实证方法为中心则是把实证方法摆放到支配性的地位。在心理学中,以实证方法为中心导致研究不是从对象本身出发,而是从实证方法出发;不是实证的方法服务于对人的心理的揭示,而是对人的心理的揭示服务于实证的方法。显然,对实证方法的关注超出了对研究对象的关注。

正是上述三个方面,构成了心理学的小科学观,使心理学跨入了实证科学的阵营,但也使心理学的研究忽视了人类心理的文化特性,使心理学家忽视了心理学研究的文化特性。心理学常常是盲目地追求有关人类心理的普遍规律性,盲目地追求有关心理科学的普遍适用性。那么,心理学的研究方式就面临着变革,这也是心理学现行科学观的变革。这种变革体现在下述三个方面。

第一个方面使心理学研究从对客观性的追求延伸到对真实性的追求。这也就是,心理学的研究不仅要追求客观性,而且要追求真实性。人类心理的性质不在于是客观性的存在还是主观性的存在,而在于是真实性的存在。原有的研究仅仅把物化或客观化看作是真实的,其实这是对人类心理的真实性的歪曲。从心理学研究对象的角度来看,心理的主观性或自觉性也都是真实性的存在,也都是真实性的活动。

第二个方面使心理学研究从对实证(感官)经验普遍性的依赖延伸到对体证(内省)经验普遍性的探求。① 人类心理的基本性质在于其自觉性,这涉及两个重要问题:一是从研究对象的角度,心理的自觉活动是研究者的感官经验无法直接把握到的;二是从研究者与研究对象不加分离的角度,心理都是自觉的活动。问题是这种自觉活动能否把握到心理的性质和规律。心理的内省经验具有私有化的特征,换句话说,心理的内省自觉具有分离性和独特性,所以关键在于探求和达到内省经验的普遍性。

第三个方面使心理学研究从以方法为中心转向以对象为中心。实证心理学曾经以研究方法来取舍对象,甚至以研究方法去歪曲对象。为更好地揭示人类的心理,心理学的研究逐步转向以对象为中心。以对象为中心涉及两点:一是心理学的研究必须如实地揭示人类心理的原貌;二是心理学的研究必须从对象的独特性质引申出心理学的独特研究方式。方法是为揭示对象服务的。心理学研究的科学性不在于是否运用了客观化的研究方法,而在于是否合理地确立了心理学的研究对象与研究者之间关系的性质,以及是否符合在此基础上确立起来的研究规范。

上述三个方面的转变,最终都体现为要重新理解和确立心理学的研究对象与研究者之间的关系。心理学现有的研究都是建立在研究对象与研究

---

① 葛鲁嘉.体证和体验的方法对心理学研究的价值[J].华南师范大学学报(社会科学版),2006(4):116-121.

者分离的基础之上。这对于研究非心灵的对象来说是必要的、充分的,但对于以心灵为对象的研究来说可能就是不完备的或有缺陷的。心理学的研究能否进一步建立在研究对象与研究者不分离的基础之上? 以心灵为对象的研究无疑对科学的发展提出了挑战,中国本土的心理学传统可以为此提供重要的启示。当然,这样的工作是非常艰巨的。这也是心理学本土化必须面临的任务,是当代心理学研究的文化学转向的核心部分。

三、心理学与文化关系的演变

从哲学的怀抱中脱离出来之后,西方心理学直接继承了西方近代自然科学的科学观,或者运用了西方近代自然科学的研究方式。这直接决定了心理学家采纳的研究目标,也直接决定了心理学家为达到目标而采用的研究策略。此时的心理学家不是通过人的心理的独特性质引申出心理学的研究方式,而是通过贯彻引进的自然科学研究方式来对待人的心理。

当代心理学发展的文化学转向不是要否弃现有的心理学研究,而是对现有的心理学研究的不合理延伸的限制,或是对现有心理学研究的合理部分的延伸。心理学研究中的研究对象与研究者的关系应该得到改变。要限制绝对的分离,而推动相对的分离。相对的分离是指彼此统一基础上的分离。彼此的统一是指心理学的研究对象与研究者共有的价值追求和共同的创造生成。这就是心理学的文化学要义。心理学在自己的发展和演变历程中,需要不断地转换自己的研究取向、研究中心和研究重心。①

心理学研究必须从以方法为中心转向以对象为中心。为此,心理学的研究必须如实地揭示人类心理的原貌,必须从对象的独特性质引申出心理学的独特研究方式。心理学研究的科学性在于合理地确立了心理学的研究对象与研究者之间关系的性质,以及符合在此基础上确立起来的研究规范。

四、心理学与文化关系的性质

心理学及其研究进程、学科发展和学术演变,都与文化有着非常直接、

---

① 孟维杰. 从文化转向到跨文化对话:心理学发展新思维[J]. 南通大学学报(教育科学版),2006(2):47-50.

极其重要的关联,最为研究者所关注的是,心理学与文化之间是一种什么性质的关系。在心理学的众多分支学科中,有一些分支学科与社会文化关联非常密切,考察和探讨这些分支学科有关文化的把握,就可以理解和阐释心理学与文化的特定关联,其中就包括文化心理学、跨文化心理学等学科。要说明心理学与文化的关系的性质,除了考察特定的心理学分支学科,还可以考察在心理学发展中显露出来的特定的研究取向和研究思潮,其中就包括心理学的本土化的研究思潮和心理学多元文化论的研究思潮。这给心理学的发展带来了重要的、标志性的变化和进步。

　　文化心理学是心理学中原本默默无闻的、非常弱小的分支学科,但是目前有兴盛的趋势。文化心理学是通过文化来考察和研究人的心理行为的心理学分支学科。① 近些年来,文化心理学有较为迅猛的发展,正在受到人们越来越多的关注。② 文化心理学的兴起与主流心理学面对的困境有关。③ 文化心理学有着自己的发展线索,④也有自己的方法论困境。⑤ 按照余安邦的考察,文化心理学实际上经历了三个重要的发展时期或阶段。在不同的时期里,文化心理学的知识论立场、方法论主张、研究进路特色及研究方法特征都有重要的变化。⑥ 20 世纪 70 年代之前,是文化心理学发展的第一个时期。在这个时期,文化心理学的研究目标是追求共同和普遍的心理机制。当时的文化心理学假定了人类有统一的心理机制,从而致力于从不同的文化中去追寻这一本有的中枢运作机制的结构和功能。研究者通常采用跨文化的理论概念和研究工具,来验证人类心理的中枢运作机制的普遍特性。20 世纪 70 年代至 80 年代中期,是文化心理学发展的第二个时期。在这个时期,文化心理学开始关注人类心理的社会文化的脉络。当时的文化心理学转而重视人的心理行为与文化母体的联系,特别是从社会文化的脉络去考察和说明人的心理行为。这就不是从假定的共有心理机制出发,而是从特定的社会文化出发。这一方面是指有什么样的社会文化就有什么样的心

① 李炳全,叶浩生. 文化心理学的基本内涵辨析[J]. 心理科学,2004(1):62 - 65.
② 余德慧. 文化心理学的诠释之道[J]. 本土心理学研究,1996(6):146 - 199.
③ 李炳全,叶浩生. 主流心理学的困境与文化心理学的兴起[J]. 国外社会科学,2005(1):4 - 12.
④ 田浩. 文化心理学的发展线索[J]. 内蒙古师范大学学报(哲学社会科学版),2005(6):92 - 95.
⑤ 田浩. 文化心理学的方法论困境与出路[J]. 心理学探新,2005(4):7 - 10,30.
⑥ 余安邦. 文化心理学的历史发展与研究进路[J]. 本土心理学研究,1996(6):2 - 52.

理行为模式,另一方面是指运用特定文化的观点和概念来探讨并说明人的心理行为的性质、活动和变化。20 世纪 80 年代中期之后,是文化心理学发展的第三个时期。在这个时期,文化心理学强调人的主观建构、象征行动及社会实践的文化意涵。文化不再是外在地决定人的心理行为的存在,而是内在于人的觉知、理解和行动的存在。社会文化的环境和资源的存在及作用,取决于人们捕捉和运用的历程和方式。正是人建构了社会文化的世界,人也正是如此而建构了自己特定的心理行为的方式。此时的文化心理学开始更多地从解释学的观点切入,通过解释学来建立文化心理学的知识。文化心理学也被认为是心理学方法论的突破。①

在心理学的众多学科分支中,跨文化心理学也越来越受到关注和重视。特别是近些年来,跨文化心理学逐渐成为心理学研究中的一门显学。在一个不算太长的历史时段中,跨文化心理学在心理学的众多分支中异军突起,获得了非常迅猛的发展。跨文化心理学是对文化的变量进行综合比较的心理学研究,也就是通过文化的变量来考察和研究人的心理行为异同的一门重要的心理学分支学科。② 跨文化心理学是研究和比较不同文化群体中的被试,以检验现有心理学知识和理论的普遍性,其根本目的是建立普适的心理学或人类的心理学。③ 显然,跨文化心理学涉及人的心理行为的文化特性,或者是通过跨文化比较来确定人的心理行为的基本性质和主要特征。跨文化心理学由于立足西方心理学的理论预设,常常将文化的存在和文化的心理看成是非对等的或有主次的,因此西方的文化就成为主导的或支配的存在,西方人的心理行为就是基本的或标准的。可以说,跨文化心理学目前的研究立场和研究方式仍然存在着较大的争议。④ 大部分的跨文化心理学研究都是以西方心理学为基调,采纳的是西方心理学的理念、框架、课题、理论及方法等。通过此类研究得出的普适的或全人类的心理学,就只能是西方心理学支配的心理学。

目前的跨文化心理学研究的确在方法论上存在着重大的困难与障碍。

① 李炳全. 论文化心理学在心理学方法论上的突破[J]. 自然辩证法通讯,2005(4):40 - 45.
② 郭英. 跨文化心理学研究的历史、现状与趋势[J]. 四川师范大学学报(社会科学版),1997(4):90 - 95.
③ Vijver, F. V. D. The evolution of cross-cultural research methods. In David Matsumoto(Ed.), *The Handbook of Culture and Psychology*. New York: Oxford University Press, 2001, pp. 78 - 92.
④ 李炳全. 文化心理学与跨文化心理学的比较与整合[J]. 心理科学进展,2006(2):315 - 320.

例如,跨文化心理学有两种不同的研究策略,即主位的(emic)研究和客位的(etic)研究。主位的研究是指从本土的文化或某一文化的内部出发来研究人的心理行为,而不涉及在其他文化中的适用性问题。客位的研究则是指超出特定的文化,从外部来研究不同文化中的人的心理行为。大部分的跨文化心理学研究采取了客位的研究策略,但是这样的研究策略常常是以西方的文化为基础或以西方的心理学为基调。杨国枢曾仔细地分析过主位的研究取向与客位的研究取向的内在含义。他认为,这两个研究取向有三个对比的差异:一是研究的现象或是该文化特有的,或是该文化非特有的;二是在观察、分析和理解现象时,研究者或是采取自己的观点,或是采取被研究者的观点;三是在研究设计方面,或是采取跨文化的研究方式,或是采取单文化的研究方式。杨国枢认为,原有的跨文化心理学研究主要采取的是以研究者的观点探讨非特有现象的跨文化研究。在这样的研究方式中,来自某一文化的心理学者(通常是西方学者,特别是美国学者),将其发展或持有的一套心理行为概念先运用于对本国人的研究,进而再运用于对他国人的研究,然后就得出的结果进行跨文化的比较。这种研究方式正在受到质疑和批评,一些跨文化心理学的研究者也正在寻求更好更合理的研究方式,如客位和主位组合的研究策略、跨文化本土研究策略等。①

　　心理学本土化的研究思潮和研究取向,本土心理学的研究定位和研究策略,不同于或区别于跨文化心理学的研究。本土心理学兴起于对西方文化的支配性地位和主导性约束的反叛和反抗,是对西方心理学的唯一合理性和普遍适用性的质疑和挑战。② 心理学本土化的研究主要体现在三个重要的努力方向上,这构成心理学本土化或心理学中国化的核心目标:一是反思和批判西方心理学,这表明本土心理学是在对西方心理学的主流地位的反思和批判的基础上的研究取向;二是挖掘和整理本土的传统心理学资源,这表明本土心理学尊重本土的文化历史,立足本土的文化传统,寻求本土的文化根基;三是创立和建设本土的科学心理学,这表明本土心理学在寻求心

①　杨国枢. 我们为什么要建立中国人的本土心理学[J]. 本土心理学研究,1993(1):6-88.
②　Kim, U. Culture, science, and indigenous psychologies:An integrated analysis. In David Matsumoto(Ed.), *The Handbook of Culture and Psychology*. New York:Oxford University Press, 2001, pp. 54-58.

理学研究的学术突破和学术创新。

心理学本土化是一个世界性的潮流,中国心理学的本土化是其中的重要努力。科学化与本土化是中国心理学发展的两个重大主题。① 心理学中国化有着自己的学术演进和发展目标。② 新心性心理学的理论建构就属于中国本土心理学的原始性理论创新。③ 中国心理学的本土化发展历程是非常值得探讨的学术标本。可以说,中国心理学的本土化起步时间非常晚,但发展速度非常快。中国心理学的本土化研究和本土化历程,在一个比较短的时期里取得了相当丰富的重要成果。中国心理学的本土化从其发展历程来看,可以大致区分为两个阶段。第一个阶段是保守的本土化研究时期,大约从 20 世纪 70 年代末期到 80 年代末期。第二个阶段是激进的本土化研究时期,大约从 20 世纪 90 年代初期到现在。

在保守的本土化研究时期,中国本土的心理学者主要反思和批判西方心理学在研究内容上的偏向,检讨和重估西化的中国心理学在解释中国人心理时的缺陷,开辟和推动本土化的心理学具体研究。这一时期的主要特征在于仅仅试图扩展西方心理学的研究内容,使中国心理学转而考察中国人的心理行为。这在科学观上并未能够超越西方心理学,或者仍然是受西方心理学的研究方式的限制。这个阶段的研究是以中国人作为被试,但使用的工具、方法、概念和理论还是西方式的。

在激进的本土化研究时期,中国本土的心理学者主要反思和批判西方心理学在研究方式上的局限,力图摆脱西方心理学和舍弃西化心理学,尝试建立真正本土的心理学。该阶段的主要特征在于开始试图评鉴和扩展西方心理学的研究方式,使中国心理学突破西方心理学的小科学观的限制,寻求更超脱的、多样化的研究方法和理论思想。但是,这个阶段的研究还是带有相当的盲目性,研究更多样化,但更杂乱,带有更多的尝试性,而缺少必要的规范性。当前的研究仍缺少相对一致的衡量和评价标准。

心理学的发展曾经建立在单一文化的背景或基础之上。多元文化论者

---

① 葛鲁嘉.中国心理学的科学化和本土化——中国心理学发展的跨世纪主题[J].吉林大学社会科学学报,2002(2):5-15.
② 葛鲁嘉.心理学中国化的学术演进与目标[J].陕西师范大学学报(哲学社会科学版),2007(4):118-123.
③ 葛鲁嘉.新心性心理学宣言——中国本土心理学原创性理论建构[M].北京:人民出版社,2008:41-42.

认为,传统西方心理学建立在一元文化的基础上,只适合西方白人主流文化。因此,他们主张和坚持文化的多元性,强调把心理行为的研究同多元文化的现实结合起来。就世界范围来讲,不同的国家和地区有着不同的文化传统。如东方国家的集体主义的文化传统,强调群体的一致性、个人的献身精神、群体成员之间的相互依赖等。如西方国家的个体主义的文化传统,强调个人的独立、个人的目标、个人的选择和个人的自由等。就一个国家来说,由于存在着不同的种族,因而也存在着不同的文化。在美国这样的移民国家,文化的多元性就十分明显,存在着白人文化、黑人文化、亚裔文化以及同性恋文化、异性恋文化等多种文化,是典型的多元文化国家。在多元文化的国家里,如果仅以一种文化作为研究的范例,其研究的结论就无法解释其他群体的行为。所以,多元文化论者反对的是心理学中的普遍主义(universalism)的观点。传统的心理学研究排斥了文化的存在,其发现和成果被认为是可以忽略文化因素而通用的。有很多研究者质疑普遍主义的假设,但由于文化因素在实验研究中很难加以控制,也就采纳了普遍主义的假设。这一问题在社会心理学的研究中十分突出,尽管文化对群体行为有十分重要的影响,但实验的社会心理学家仍热衷于在实验室中研究社会行为,以得到一个普遍主义的研究结论。从反对心理学的普遍主义出发,多元文化论者对西方心理学中的民族中心主义提出了强烈批评。

心理学的发展或者全球化发展面对的是多元文化的存在、多元文化的资源和多元文化的发展。这也是心理学必须面对的文化的多元化存在,以及在多元文化背景下人的心理行为的多元化体现和心理学在多元文化中的发展。心理学中的多元文化论运动强调文化的多样性,认为传统的西方心理学仅仅是建立在白人主流文化的基础之上的。心理学研究中的多元文化论主张反对心理学研究中盛行的普遍主义。文化的多元化也就是心理行为的多元化,也就是心理学研究的多元化。这也就导致认为在一种文化下的心理学研究结果,不能够被无条件无选择地应用到另一种文化中去,心理学的研究应该同多元文化的现实结合起来。

五、心理学与文化关系的反思

对心理学与文化的关系进行反思、探讨、揭示、阐释,进而对心理学与文化的关系能够有更全面深入的理解和把握,对于心理学学科的发展和拓展,以及心理学应用的推动和推进来说,都具有十分重要的意义和价值。心理学的研究或发展如果脱离或排除关于文化的理解和思考,就会受到极大的限制和束缚。因此,探讨心理学与文化的关系,可以给心理学和本土心理学的发展带来如下六方面的重要改观。

其一,可以提供心理学研究的新视野。考察和探讨心理学与文化的关系,可以更好地理解心理学与文化的实际关联性,可以更好地理解心理学与文化之间关系的演变和发展,可以为心理学的考察和研究提供新的视野。在心理学的研究中,对文化的忽略和排斥,对文化的曲解和误解,都大大限制了心理学研究者的眼界和视野。这使心理学的研究很难更完整深入地把握人的心理行为,很难更系统全面地理解人的心理行为。合理地说明和解释人的心理行为的文化属性和文化表达,深入地考察和理解心理学研究的文化性质和文化根基,都可以大大有助于心理学的学科建设和学科发展。

其二,可以拓展心理学研究的新领域。考察和探讨心理学与文化的关系,可以更有利于开辟和拓展心理学研究的新领域。近些年来,与文化有关的心理学研究领域和心理学研究分支都有了扩大和增加。这可以包括后现代心理学的研究热潮、本土心理学的研究推进、多元文化论的研究纲领,都极大地扩展了心理学的研究领域。这也可以包括文化心理学分支学科的迅猛发展、跨文化心理学分支学科的快速成熟、社会心理学分支学科的极大扩张。这都使得心理学学科得到了很好的发展和壮大。

其三,可以建构心理学的新理论。心理学厘清自己的文化关联和文化依赖,确立自己的文化基础和文化资源,为心理学的理论建构和理论创新提供了思想和学说的资源和养分,提供了灵感和想象的空间和平台,提供了实践和应用的途径和方式。长期以来,心理学因缺乏关于文化的探讨和探索,而忽略和放弃了对自己来说至关重要的文化根基,遗弃和摒除了许多重要的文化滋养。这不仅使心理学的理论建设非常薄弱,也使心理学参与文化创建的功能受到严重限制。心理学学科发展壮大的重要标志,就在于其理论学说的建构和创造。心理学理论学说的提出、扩展和完善,就在于获取更大更好的平台和资源。挖掘心理学的文化资源,是心理学理论新生的一个重要前提。

其四,可以创造心理学的新方法。对心理学与文化的关系进行探讨,可以革新心理学的方法论,可以衍生心理学研究的新方法,可以把心理学的研究方式和研究方法放置在新的研究框架和研究范式。对于心理学的研究来说,其研究方法的确立和更新曾经在很大程度上借鉴了自然科学的研究。这给心理学的研究带来了精确性,但是也有对人的心理行为的曲解。如何把社会科学和文化科学的研究方法引入心理学的研究,如何更好地确定心理学研究方式和方法的文化属性、文化优势和文化缺失,这决定了心理学研究方法的丰富化和多样化。

其五,可以催生心理学的新技术。心理学的技术应用包括心理学技术手段和技术工具的发明和创造,也包括心理学技术手段和技术工具的使用和推广。这都要涉及心理学应用的文化背景、文化条件和文化环境。心理学技术应用的文化适用性决定了心理学的社会影响和生活地位。心理学的技术和工具并不是超越文化背景和文化差异而普遍适用的。怎样使心理学的技术更有效实用,是探讨心理学与文化之间关系的重要内容。心理学的新技术的发明、新工具的创造,都要考虑到特定文化环境和文化传统的容纳和接纳的问题。

其六,可以促进心理学的新发展。心理学学科曾经在自然科学的基础上得到快速推进和发展,也曾经在社会科学的基础上得到快速推进和发展,心理学学科还应该在文化科学的基础上得到快速推进和发展。这必将使心理学的研究更加贴近人的生活和发展,必将使心理学担负更重的社会责任和社会使命。文化历史、文化背景、文化环境、文化差异的问题,是心理学学科发展的重大问题。心理学越贴近文化、越体现文化、越促进文化,就越能够发展和壮大,这应该成为心理学研究者的明确意识。

第四节　心理学的思想内容

心理学的研究和发展也有自己特定的思想基础。心理学本身不仅是一个学科,心理学的发展也不仅是一个学科的发展,心理学还是一种思想的理论构造,还是一种思想的历史演变。当然,这涉及对心理学的思想理论历史的考察,涉及对心理学的哲学思想源流的考察,也涉及对心理学的科学思想基础的考察。

在过去的哲学史或思想史研究中,"影响"(influence)是一个习惯使用的词语,但是这可能偏重过去的知识与思想在后世的延续,以及外来知识和思想对本土的冲击,却相对忽略后世对于遗产的"选择"和本土对于新知的"接受"。其实,影响和选择应当是哲学史与思想史中的双向过程。通常,思想史描述的是思想在时间流程中的建构、定型与变异的连续性历史,而这里要说的是,思想的连续性历史在某种意义上就可以理解为,固有的思想资源不断地被历史记忆唤起,并在新的生活环境中被重新诠释,以及在重新诠释时再度重构的过程。因此,可以用历史记忆、思想资源和重新诠释的过程来部分地替代传统的"影响",作为描述思想史连续性的语词。

正是在传统知识和思想中寻找资源,并以此来理解、翻译和表述外来知识和思想这一过程中,传统的知识、思想与信仰世界发生了"中心"和"边缘"的移位,发生了本来意义和新的意义的交换,传统的思想世界图像就产生了变异,外来的知识与思想也在这种理解、翻译和表述中发生了变化。思想史就是这样在延续。

历史记忆大致有两种不同取向。① 一种是回溯本原,以回看的方式进行文化认同,确认自己处在一个强大的历史空间和族群文化之中,拥有一些可以充分应对变化的传统资源,自己是这一传统中的一分子,凭着凸显和夸张这种文化传统与民族历史的方式,人们获得所需要的自信心和凝聚力。这种回忆常常可以被称为"寻根",把无数早已分支的枝叶联系到一个共同的根那里,不仅得到互相认同的基础,而且仿佛找到了力量的来源。这种实际上并不那么准确的历史寻根,却是发掘思想资源的一种普遍方式。另一种是斩草除根,以发掘历史记忆的方式反省自身传统的来源,并把这种连累自己的根挖出来并彻底斩断。其实,这也是一种连续性,只不过在这种记忆和诠释中,人们采取了相反的态度。面对现实和历史的激烈冲突,人们为了现

① 葛兆光.历史记忆、思想资源与重新诠释——关于思想史写法的思考之一[J].中国哲学史,2001(1):45-53.

实的需要,自愿放弃来自历史的统一经验和统一身份,虽然也在努力回忆文化差异的来源,但把这种传统和历史看成是一个不断变化的过程,试图淡化旧的历史约束,越过传统的文化边界,融入新的知识与经验中,历史记忆仿佛是挥之不去的梦魇,寻根是为了更深地挖根,于是这时的历史记忆表现为对过去传统的不断批评与坚决扬弃。

　　有研究着重勾勒了近百年来中国思想史研究方法变化的四个阶段。①阶段一是哲学思想的方法。所谓哲学思想的方法,是指运用哲学的理论工具并结合历史资料,对中国思想史进行分析认识的方法。这包含两层含义:一层含义是以哲学理论为工具,对历史资料加以解剖,分析中国思想的发展脉络;另一层含义是以历史资料为依据,反映历史的真实情况。若要反映历史的真实,就必须采用真实可靠的历史资料。这一工作可称为“述学”。所谓“述学”,是用正确的手段和科学的方法,运用精密的思维,从所有的史料里面,求出每一位哲学家的生平、思想学说的真实内容和思想沿革的轨迹。阶段二是历史理论的方法。所谓历史理论的方法,是指在中国思想史的研究中以特定的历史理论为指导,或采用特定的历史理论对中国思想史作分析和阐述。历史理论方法的中国思想史研究主要具有历史学科的特色,即更注重历史理论的运用,把每一个思想家的思想与特定的社会状况联系起来,把思想的发展与社会的发展结合起来,使思想与社会成为一个有机的整体。阶段三是历史文献的方法。文献学方法的中国思想史研究内在地包含哲学思想方法和历史理论方法的因素,但主要特征是对历史资料的分析和研究。这种研究方法的特点是,全面搜集和严格考订历史资料,对资料作历史的分析和逻辑的归纳,对中国思想史上的人物、流派和时代思潮做系统研究。阶段四是创新探索的方法。近年来,在后现代主义思潮的冲击下,中国思想史研究同历史研究一起遭遇了前所未有的挑战和危机。历史学家认为,历史学是实证的科学,与小说有着本质的不同,而批评者则否认历史学的客观性,极力模糊历史作品与文学作品之间的界限。从广义上说,历史学是一个综合性的学科,对历史现象的研究应该综合考虑各种历史因素,包括社会的、自然的、天文的、地理的、政治的、经济的等。

① 张荣明.近百年中国思想史研究方法的变动趋势[J].学术月刊,2007(4):121-124.

第五节 心理学的资源构成

心理学的发展应立足自己的文化历史资源。心理学有着十分不同的历史发展和长期演变的形态。所有的心理学形态都是心理学的发展可以借用的文化历史资源。心理学资源可以体现为不同的心理学历史传统的形态，也可以体现为不同的心理学现实演变的形态，还可以体现为不同的心理学未来发展的形态。这包括常识形态的心理学、哲学形态的心理学、宗教形态的心理学、类同形态的心理学、科学形态的心理学和资源形态的心理学。

一、心理资源的概述

心理资源是指可以生成和促进心理学发展的基础条件。如心理学的成长要有自己植根的社会文化土壤。这就是心理学的社会文化资源。心理资源既可以成为心理生活的资源，也可以成为心理科学的资源。心理学面临着如何理解、看待、保护、挖掘、提取、转用资源的问题。心理学的发展不应该抛弃自己的文化历史传统，而应该将其当作可以借用的文化历史资源，从而扩大自己的视野，挖掘自己的潜能，丰富自己的研究，完善自己的功能。

科学心理学只有很短的一百多年的历史，但是心理学的探索有着久远的过去。通常认为，心理学的发展只是连续的线性更替关系，现代的科学心理学淘汰和取代了传统形态的心理学。但是，实际情况并非如此。科学心理学诞生之后，其他不同形态的心理学仍然与其并存，发挥着各自不同的功能。通常还认为，历史上只有哲学的心理学和科学的心理学。科学心理学从哲学的母体中脱胎之后，就取代了哲学心理学，成为唯一合理合法的心理学。其实，历史上出现过的心理学有许多种形态。这些不同形态的心理学并没有随着现代科学心理学的出现而消亡，而是依然存在于现实生活和学术研究中，并在不同的生活领域和学术领域中起着重要的作用。在人类文化史上出现过上述六种不同形态的心理学。解读这六种不同形态的心理学，考察科学心理学与其他形态心理学之间的关系，对科学心理学的发展有着至关重要的作用。

　　人的心理生活是生成性的、创造性的,生成与创造的过程是需要特定资源的。心理资源的一个含义就是指人的心理生活的建构的基础,生成的养分,拓展的依据。人的物质生活需要自然的资源,而人的心理生活需要文化的资源、社会的资源、历史的资源、现实的资源。心理资源具有自己独特的存在方式和存在形态。

　　任何一个学科的生成、发展、进步、拓展,都会需要文化、社会、历史和现实的资源。心理学也同样是如此。例如,心理学的发展和研究都与文化有着十分密切的关系。这体现在心理学的演进过程中。伴随着心理学的进步,心理学经历了从对文化的放弃、歪曲到对文化的关注和重视。这也就是当代心理学发展的文化学转向,[1]也被认为是在现代西方心理学中出现的文化转向。[2] 有研究考察了当代心理学文化转向的动因和方法论意义。[3] 有研究则探讨了心理学文化转向中的方法论难题及整合策略。[4] 在心理学的研究中,与文化相关的分支学科也在快速地扩展和成长,如文化心理学和跨文化心理学的研究等。心理学与文化的关系是指心理学在自身的研究、发展和演变的过程中,与文化背景、文化历史、文化根基、文化条件、文化现实等产生的关联。心理学与文化的关系经历了文化的剥离、文化的转向、文化的回归、文化的定位。心理学与文化的关系涉及文化心理学、跨文化心理学、本土心理学、后现代心理学的研究。有研究考察了文化心理学的启示意义及其发展趋势。[5] 有研究对文化心理学知识的产生进行了诠释。[6] 有研究从西方的主流心理学的困境,考察了文化心理学的兴起。[7] 有研究则从心理学与文化的关系的角度,探讨了跨文化研究方法的进化。[8] 有研究对文化、科学和本土心理学进行了综合性的分析。[9] 有研究则对心理学与文化

① 葛鲁嘉,陈若莉.当代心理学发展的文化学转向[J].吉林大学社会科学学报,1999(5):79-87.
② 叶浩生.试析现代西方心理学的文化转向[J].心理学报,2001(3),270-275.
③ 麻彦坤.当代心理学文化转向的动因及其方法论意义[J].国外社会科学,2004(1):2-7.
④ 霍涌泉.心理学文化转向中的方法论难题及整合策略[J].心理学探新,2004(1):12-15,30.
⑤ 田浩,葛鲁嘉.文化心理学的启示意义及其发展趋势[J].心理科学,2005(5):1269-1271.
⑥ 余德慧.文化心理学的诠释之道[J].本土心理学研究,1996(6):146-199.
⑦ 李炳全,叶浩生.主流心理学的困境与文化心理学的兴起[J].国外社会科学,2005(1):4-12.
⑧ Vijver,F. V. D. The evolution of cross-cultural research methods. In David Matsumoto(Ed.), *The Handbook of Culture and Psychology*. Oxford University Press, 2001, pp. 78-92.
⑨ Kim, U. Culture, science, and indigenous psychologies: An integrated analysis. In David Matsumoto(Ed.), *The Handbook of Culture and Psychology*. Oxford University Press, 2001, pp. 54-58.

的关系进行了历史的考察和理论的分析。① 心理学与文化的关系还涉及心理学的单一文化背景和多元文化发展。心理学与文化的关系的定位会带来心理学的新视野、新领域、新理论、新方法、新技术、新发展。再如，心理学在成为独立学科门类前后，与其他学科一直有着特定的关系。这种关系决定了心理学的发展和演变。但是，对心理学与相关学科的关系尚缺乏系统深入的探索。心理学与相关学科的关系经历了历史的演变，从心理学依附于其他学科的发展，到心理学排斥其他学科来保证自己的学术独立性，到心理学开始寻求与其他学科的合作关系，到心理学与其他学科应该建立共生的关系。这标志着心理学学科的成熟，也标志着心理学开始容纳所有学术的资源。这意味着心理学不仅借助其他学科来发展，而且还可以为其他学科的发展提供可用的资源。从不同学科的学术独立到不同学科的学术共生，这是一个新旧时代的重大学术转换。

二、心理资源的考察

心理学无论是对人的心理行为的研究，还是对心理学自身的反思，都需要挖掘、提取和转用自己的资源。这就是关于心理资源的考察。关于心理资源的理解和探索，会涉及一系列不同的方面。

其一，心理资源考察的视角。这是指研究者的研究立场和研究根基。对于心理资源，不同的研究者可以有自己不同的看待和理解问题的出发点和立足点，可以有自己独特的揭示和解释问题的着眼点和着重点。包括否认、忽视和歪曲心理资源的存在，也是对待或看待心理资源的一种特定视角。考察的视角决定了研究者获取的关于心理资源的内涵和内容。眼界和视域的不同，都会直接决定着研究者捕捉到和提取出的心理资源的差异。

其二，心理资源考察的学科。心理资源是文化的存在、社会的存在、历史的存在、生活的存在、人性的存在。这给不同的学科分支提供了研究的内容、主题或角度。心理资源可以是多学科交叉和交汇的内容。不同的学科有不同的研究领域和研究方式，因此就会有对心理资源的不同的揭示和解

---

① Adamopoulos, J. & Lonner, W. J. Culture and psychology at acrossroad: Historical perspective and theoretical analysis. In David Matsumoto (Ed.), *The Handbook of Culture and Psychology*. Oxford University Press, 2001, pp. 15 - 25.

释的侧重。例如,哲学、社会学、人类学、历史学、政治学、文学、文化学等对心理资源的考察,都会有不同的方面,也会有交叉的地方。心理学研究关注到的也应该是对不同学科的探索的汇集,也应该是立足不同学科的心理学的学科的思路。

其三,心理资源考察的内容。心理资源实际上具有非常丰富的内涵、思想、解说、积累。分解心理资源,解释心理资源的基本性质,确定心理资源的基本方面,追踪心理资源的演变发展,说明心理资源的特征特点,等等,都是考察心理资源的最基本内容。如何定位、分析、揭示、解释、说明和借用心理资源,这都可以有不同的方式。这可以是哲学反思的方式,考察关于心理资源作为心理学研究的思想前提和理论设定。这也可以是实证研究的方式,通过实证科学的手段来定性定量地分析并考察心理资源的存在和变化。这也可以是发展研究的方式,通过历史和未来的定位和定向来揭示并解释心理资源的演变和演化。

心理资源的考察结果可以成为人理解自身存在的重要内容,也可以成为发展关于人的心理研究的重要学术内容。人的心理生活的创造、建构和拓展需要资源的支撑。丰富人的心理生活、提升心理生活质量必须提供心理资源。同样,心理学的进步和发展也需要心理资源,这是心理科学必须依赖的基石。

三、心理资源的分类

在心理学的演进过程中,出现了和存在着六种不同的心理学形态,即常识形态的心理学、哲学形态的心理学、宗教形态的心理学、类同形态的心理学、科学形态的心理学和资源形态的心理学。这些形态构成了心理学多元化的历史、现实和未来的演变。可以把心理学的不同形态看成是心理学的过去,但是更应该将心理学的不同形态看成是心理学的资源。这是心理学研究中的重大进步。

常识形态的心理学是心理学的第一种形态。常识形态的心理学也常被称为常识心理学、民俗心理学、素朴心理学等。这是普通人在日常生活中创建的、存在于普通人生活经验中的心理学。常识心理学有个体化和社会化两个存在水平。个体化的存在水平,是个体在自己的生活经历和经验中获得的,是个人对心理行为独特的认识和理解。社会化的存在水平,是不同个体在交往和互动过程中共同形成的,个体可以在社会化的过程中接受和掌握隐含于社会文化中的心理常识。常识心理学既是普通人心灵活动的指南,也是普通人理解心灵的指南。常识心理学是科学心理学发展的文化资源。

哲学形态的心理学是心理学的第二种形态。在科学心理学诞生之前,心理学就蕴含于哲学之中,是哲学的一个探索领域。哲学心理学最重要的研究方式是思辨和猜测。正是通过思辨和猜测,哲学心理学探索了人类心理行为大部分重要的方面。当心理学成为科学门类之后,哲学心理学在哲学研究中转换成为心灵哲学的研究,在心理学研究中则转换成心理学哲学的反思。心理学哲学的研究转而去反思心理学研究中关于对象、方法和技术的理论前提或思想预设。从学科的历史演变和现实发展角度来看,心理学与哲学的关系经历了三个重要发展阶段。那就是哲学完全包含或基本包含心理学的阶段;哲学与心理学彼此分离或相互排斥的阶段;心理学与哲学重新组合或相互促进的阶段。

宗教形态的心理学是心理学的第三种形态。宗教心理学可以有两种不同的含义。一是科学的含义或是科学传统中的宗教心理学,是科学家运用科学方法对宗教心理的研究。这是科学心理学的一个分支。二是宗教的含义或是宗教传统中的宗教心理学,是宗教家按照宗教的方式对人的心理行为的说明、解释和干预。后者既是宗教活动提供的传统文化资源,同时也是现代科学心理学的传统历史资源。宗教中的心理学提供了关于人的信仰心理方面的重要阐释以及干预人的心理皈依的重要方式。这为科学心理学的发展和进步提供了非常丰富的心理学思想理论、研究方法和干预技术。心理学的创新就必须提取宗教心理学中的资源。

类同形态的心理学是心理学的第四种形态。类同形态的心理学指的是,在与心理学相接近的科学分支或科学学科中关于人类心理行为的相关研究和研究成果。这是在与科学心理学相类同或相类似的其他科学分支中的心理学思想、理论、方法和技术。这些研究和成果也在特定角度、方面或层次,也以特定方式、方法或技术,揭示和阐释了人类的心理行为,并为心理科学的诞生和发展提供了十分重要的、不可忽视的基础和内容。因此,这些相关或相近的学科门类也都与科学心理学有着非常密切的关联。并不是只有心理学才关注对心理行为的研究,其他类同形态的心理学也从各个不同的学科视角,对人的心理行为进行了多维度、多视角、多方面、多层次的探索。蕴含在不同学科门类中的心理学探索,得出了关于人的心理行为的不同的思想学说、理论阐释、影响方式和干预技术。这种对人的心理行为的分类研究给科学心理学提出了一个重要任务,那就是怎样使科学心理学不至于分解、分裂、消失和消散在其他类同学科中,以及怎样使科学心理学去吸取、提炼、接受、消化和融合类同形态的心理学研究。如在物理学的发展过程中,光学和声学的研究成果,都对心理学关于视觉和听觉的研究提供了丰富的内容。生物学特别是进化论对人类心理的发生和发展,对人类心理与遗传和环境的关系等,都提供了重要的理论解释框架和细致的特定思想学说。生理学特别是神经生理学的研究成果,也对心理学的发展产生过巨大影响。苏联生理学家巴甫洛夫的高级神经活动的学说,美国科学家斯佩里关于"裂脑人"的研究,都深深影响了科学心理学的发展和进步。精神病学的发展也揭示了以异常形式表现出来的心理行为,为全面认识和了解人的心理行为提供了重要的内容。计算机科学特别是人工智能的研究,也提供了对人类智能活动的基本认识,也推动了认知心理学的发展。社会学对社会个人、人际关系、社会群体、人类社会的考察和研究,也提供了关于群体心理、社会心理、文化心理、国民性格的成果。生态学对科学心理学的影响则在于提供了共生发展的生态学方法论。生态学的出现不仅仅是一个新的学科的诞生,而且是一种新的思考方式的形成。在生态学的框架中,人的心理与他人、社会、环境、世界等都是彼此共存的、相互依赖的、共同成长的。生态学与心理学的结合形成了生态心理学和心理生态学。生态的核心含义是指共生。生态的视角是指从共生的方面来考察、认识和理解环境、生物、社会、人类、生活、心理、行为等。在中国的文化传统中,一个非常重要的原则性主张就是天人合一。这是人与天的合一,是我与物的同一,是心与道的统一。

科学形态的心理学是心理学的第五种形态。心理学作为科学是通过科学的理论、方法和技术来描述、说明和干预心理行为。科学形态的心理学在很短的进程中取得了飞速发展,但依然面临着重大的问题。从诞生起,科学形态的心理学就有物理主义和人本主义、实证论和现象学两种不同研究取向,就一直处于四分五裂的状态,统一是其一直不懈的努力。科学形态的心理学有基础研究和应用研究的分类,也有理论、方法和技术的分类,关键是心理学研究类别的顺序。该形态的研究方式和方法有实验和内省的地位和作用之争。该形态从诞生就有科学化的问题,科学化的延伸是本土化的问题。

资源形态的心理学是心理学的第六种形态。心理学学科的生成和壮大,是立足多种多样的养分或滋养。这包括自然的资源、文化的资源、社会的资源、历史的资源、现实的资源,等等。在这些不同的学术资源中,心理学会有完全不同的发展进程和发展结果。资源形态的心理学是心理学走向未来的形态。资源形态的心理学是科学形态的心理学的进步、扩展和提升。资源形态的心理学是把心理学的各种学术性资源的开发、累积和运用作为心理学的核心任务。资源形态的心理学可以汇聚心理学发展和进步必需的文化、历史、社会、思想、学术、学科等不同来源的心理学资源。心理学关于资源形态的心理学的探讨可以使这些资源进入心理学的领域,成为心理学的基础,促进心理学的发展,推动心理学的壮大。

四、心理资源的提取

在当代心理学的发展中,后现代是心理学研究所处于并面对的历史时代、历史阶段、当代风潮和当代思潮。如何理解后现代的来临,如何面对后现代的问题,如何引领后现代的发展,这是心理学发展必须面对的问题。20世纪中期,西方发达国家开始由现代工业社会步入后工业社会或信息社会。与之相应,西方发达国家的文化思潮也由现代主义转向后现代主义。后现代主义思潮被看作是西方文化精神和价值取向的重大变革,并很快风靡欧美、震撼学界。科学心理学的发展显然无法脱离这一大的文化氛围。在文艺复兴之后,西方社会不仅大踏步迈向现代大工业社会,而且逐步确立起理性至高无上的地位和科学统观一切的权威,并以此构造了西方的现代文明。但是,当今的后现代主义运动则是对现代文明的批判和解构,即着手摧毁理性的独断和科学的霸权,强调所有的思想和文化平等并存发展。后现代的精神在于去中心和多元化。这无疑打破了西方心理学的独霸地位,带来了不同心理资源的互惠互利。

心理学的本土化是心理学发展过程中的一种思潮、一种定位、一种寻求。从提出关于本土心理学的研究开始,心理学本土化经历了不同的历程,也体现了不同的目的。一是对科学心理学或正统心理学之外的其他心理学探索的关注和考察。这是本土心理学最基本的研究目的,也是本土心理学最开始的基本含义。二是对西方实证心理学的霸权地位的挑战。三是对根源于本土社会文化的心理行为和研究方式的探索。四是对本土的心理学资源的挖掘和创造。五是对心理学研究的原始性创新的追求。希望能够在心理学的理论、方法和技术等方面有新的创造。

心理学的全球化也是心理学演进过程中的一种风潮、一种定向、一种追求。全球化既是产生全球性问题的历史前提,又是解决全球性问题的现实可能。不同学科视野中的全球化概念是不同的。在经济学、政治学、文化学、社会学等不同学科看来,全球化具有不同的含义。当今的世界正在面临着日益突出的国际化趋势,国际社会的联系日益紧密,地球已经成了"地球村",同时也面临着越来越多的全球化的经济问题、社会问题、环境问题等。这些问题已经不单单是某一国家或民族各自的问题,而是整个人类面对的共同问题。在这样的背景下,心理学正经历着一场转变,即由单文化的偏重转向多文化的融合,由方法中心论转向问题中心论,由单一理论转向复合理论。心理学不能回避现实问题,要使心理学的研究具有现实性,必须以研究的问题为中心。抛开传统的理论派别之争,摒弃不同取向的对抗,一切围绕解决现实问题展开,这就是心理学全球化的内涵。

在中国本土传统文化的框架中并没有诞生出现代意义上的科学,中国的现代科学是从西方传入的。同样,中国本土文化中也没有诞生出西方现代意义上的科学心理学,中国现代的科学心理学也是从西方传入的,带有西方文化传统的印记。中国在发展自己的科学心理学时,所面临的一个非常重要的问题是,中国的本土文化中有没有自己的心理学传统。如果有,那么这种本土的心理学传统具有什么性质? 包含什么内容? 如果有,那么应该如何去理解、解说、阐释和对待这种本土的心理学传统? 可以肯定的是,中国本土的文化传统中有自己独特的心理学传统。最重要的问题就在于,中国本土的心理学传统能否成为中国当代心理学发展和创新的有益资源。因此,如何理解中国本土的心理学传统,就成为决定中国心理学未来发展的一项基础性的、发展性的研究任务。

中国心理学的新世纪发展面临着一个重要的选择,那就是从对西方或外国心理学的模仿中解脱出来,去寻找和挖掘中国本土的心理资源。新心性心理学就是一种植根于本土文化资源的创新努力,试图开辟中国心理学自己的新世纪发展道路,新心性心理学对于心理学研究对象的理解和心理学研究方式的确立有一个基本的变化。新心性心理学涉及心理资源、心理文化、心理生活、心理环境、心理成长和心理科学,即涉及心理学的学科资源、文化基础、研究对象、环境因素、对象成长和学科内涵。心理资源论析是对心理学立足的资源的考察,心理文化论要是对西方的心理学传统和中国的心理学传统的跨文化解析,心理生活论纲是对心理学研究对象的一种新视野、新认识和新理解,心理环境论说是对心理与环境关系的一种新的思考和分析,心理成长论本是对人的心理超越了发展变化的考察和认识,心理科学论总是对心理学的科学性质和学科发展的理解和探讨。

总之,心理学的未来发展应该把自己建设成为资源合理开发和有效利用的新型学科门类。心理学的未来形态就是资源形态的心理学,是立足心理资源的开发和利用的心理学。这实际上是从一个全新的角度对心理学研究和发展的重新定位。

五、心理资源的转用

资源的价值不仅在于资源本身,而且在于资源的转用。心理资源的价值也不仅在于心理资源本身,而且在于心理资源的转用。人的心理生活的建构和拓展是需要资源的。每个社会个体在自身的存在和生活中,都有对自身的心理生活的创造和建构,这是需要资源支撑的活动。提供心理资源是丰富人的心理生活,提升人的心理生活质量最为必要的。同样,心理学学科的进步和发展也是需要资源的,心理资源实际上也就是心理学资源。这种资源是心理学学科必须依赖的基础。

科学心理学诞生和独立之后,许多心理学家就认为,科学心理学已经和必然与其他形态的心理学划清了界线,其他形态的心理学都已经成为历史的垃圾,只有现代意义上的科学心理学才是唯一合理的心理学。其实,这是一种谬误。各种不同形态的心理学不仅有其独特的历史意义和价值，而且有其重要的现实意义和价值。现代科学心理学实际上并不是简单地清除和埋葬了其他形态的心理学。相反，那些不同形态的心理学实际上成为被埋藏的矿产，并仍然存在着、演变着，在特定的领域里发挥着各自的作用。只要能够有效地开发和利用这些不同形态的心理学，就会推动和促进心理学的发展或飞跃。

心理学是当代最有发展潜力的学科。这不仅在于心理学有着巨大的社会应用前景，而且在于心理学有着深厚的文化历史资源。但是，当代心理学的发展重视的是自己的未来，而轻视和忽略了自己的历史文化资源。这大大限制了心理学的进一步发展，或者大大限制了心理学的眼界或视野。其实，科学心理学的独立并非横空出世、独来独往，而是植根于文化和历史的土壤。关键的问题在于，科学心理学应该从中吸取什么样的养分，并把这种养分变成自己成长的动力和内容。

不同形态的心理学传统对当代心理学发展的实际意义和学术价值主要体现在以下一些方面。一是提供了某种特定的透视人的心理行为的角度，这为全面深入地理解人的心理行为带来了可能。任何一种心理学传统都是在特定方面或层面去理解人的心理，尽管带有片面性，但具有独特性。这无疑会启发心理学的探索。二是提供了解释人的心理行为的独特的概念、理论、思想。其中有着多样的说明人的心理行为的内涵和意义。这些内涵和意义都是在长期的生活实践和学术探索中累积起来的。三是提供了揭示和了解人的心理行为的非常独特的方式方法。如中国文化中的儒家、道家和佛家都提供了特有的心灵自觉和体证的方式方法。这不仅是心灵认识和把握自身的方式方法，而且是心灵改变和提升自身的方式方法。四是提供了影响和干预人的心理行为的技术手段。任何的一种心理学传统都有其改变或提升人的心灵的技术手段。

综上所述，心理学的发展其实有着非常深厚的文化资源，有着非常丰富的历史积淀，有着非常宽广的学术背景。如果抛弃这些文化资源、历史积淀、学术背景，将是心理学发展的不幸和损失。其实，任何的心理学的创新，包括理论的创新、方法的创新、技术的创新，都不是凭空的，而应该广泛吸收所有可能的营养。这是心理学创新的必由之路。中国心理学不仅是缺少创新,也缺少创新的根基,也缺少对创新根基的认识、理解和把握,也缺少对创新资源的挖掘、提炼和再造。这就是探讨心理学各种形态的基本价值和实际意义。①

如果从心理资源转用的角度来看,心理学的各种形态既是历史的形态,也是现实的形态,更是未来的形态。那么,这也就是心理学资源化的非常重要的方面,也就是资源形态的心理学的非常重要的价值。关于不同形态的心理学的探索,不是要回归心理学的历史,而是要朝向心理学的未来。心理学的资源化是集合心理学的各种不同的探索,吸纳心理学的各种不同的养分,开辟心理学的各种不同的路径,实现心理学的各种不同的价值,放大心理学的各种不同的功用。

---

① 葛鲁嘉.心理学的五种历史形态及其考评[J].吉林师范大学学报(人文社会科学版),2004(2):
20 - 23.

第二章　心理学的科学划界

在人类的文化历史和思想传统中,出现了六种不同形态的心理学,也就是常识形态的心理学、哲学形态的心理学、宗教形态的心理学、类同形态的心理学、科学形态的心理学和资源形态的心理学。科学形态的心理学是其中之一。作为科学,心理学是通过科学的理论、方法和技术来描述、说明和干预心理行为。科学形态的心理学在自身短短的进程中取得了飞速的发展,但依然面临着重大的问题。科学形态的心理学从诞生之日起,就有物理主义和人本主义、实证论和现象学等不同的研究取向,就一直处于四分五裂的状态,统一是其一直不懈的努力。该形态有基础、应用和开发的研究分类,也有理论、方法和技术的研究分类,关键是心理学研究类别的顺序。该形态的研究方式和方法有实验与内省之争。该形态从诞生之日起,就有科学化的问题,而科学化的延伸就是本土化的问题。

第一节　科学划界的新标准与新尺度

关于心理学的科学性质的考察和研究,涉及心理学的科学划界问题,即心理学研究怎样才能被界定为科学。心理学研究中的方法中心把实证方法的运用作为衡量心理学科学性质的标尺,而心理学研究中的问题中心把问题的提出和解决作为衡量心理学科学性质的标准。科学心理学从诞生起就不是一个统一的科学门类,心理学的流派众多,观点纷杂,一直处于四分五裂和内争不断之中。能否成为统一的科学,是心理学发展面对的障碍。心理学是否有价值的取向和定位,心理学是价值无涉的科学还是价值涉入的科学,这是心理学研究必须给出答案的一个重大课题。心理学应放弃封闭的科学观,采用开放的科学观。

有研究指出,科学划界问题的讨论诞生了形形色色的划界标准,把方法作为科学划界标准只是其中之一。[①] 在亚里士多德的科学的确实可靠性中,方法既是其主要组成部分,又为实现这种确实可靠性提供了手段。亚里士多德的科学划界标准形成了劳丹命名的旧划界主义传统。培根(Francis Bacon,1561—1626)则第一次明确地提出科学的本质特征就是科学的方法。培根从两个方面来划分科学和神学:其一,研究的领域不同,神学关注超自然,而科学则着眼于自然;其二,研究的方法不同,科学与神学使用完全不同的方法。对自然的观察是科学的起点。一旦通过实验和操作掌握了自然现象的基本材料,就可以通过归纳方法提炼出关于这类现象的普遍原理。培根一方面仍然坚持亚里士多德的旧划界主义传统,另一方面又提出科学划界的标准是其方法。两个划界标准的相容就产生这样一种信念:科学具有一种独特的、恒定的方法,而且这种方法具有确实可靠性。

科学具有独特的方法这一信念在 20 世纪遭到费耶阿本德、劳丹、夏佩尔等科学哲学家的批判。尽管他们批驳这一信念的基点和动机各不相同,但他们对这一信念的态度是一致的。费耶阿本德认为,在科学方法与其他探索所用的方法之间不可能划出一条界线。对科学史的研究使他得出一个无政府主义的结论:科学的唯一方法就是无方法,什么都行。借助科学史实,夏佩尔说明可观察性是随着新技术、新理论和新发现的变化而变化的。西格尔(Carl Ludwig Siegel,1896—1981)认为,科学方法是"对证据的承诺"。这种承诺不是一步一步的程序,而是认识论上作为一种评价科学假说和科学理论的内在原则。

在承认科学方法具有相对稳定态的前提下,可以得出这样一个论断:方法不能作为科学划界的一元标准,但可以是划界多元标准中的一元。这就提示了科学划界的一元标准与多元标准的关系问题。

有研究探讨了从一元标准走向多元标准的科学划界。[②] 研究指出,所谓

---

① 陈健. 方法作为科学划界标准的失败[J]. 自然辩证法通讯,1990(6):15-21.
② 朱凤青. 科学划界:从一元标准走向多元标准[J]. 科学学研究,2008 增刊(上):37-40.

科学划界就是在科学与非科学之间进行区分。非科学是一个包括从各种技艺到形而上学的庞大集合。非科学集的某个元素标榜自己是科学，那就是伪科学。

逻辑主义专指逻辑经验主义和证伪主义，"绝对标准"意味着两个哲学派别设立的划界标准具有以下特征：一是科学划界的对象是"语句"或者"理论"和理论的集合；二是划界标准是逻辑化的、一元的，前者为"可证实性"，后者为"可证伪性"；三是科学与形而上学及伪科学之间是一种"非此即彼"的关系。逻辑经验主义的划界标准经历了一个不断软化的过程，卡尔纳普（Rudolf Carnap，1891—1970）以"可检验性原则"取代石里克（Moritz Schlick，1882—1936)的"可证实性原则"，艾耶尔（Alfred Jules Ayer，1910—1989）提出用"弱的可证实性"取代"强的可证实性"。赖欣巴赫（Hans Reichenbach，1891—1953)构造出"概率的意义理论"以改进"绝对的可证实性"。划界对象也经历了从意义的原子论经分子论转向整体论的过程。

证伪主义划界标准概括起来可以表述为，不要求一个科学系统能一劳永逸地在肯定的意义上被选拔出来，而是能在否定的意义上借助经验检验被选拔出来。历史主义的相对标准以库恩和拉卡托斯为代表。虽然库恩（Thomas Samual Kuhn，1922—1996)的"释义"和拉卡托斯（Imre Lakatos，1922—1974)的"合理评价"对绝对标准进行了批判和"软化"，并且考虑了科学的社会心理因素，但这些标准仍然是朴素的、单一的。

历史主义之后，是消解科学划界的"四重奏"。无政府主义者费耶阿本德认为，科学无法也没必要与其他文化形式区分开来。科学方法是"怎么都行"，科学理论又是相互之间"不可通约"的，人们看到的只能是一幅异质的科学图景，对此提出一个"科学的本质标准"是不可能的。劳丹通过对科学史的考察发现，不同时期的科学就像不同时期的绘画一样具有"认识异质性"，这种异质性提醒人们注意，寻求划界标准的认识形式可能是无效的，不存在一个作为科学划界标准的认识常量。罗蒂（Richard Rorty，1931—2007)主张消解而不是解决科学划界问题。他认为，没有哪个文化的特定部分可以挑选出来，作为样板来说明文化的其他部分期望的条件。法因（Arthur Fine，1937—   ）指出，科学有自己的历史，并确实根植于日常思维。不过贯穿科学全史，无需任何固定不变的因素，科学发展（包括对未来的规划)无需齐一性。费耶阿本德、劳丹、法因和罗蒂等人的"划界终结四重奏"有两个主旋律:一是反对科学的本质主义;二是反对科学的理性权威。前者旨在说明科学划界是"不可能"的,后者主要说明科学划界是"无意义"的,甚至是"有害"的。

科学划界是一种实践,科学划界主体是个集合,科学划界的标准是变化和不变的统一,科学划界的标准是多元的、可操作的。把科学划界作为实践去看待,科学划界就自然具有以下特点:科学划界是可错的,因而需要不断完善;科学划界具有强烈的主体价值取向,总是以不同的实践者的理论作为依据;科学划界应该得到不断的检验。科学划界的主体应该是个集合,包括科学家、哲学家、政治家,以及各类其他社会成员,应该尽量地达到"公意"。科学划界的标准是变化和不变的统一。所谓变化,是指各个历史阶段可以有不同的划界标准,必须关注历史,不存在绝对的逻辑标尺。科学划界的标准应该是多元的,科学划界的标准不能是充分必要条件。从科学自身来看,科学实践是一个复杂的存在,对一个复杂的对象设立的判别标准只能是多元的。科学划界标准应该具有可操作性。

第二节 心理学科学划界的基本思路

科学心理学的界定涉及科学的划界问题。心理学的研究怎样才能被界定为属于一门科学,科学心理学怎样才能与非科学的心理学、前科学的心理学和伪科学的心理学划清界限,这都属于科学心理学的界定问题。

在关于心理学划界问题的研究中,有两个不同的着重点。一个是关于心理学的科学性质的划界问题。这导致的是对什么是科学的心理学,什么是非科学的心理学,什么是伪科学的心理学等问题的关注和研究。这可以称之为科学的划界问题,是科学划界问题在心理学学科中的体现。另一个是关于心理学的学科性质的划界问题。这导致的是对心理学究竟是属于自然科学、人文科学还是属于社会科学等问题的关注和研究。这可以称之为学科的划界问题,是学科划界问题在心理学学科中的体现。

心理学的科学划界与心理学的学科划界之间也有相通之处。应该说,首先应是科学的划界问题,其次才是学科的划界问题。心理学的科学属性与学科性质也是有关联的问题。因为在心理学的发展历程中,有从自然科学的角度去论证的心理学的科学性质的问题,反过来,也有从心理学的科学性质的角度去论证的心理学的学科属性的问题。

有研究指出,心理学家对心理学的不同理解和对心理学划界标准的不同理解,反映了心理学家不同的哲学观、科学观、理智背景和研究立场,折射出所处时代的社会文化形态,提供了理解心理学的不同视角和侧面。研究试图讨论的就是心理学的科学性质的问题,但实际上讨论的还是心理学的学科性质的问题。这也就是从什么是科学心理学转换到心理学是什么学科性质的问题。显然,这仅仅看到了两个问题的关联,但是没有关注到两个问题的不同。①

还有研究讨论了心理学的划界问题,但主要关注的不是心理学的科学划界的问题,而是心理学的学科划界的问题。② 研究认为,科学与非科学的划界标准问题是现代科学哲学研究的最基本的问题。由于现代科学哲学流派众多,关于这个问题的研究,不同的科学哲学家给出了完全不同的答案。这就给有些学科的划界带来困难。心理学从哲学中脱胎出来之后,就一直面临着划界问题,有的将其划为自然科学的范畴,有的将其划入社会科学的范畴,也有的同时将其划归自然科学和社会科学,还有的将其划归边缘科学,甚至将其划归为"超科学的科学"。这试图讨论的是心理学的学科划界的问题,但实际上也在讨论心理学的科学性质的问题,是心理学的科学划界的问题。在关于心理学的学科性质的问题上,该研究讨论了心理学作为自然科学、心理学作为社会科学、心理学作为边缘科学、心理学作为超科学的科学。研究得出的结论是,心理学并不是一门科学。因为,不管是从心理学的研究历史,还是从科学哲学的划界标准来看,心理学都不是一门科学。

心理学的科学划界与心理学的学科划界涉及的是心理学定位和发展的不同问题。心理学的科学划界与心理学的学科划界有时候甚至就决定了自然科学的心理学要更科学的结论,或者是社会科学的心理学的科学性就要

---

① 孟维杰. 从科学划界看心理学划界的深层思考[J]. 科学技术与辩证法,2007(1):27-31.
② 胡中锋. 论心理学的学科划界问题——从科学哲学中关于科学的划界标准谈起[J]. 自然辩证法研究,1998(7):24-27.

打折扣,人文科学的心理学的科学性就要打问号。反过来也是如此,心理学走自然科学的道路,就使得心理学要更具有科学性。

第三节　科学心理学与非科学心理学

　　有研究对科学与非科学、科学与伪科学的划界进行了考察。① 研究指出,科学与非科学的划界问题始终是科学哲学中一个困扰人的举世难题。这个问题的实质是要分析清楚,科学不同于其他任何非科学的观念形式的基本性质是什么,或者是要划出一个界线来回答"科学是什么"。关于科学,可以有广义和狭义的理解。狭义的科学,是对现实世界作出陈述的命题系统,包括自然科学和社会科学。在广义的理解下,数学和逻辑学也被视作科学,被称为形式科学,而对现实世界作出陈述的命题系统,包括自然科学和社会科学,由于包含有经验内容而被称为经验科学。但是,无论从广义还是从狭义去理解,科学都不同于形而上学。

　　科学与非科学最主要的区别在于三个方面。第一,是否具有可检验性。这是科学与形而上学及其他非科学形式的最根本区别。经验科学接受经验实证的检验,形式科学接受意义分析的检验,但是任何形而上学、宗教、文学、艺术或诗歌都不接受这样的检验。第二,是否具有理性的怀疑主义和批判精神。科学要求从事科学研究的科学家对科学中的任何理论、假说甚至宣称的实验结果,都持某种有据的、理性的怀疑和批判的态度,所以科学在其发展历程中始终是一个自我审度、自我挑剔、自我批判的过程。第三,是否具有进步性。科学的进步性是科学发展的又一显著特点。科学的进步性是与科学的可检验性以及理性的怀疑主义和批判精神密切相关的。科学正是通过不断地、自觉地对自己进行严格的自我检验、自我怀疑和自我批判,来促进自身的不断进步。

　　这可以导致四个方面的结果。第一,形而上学不是科学,但却常常会混

---

① 林定夷.论科学与非科学的划界问题——兼论科学与伪科学的界线[J].河南社会科学,
　2007(5):19-23.

杂在科学理论的体系中,甚至人们常常会把某些形而上学命题误认为是某个科学理论体系的基础。第二,形而上学本身并不等同于伪科学,而且科学家在创造和建立科学理论的过程中,形而上学理论或"命题"甚至还能起到某些启发作用。第三,伪科学仅当自身并不是科学,却又要为自己打出科学的招牌之时,才会成为伪科学。第四,在当今的公众媒体和日常语言中,当说到"伪科学"一词时,常常是指称两种不同的东西:一种是伪科学行为;一种是伪科学理论。应当区分这两种不同的东西。伪科学行为的目的通常并不是想构建某种无经验内容的"理论"来冒充"科学理论",而是在宣称自己作出某种科学理论或实验的"新发现"的时候,通过剽窃或作伪等手段来以假乱真。

在心理学的研究中,科学的心理学总是要与非科学的心理学划清界线。当然,非科学的心理学还是不同于伪科学的心理学。但是,心理学研究者在坚持科学心理学的划界标准时,也常常会将一些有价值的心理学探索排除在科学心理学的范围之外。特别是在狭小的科学观的限制下,科学心理学大大缩小了自身的范围,完全封闭了自己的边界。这显然是与心理学的科学划界的标准有着十分密切的关系。

第四节　科学心理学与伪科学心理学

有研究对唯科学、反科学和伪科学进行了辨析和考察。① 研究指出,科学主义是经典科学范式向其他思想文化领域和社会实践层面的泛化;反科学思想是对科学主义的反思,对于人类的未来有重要意义;反科学行动则是以思想为敌人的政治行为;伪科学包括科学向度的伪科学理论,以及经济、政治和宗教向度的伪科学活动。

从发生的角度看,科学主义当然是反科学和伪科学存在的前提。科学主义思想源自启蒙主义,成于实证主义。科学被认为反映了自然的本质规律,是绝对正确的客观真理。科学自然成为最高的判断标准。人们相信,人

① 田松. 唯科学·反科学·伪科学[J]. 自然辩证法研究,2000(9):14-20.

类面对和将要面对的一切问题都会因科学及其技术的发展而得到解决。于是,科学主义在社会层面表现为技术主义,科学及其技术成为新的救世主。"科学"成为一个大词,在大众语境中意味着正确、有效、崇高等。在这种语境下,科学是一个必须膜拜的对象,是不可以亲近、不可以批评的。

在唯科学语境下,"反科学"当然是一个贬义词,通常被用作形容词,相当于"反动的""荒谬的"。在用作名词时,也多取其"反动""荒谬"之意,又常与"伪科学"一词连用,一起指"不是科学"和"反对科学"的林林总总。重要的是,对"反科学思想"和"反科学行动"作出区分。可以把"反科学行动"大致定义为,用科学之外的标准来衡量科学的结论,以科学之外的理由(政治的、宗教的),运用科学之外的力量来限制、干涉、压制和破坏科学的行为。与反科学行动不同,反科学思想是人类思想的重要部分,反科学思想的对立面并不是科学,而是唯科学。反科学主义者并不反对科学及技术的一切发展,只是反对把科学视为最高的唯一的知识模式,反对把技术作为社会进步的最重要标准,反对向自然的无限扩张,主张对科学技术的发展进行约束和引导。

中文"伪科学"同样是一个贬义词,带有一种主流意识形态居高临下的气势。它是指一些貌似科学或者模拟科学建造的"理论"体系,包括科学家建造的如灵学、颅相学、超心理学,自前科学时代流传下来的如占星术等,民间科学爱好者新创的奇谈怪论,如地平说、行星碰撞理论等。这些都企图用科学的方法来研究关注的对象,至少其表面的目的是求知,不妨称之为科学向度的伪科学。此外,还有经济向度、宗教向度以及政治向度的种种伪科学活动,因其目标首先不在于建造理论体系,而在于获得经济、信仰和政治上的利益,所以必然要利用唯科学语境下的大众心理,酿成某些社会活动。

相对于非科学的心理学来说,伪科学的心理学显然更进了一步。伪科学的心理学常常是打着科学心理学的旗号,更是常常进行着反科学的活动。这也就使得心理学研究充满了各种不同主张之间的较量。伪科学的心理学在学术研究的领域中,在日常生活的范围内,都有着自己的市场。

对于科学心理学的研究来说,其本身就有着一个十分重要的任务,那就是反对和打击伪科学的心理学。这包括要清除伪科学心理学存在的土壤,揭露伪科学心理学具有的伪装,反击伪科学心理学给出的解说。常常会有这样的情形,科学心理学必须通过消除伪科学的心理学,才能够使自己在科学和生活中立足。

伪科学的心理学常常会打着科学心理学的旗号,而实际上是将非科学的或假科学的内容混在科学心理学之中。反过来看,也常常会有科学心理学的研究在一开始被当成伪科学的东西。这在心理学研究中导致的是一个非常复杂的局面。因此,心理学的科学划界,乃至心理学的学科划分,就成为理论心理学研究的重要任务。

第五节　科学划界带给心理学的变革

有研究把心理学的科学划界问题与学科划界问题当成一个十分重要的问题进行了考察。① 研究指出,科学划界标准问题一直是科学发展史上争论不休的话题,心理学的科学划界问题也是心理学史上见仁见智的问题。心理学如何进行科学划界,事关心理学生存与发展的根本,也事关心理学能否获得全面而又深刻的理解。至今学界中流行着心理学的自然科学观、人文科学观、边缘科学观、文化科学观、超科学观、另类科学观等观点。一是心理学的自然科学观。坚持心理学是自然科学的观念在心理学领域占据着绝对的优势力量。心理学研究从其科学化以来,一直运用着自然科学的方法,如实验法、测验法、统计法等,这是使心理学成为自然科学的根本。二是心理学的人文科学观。心理学的人文科学观思想在西方主要以存在主义心理学和人本主义心理学为代表。他们主张,人不仅仅是生物性存在,也是社会文化存在。人的心理不仅具有遗传属性,也具有文化属性。三是心理学的边缘科学观。应该说,视心理学为交叉科学或边缘科学的观点无论在国内还是国外有着相当的市场。这是属于较为宽泛的理论视野和较为深刻的学术洞察,对于解读心理学有着一定的合理性,既看到心理学社会人文性质的一面,也看到心理学自然科学性质的一面。四是心理学的文化科学观。当心理学自然科学研究取向在世界范围内招致质疑和批评时,心理学出现了文

---

① 孟维杰.从科学划界看心理学划界的深层思考[J].科学技术与辩证法,2007(1):27-31.

化转向的趋向,试图以文化为"镜"来认识心理学。

这种将心理学的科学性质问题与心理学的学科性质问题这样两个完全不同的问题放在一起进行考虑的做法,严格地说来是不合理的。因此,科学划界与学科划界是两种不同性质的问题。尽管可以在两者之间建立起特定的联系,但是科学与非科学,自然科学、社会科学、人文科学与中间科学,这应该有界线或界限。当然,有学者是按照科学与非科学的维度来区分自然科学、社会科学、人文科学与中间科学,但是这导致心理学的不同分支学科在科学性质上被分为三六九等,这同样会引发严重的问题。

心理学的科学划界是关于心理学的学科反思活动的重要内容。科学的心理学、实证科学的心理学、规范科学的心理学等问题,都是心理学的科学追求和学科进步必须确定、解决和明确的内容。

关于心理学的科学划界的研究和探索,关于心理学的科学划界的结果和结论,都会给心理学的发展带来十分重要的变革。因为,这决定心理学研究和发展的定位和定向,也决定了心理学的理论建构、方法确立和技术发明,也决定了心理学的理论创新、方法创造和技术应用。心理学的科学划界带给心理学的变革至少体现在三个方面。其一,明晰的科学划界,使得心理学在科学大家庭中获得了自己明确的位置和地位。心理学的科学身份和科学标志决定了心理学的可能发展。其二,明晰的科学划界,也使得心理学在现实生活中获得了自己的作用和功效。心理学的科学身份和科学地位决定了心理学的可能影响。其三,明晰的科学划界,也使得心理学在未来的研究中获得自己的目标和导向。心理学的科学身份和科学地位也决定了心理学的未来的价值和效用。

心理学在自身的发展历程中一直在为自己的科学性质、科学地位和科学作用奋斗。关注和重视心理学的科学划界问题,会给心理学的研究带来重大的变化和改进。心理学的科学划界标准的任何改变或改进,都会给心理学带来科学性和科学化的重要变革。因此,设置合理的科学划界标准,能够给心理学带来科学合法性和学科合理性。

心理学研究者在心理学的科学划界标准上的混乱,会严重影响到心理学的科学研究和发展。特别是在心理学研究的多元化时代,心理学更需要明晰而确定的科学划界标准。心理学科学观的问题就属于对心理学的科学划界标准的考察,或者心理学的科学观就是确定心理学的科学性的标准。心理学的科学观的变革,显然可以给心理学的研究带来根本性的改观。

心理学的小科学观和大科学观、心理学的封闭的科学观和开放的科学观,都是与心理学的科学划界问题密切相关的重大理论问题。心理学科学观上的变革,会给心理学的研究带来根本性的变革。这决定了心理学研究的思想视域和理论预设,也决定了心理学研究的方法运用和技术发明。

第三章　心理学的学科划界

　　正是心理行为的独特性质,决定了研究心理行为的心理学具有独特的学科性质。在学科的划分中,有自然科学、社会科学和人文科学之分。在不同的学科类别中,又有物理学、生物学、人类学、社会学、文化学和共生学等学科。如何对心理学的学科性质进行定位,是一个重要的学术问题。在关于心理学学科性质的探讨中,有很多学者把心理学看成是边缘性的独立学科。边缘性是指心理学具有多学科跨界研究的性质。由于学科的出发点不同,对心理行为的研究就有不同的定向和定位,从而也就有不同学科性质的心理学。按照学科性质的划分,包括作为自然科学的心理学、作为社会科学的心理学、作为人文科学的心理学、作为中间科学的心理学。按照学科类别的划分,包括属于物理学的心理学、属于生物学的心理学、属于人类学的心理学、属于社会学的心理学、属于文化学的心理学、属于共生学的心理学。

第一节　作为自然科学的心理学

　　有研究考察和探析了现代心理学的自然科学品性。[1] 研究指出,心理学的自然科学品性是指心理学本来具有的自然科学的品质和风格。心理学正是凭借着以下研究精神和理念,成功地构筑起自然科学品性:一是研究方式的自然主义。自然主义是这样一种观点:任何现象最终都由自然法则包容

---

[1]　孟维杰.现代心理学自然科学品性探析[J].南京师大学报(社会科学版),2007(5):86-90.

和解释,任何真实事物都属于物理自然或可以还原为物理自然。这成为包括心理学在内的各个学科在追逐自然科学化过程中所不可或缺的支持性知识背景和方法论。二是研究风格的本体论。这是关于存在本身的学说,即探讨和追问存在作为存在具有的本性、永恒和规定的一种哲学理论。三是研究精神的简约性。简约是自然科学致力于追求并张扬的一种和谐风格,极力推崇以数学方式和物理语言的简单、和谐来解释并说明世界的复杂性。这成为心理学力求以最简单的逻辑语言形式来阐释最复杂的人类心理行为,并追求普遍适用性的一种准则。四是研究理念的因果性。因果原则是人们认识世界和解释事物发展变化的一种方式,这表达了事物之间的一种连续性,认为两个事件之间的因果关系往往表现为一种有规则的变化。这也成为心理学实现控制和预测研究对象的研究指南。五是研究方法的实证性。实验方法是证明和发展科学知识的有效手段,既是评判知识真理的标准,又是产生理论原理的基础。这成为心理学走上客观、开放和应用的研究发展道路并维系和支撑着心理学科学化水平的标尺。

有研究考察了作为自然科学的心理学的困境。[①] 研究指出,回顾现代心理学发展的历史可以看出,推动心理学迅速发展的主要力量是自然科学的理念、技术和方法的进步。现代心理学的发展过程可以说是努力沿循自然科学的路线,不断引进自然科学的方法和技术,借以实现规范科学理想的过程。作为从西方哲学中孕育和分离出来的心理学,强调一切知识必须建立在观察和实验的基础上。因此,对自然科学的原则和方法的强调,就成为探索人类心理的本质和规律的基本立场。

可以说,心理学从开始脱离哲学成为独立的科学研究领域的那一刻起,就奠定了其自然科学性质的基本立场。此后,无论是机能主义学派的詹姆斯、安吉尔还是完形学派的苛勒、考夫卡,无论是极端的行为主义者还是温和的行为主义者,无论是弗洛伊德还是信息加工心理学家,无不主张将心理学建设成为一门自然科学。学派之间的争论不是集中在要不要以自然科学为榜样来建设心理学,而是集中在以哪一门自然科学为模板来建设心理学的问题。

----

①   朱海燕,张锋.作为自然科学的心理学的困境[J].云南师范大学学报,2000(5):6-11.

　　这些心理学家的理念具有三方面的共同信仰。一是人是自然世界的一个组成部分,因此自然科学的对象体系中包含人和人的心理行为就是合逻辑的。二是只有借助自然科学的研究方法才能使心理学成为自然科学群的一个合法成员。所有的主流心理学派,尽管其基本理论立场有极大的差异甚至根本的对立,但是有一点是完全一致的,即自然科学的实验法是心理学研究的根本方法,这是所有主流心理学家的共同信仰。他们相信,只有引入自然科学的实验方法,心理学才能成为自然科学群中的一个部门。实际上,心理学家并不满足于借用自然科学的实验技术研究心理学,他们也热衷于全面接受自然科学的一般方法论,即元方法。三是社会的公认使心理学成为自然科学似乎毋庸置疑。

　　自然科学的立场、方法和技术对心理学的建立和发展的确功不可没,心理学从统治了几百年的宗教神学、传统教条和形而上学的思辨中得以解放出来,成为一门独立的学科,并能够确立其自然科学的地位与尊严,就应当归功于自然科学的贡献。迄今为止,心理学的理论建设依赖于自然科学基本理念在心理学中的延伸,心理学研究技术的更新更是染上了自然科学方法的色彩,以至于大多数心理学家认为,现代心理学的每一个进步都是自然科学发展的必然结果。然而,自然科学对心理学发展的所有上述意义都始终掩饰不了其中的一个缺憾:自然科学的基本立场和基本理念在心理学中的延伸导致心理学基本理论观点上的狭隘和具体研究技术上的盲点。

第二节　作为社会科学的心理学

　　有研究考察了心理科学与社会发展的关系。[①] 研究指出,经过一个多世纪的发展,心理科学已成为当代前沿性学科。社会的发展催生了心理科学,而心理科学也在社会发展的关键时期发挥着巨大作用,并有效地促进了社会的稳定和发展。当前,我国心理学正面临快速发展的机遇与可能,应考虑

① 　张侃. 心理科学与社会发展[J]. 中国科学院院刊,2007(3):230-234.

集成社会科学、心理科学、脑科学、遗传学、信息科学等多学科研究,针对我国社会和谐发展中的重要心理学问题,分别从个体、群体和文化层面开展心理健康、重大社会事件的应对、影响社会和谐的心理因素与认知机制等重要问题的研究。

社会科学的心理学是从社会视角出发的探索。人的存在也是社会的存在,个体都是社会的成员,其心理行为具有社会的性质。社会科学的心理学关注的是社会互动、社会关系、社会角色、社会群体、社会大众。社会互动是指社会生活中个人与个人、个人与群体、群体与群体之间通过信息的传播而发生的相互依赖的社会交往活动。社会关系的心理学性质就是人际关系,这是指人们在人际交往过程中结成的心理关系,这反映了个人或群体寻求满足需要的心理状态。这种关系的变化与发展取决于交往双方需要的满足程度。社会角色是由一定的社会地位决定的、符合一定的社会期望的行为模式。这是人的多种社会属性或社会关系的反映,是构成社会群体或社会组织的基础。社会角色是社会地位的外在表现,是一整套行为规范和行为期待,是人的多种社会属性和社会关系的反映,是构成社会群体和社会组织的基础。社会群体是指通过一定的社会互动和社会关系结合起来并共同活动的人群集合体。社会群体是构成社会的基本单位之一。社会群体的本质在于其内部有一定的结构,即由规范、地位和角色构成的社会关系体系。社会大众则是泛指社会生活中的群众或人群。

有研究考察了社会认知神经科学研究范式。[①] 研究指出,作为一种研究范式,社会认知神经科学(social cognitive neuroscience)包含三个研究层次和三种研究推论。三个研究层次分别是社会行为层次、信息加工层次和脑神经层次。从一个层次到另一个层次的研究方法称为研究推论。社会认知神经科学的三种研究推论分别是社会推论(social inference)、心理推论(psychological inference)和机能推论(functional inference)。社会行为层次的研究是对人类认知现象、情绪现象、行为现象、人际现象、团队现象和文化现象的描述与测量研究,尤其关注印象形成、自我、归因、图式等方面的内容。信息加工层次是对隐含在社会心理行为现象背后的心理机制的研究。

---

① 王拥军,俞国良,刘聪慧.社会认知神经科学研究范式述评[J].心理科学,2010(5):1174-1176.

脑神经层次就是对心理机制的脑神经基础的研究。

有研究通过对经济学与心理学之间的对比,对心理学的社会科学的性质进行了确定。① 研究指出,从许多方面看,经济学与心理学存在共同之处。自 20 世纪 70 年代起,主流经济学在解释现实上的失败引发了经济学界的深刻反思。这些反思带给心理学三点启示:心理学与经济学同属社会科学,而不是中间科学或二重科学;统一的范式并不见得是这类以人为研究对象的社会科学的理想状态;实验方法的发展方向不在于越来越精密地控制实验,而是允许不确定性的存在,并通过对不确定性的研究和发掘促进学科的进步。

人是一种特殊的自然物,具有目的和意志,不断追求自身的理想和价值,而且承载着悠久的历史文化传统,以人为研究对象的心理学不可避免地带有人文色彩。因此,许多学者主张心理学是介于自然科学与社会科学之间的中间科学,或兼具自然科学和社会科学身份的二重科学。传统经济学认为经济学是研究财富的学问,而现代经济学提出,作为社会科学的经济学更是一门研究人的学问。由此,行为经济学家致力于修正传统经济人假设无限理性、无限控制力和无限自私自利三个不现实的特征,以更好地研究受复杂社会关系制约的人类行为。心理学中一直存在的科学主义和人文主义的矛盾在此则理解为了对立统一,从而很好地论证了自身的社会科学性质。

经济学与心理学的研究表明,"范式"的说法本就不适用于研究人性这一有别于物性的社会科学。在当前的社会心理学乃至整个心理学研究中,研究者极其重视不确定性的减少,却忽视与之同等重要的不确定性的发掘。研究者采用繁复的统计方法和严密的实验控制减小统计不确定性的影响,却没有意识到完美的统计结果往往陷于理论上的毫无意义;研究者致力于提高内部效度和外部效度以最小化方法论上的不确定性,却无法平衡两者的此消彼长。随着现代心理学对人的心理的本质属性从灵魂到物质实体,到机器,到生物有机体,再到社会存在这一认识过程,实验经济学提示的发展方向似应该对心理学研究有所启示。

---

① 陈芮,叶浩生. 来自经济学的启示:关于心理学科的一些思考[J]. 心理学探新,2004(2):16-19.

第三节　作为人文科学的心理学

　　有研究在探讨心理学中两种文化的分裂与整合时,考察了心理学的人文主义的方法论。① 这包括现象学的方法论和释义学的方法论。研究指出,现象学作为一种方法论影响了心理学中的人文主义文化观。现象学的创始人胡塞尔(Edmund Husserl,1859—1938)极力反对科学主义的实证主义。他认为实证主义把人类社会等同于自然界,把人等同于物,运用研究自然物的方法研究人与社会,从而把人文科学引入歧途。现象学的另一位代表人物法伯(Marvin Farber,1901—1980)则认为,科学主义的方法论是一种还原论的模式。他主张不仅要从物理的、生理的和生物的方面去理解和研究人,更要从精神的、社会的和文化的方面去理解和研究人。总之,现象学特别强调的是对人,特别是对人的独特性的研究,将人生的意义与价值作为研究的重点。现象学着重的是描述的方法、整体论的观点、对人的主体性的强调等。这都深深影响了心理学中的人文主义。释义学是一种解释文本意义的理论或方法,其核心是理解,而理解是一种意义的追求。德国哲学家狄尔泰(Wilhelm Dilthey,1833—1911)把释义学应用于理解生命和历史,并认为一切以人自身及其精神活动为对象的人文科学都必须以释义学作为方法论指导,即采取与自然科学的"说明方法"根本不同的"理解方法"。释义学强调理解的历史性,认为理解者所处的特定的历史环境、历史条件和历史地位必然影响并制约着理解者对文本的理解。以这种观点看待心理学的问题,则心理学家不可能脱离文化历史的影响去做纯客观的研究,意识形态、价值观必然反映在理解的过程中间。作为文本的心理现象并不直接显现自身的意义,若要加以理解,则必须进行解释,以发现其意义,这样一来,理解者的文化背景、态度和价值观必然对解释过程产生重要的影响。显然,这种方法不同于实证主义的科学方法论,但是一些心理学家认为,对于心理学来说,释义学的方法比自然科学的科学主义方法要更合适。因此,释义学的方法也

---

① 　叶浩生.西方心理学中两种文化的分裂及其整合[J].心理学报,1999(3):349-356.

影响了心理学中的人文主义文化观的形成。

人文科学的心理学有特定的关注内容和着眼点，也有特定的核心概念和基本理论，如人性心理学、语言心理学、历史心理学等。人文科学的心理学着眼的是人类自身，是从人类存在入手去考察和理解人的心理行为。个体是社会心理的承载者和体现者。或者，个人或个体是社会构成的最基本的单元，而个体心理则是社会心理的直接体现。社会个体的心理整体是人的自我或个体的自我。在社会心理学的研究中，自我常被看作社会心理研究的逻辑起点。无论是在人的社会生活中还是在社会心理学的研究中，对自我都有不同的理解。例如，自我的分类有把自我区分为主我与客我。主我是发出认识和行动的自我，客我则是作为主我对象的自我，如物质我、社会我、精神我。有把自我区分为公我与私我。公我是指在公共场合展示给他人的自我，私我是指隐秘不显露的自我。这可以与中国文化传统中的阳和阴相吻合。有把自我区分为大我与小我。这是指自我的域界不同，包容的范围不同。大我可以包容天下，小我则是一己之私。有把自我区分为有我与无我。有我是指以自己为中心，这包括人的自私和贪念。无我则是超越自我，达到忘我和显现真我。有把自我区分为自我与自己。在不同的文化背景中，是否把身体纳入自我的范围就是自我与自己的区分。自我可以包容社会和天下，对个人的区分就不是自我，而是自己。有把自我区分为显我与隐我。在社会生活中，示人的自我就是显我，而不示人的自我就是隐我。心理学的社会心理学还涉及人的社会认知、社会情感、社会动机、社会态度等。

人类学的心理学是从种族视角出发的探索，也有自己的特定的概念和理论。人的存在不仅是作为个体的存在，而且是作为种族的存在。人类学的心理学关注的是种族心理、人格模式、文化形态、生活方式，等等。种族心理是以人的种族存在为前提的种族整体的心理行为方式。人格模式则是社会文化背景中社会人群心理行为的整体性特征、构成方式或结构形态。文化形态则是文化的独特构成、独特产物、独特机制、独特发展。生活方式则是体现为特定的生活尺度、生活标准、生活定向、生活追求、生活模态。人类学家米德(Margaret Mead, 1901—1978)就曾经从人类学的视角阐述了文化和文化传递对人的心理行为的影响。米德区分了前喻文化、共喻文化和后喻文化。前喻文化是指晚辈向长辈学习,共喻文化是指同辈之间的相互学习,后喻文化是指长辈向晚辈学习。实际上,社会心理就可以体现为种族心理、人格模式、文化形态和生活方式,就可以体现为通过文化传递的方式形成和展现的群体心理。

第四节　作为中间科学的心理学

心理学应该是从共生视角出发的探索。在心理学的历史发展和科学研究中,一直非常盛行的是分离的研究。或者,对于心理行为与生活环境,对于个体心理与群体心理,对于小群体心理与大群体心理等,都是分离地进行考察。这既带来了研究的精确性,也带来了研究的偏差性。研究的结果是造成对社会心理的不合理的解说。共生主义的观点则把前述的不同方面看作共生的过程,共生的整体,完整的过程,互动的过程。

有研究认为心理学属于综合性的"人学"。[①] 研究指出,科学心理学自诞生以来,学者们对其学科性质、科学类别一直存在争议,至今尚未形成共论。研究从心理学是一门研究人的"人学"出发,对心理学的学科性质进行了再考察,并对心理学的知识领域及其在科学体系中的另类特征进行了分析与描述,认为心理学是一门综合性的"人学",是一门另类的科学,其知识形态既是科学,又是文化。

心理学的研究内容、研究方法的独特性与其知识形态、知识构成的多样性,决定了心理学的学科性质与一般学科是不同的,因此有必要对其学科性质进行再认识。一是心理学的学科定性:综合性的"人学"。心理学理论的博大庞杂,研究对象、内容及方法的另类性,使心理学难以划入任一科学类别。心理学研究的内容与使用的方法、手段,不断交叉、融合、借鉴而逐渐形成一门知识体系高层位、知识形态高水准、研究方法高交叉的类似于哲学的"人学"。二是心理学的学科发展:高度交叉与整合的无范式道路。心理学

---

① 蔡笑岳,于龙.心理学:研究人的另类科学——对心理学学科性质的再认识[J].中山大学学报(社会科学版),2005(5):117-122.

作为一门"人学"，由于其研究对象的极度特殊性、高深性和研究方法论的相应复杂性，使心理学研究领域、具体研究内容不断变化，研究人的不同侧面的心理学派、小型理论层出不穷，心理学领域中很难形成统一心理学所有研究领域的理论或思想，即库恩所说的范式。三是心理学的学科应用：工具性与非工具性。心理学的特殊知识形态决定了其知识的应用具有两重性。一方面，心理学理论中的科学性知识为人类的生产、生活提供了工具性的服务，为日常问题的解决提供了具体的方法手段；另一方面，由于人不仅是一种生物的存在，更是一种文化历史的存在，这使心理学的研究与人类的文化知识、风土人情、文学艺术结合在一起。从事心理学研究的心理学家都生活在特定的文化圈中，他们了解和认识心理行为的途径、说明和解释心理行为的原则、干预和改变心理行为的手段，以及在他们的探索中隐含的理论框架或理论设定，都体现了独特的文化精神。

有研究主张，心理学是一门意识科学，并认为这是心理学学科性质的新论。[①] 研究指出，随着心理学的进一步发展，人们看到，无论把心理学归为自然科学还是归为社会科学都是欠妥的。于是，心理学界又出现第三种观点，即把心理学看成一门既有自然科学性质又有社会科学性质的科学，或者将心理学称为中间科学、跨界科学、边缘科学等。虽提法不一，却都是一个含义。还有一种把心理学称作思维科学的观点，但持这种观点的人与前一种观点一样，其意图在于避开心理学是自然科学还是社会科学的争论。综观前述，自从心理学成为一门独立的学科以来，有关心理学学科性质的观点主要有自然科学观、社会科学观、中间科学（或跨界科学、边缘科学）观和思维科学观四种观点。这些关于心理学学科性质的观点，既有其历史的合理性和必然性，又有其现实的缺失和局限性。

持自然科学观的学者注重心理是脑的机能，强调用实验方法和数学方法去研究人的心理现象。人的心理是人类自身的意识现象。把自然现象的产物也看作自然现象，显然是欠妥的。心理现象既然不是自然现象，心理学也就不可能是自然科学，所以自然科学观难以揭示心理学的学科性质。持

---

① 刘宗发.心理学是一门意识科学——心理学学科性质新论[J].湖南师范大学教育科学学报，2007(4)：72-75.

社会科学观的学者强调人的心理活动受社会的制约，这是无可非议的。但是，受社会制约的东西不等于就一定是社会现象，不能因心理活动具有社会制约性就断言心理活动也就是社会现象。何况制约人的心理活动的因素除社会环境外，还有遗传素质、自然环境、主观能动、生理状态、精神状态等因素。因此，心理学也不是社会科学。心理学的中间科学观、边缘科学观和跨界科学观等实质都一样，认为心理学既有自然科学性质，也有社会科学性质。显而易见，持这种观点的学者认为，无论是把心理学划归自然科学范畴，还是归为社会科学范畴，都不妥，因而应采取一种折中的办法。认为心理学是思维科学的进步之处在于，认识到了心理现象与自然现象和社会现象的区别，但其不足之处主要在于，在心理学中，心理是母概念，思维是子概念，思维只是心理现象的一部分，也只是心理学研究的一部分，用"思维科学"一词不能包含心理学的全部内容。因此，这种提法也是不妥的。

无论从理论上还是从实际上讲，在具体科学的分类上都应有意识科学的位置。心理学是研究人类自身主观世界的一门科学，因此，心理学既不是自然科学也不是社会科学或中间科学，而应该也只能是一门意识科学。

这实际上是否定了心理学是一门中间科学，但是这并没有解决心理学的学科划界问题。或者，这实际上是试图绕开心理学的学科划界问题，而仅仅将心理学限定在心理存在的一个层面上。所以，这并不是关于心理学的学科性质问题的解决，而是对该问题的一种有意回避。心理学所有在研究对象理解上的进步都化为了乌有，心理学就又回到了早期意识心理学的起点上。

第五节　作为生物学的心理学

生物学的心理学有自己特定的关注内容和着眼点，有自己特定的核心概念和基本理论，如生物基因、遗传本能、动物行为、印刻效应、人类天性等。生物基因的概念是遗传学、生物化学、分子生物学等领域的研究确立起来的。从遗传学的角度看，基因是生物的遗传物质，是遗传的基本单位，是突变单位、重组单位和功能单位。基因有自体复制、决定性状和发生突变的特性。在心理学研究中,就有通过遗传本能的概念说明人的心理行为的方式。习性学则强调物种的先天行为、进化的演变特性、学习的预先倾向。物种的先天行为是指特定物种的个体生来具有的行为,是不变的行为序列,对物种具有普遍意义。进化的演变特性是指每一物种都要解决由环境造成的问题,包括获取食物,繁衍后代,等等。习性学家强调有利于物种生存的行为会遗传给下一代,形成种群中普遍的行为。学习的预先倾向包括敏感期和学习能力两方面。敏感期是生物学上获取新行为准备的特定时期。这一时期容易对特定的刺激作出反应。印刻现象便发生在敏感期,而且印刻是不可逆的。敏感期是发展心理学研究涉及的重要时期。如关于早期发展的许多研究都强调早期经验的重要性,阶段理论都主张特定发展阶段会对特定的经验非常敏感。印刻效应是习性学家在实验过程中发现的现象。刚出生的动物会本能地跟随在第一眼见到的活动物体后面。这不仅存在于低等动物,而且存在于人类种族。人类天性的概念是从生物遗传的角度说明人的本性,并解释人的社会心理行为。这曾经在社会心理学的研究中非常盛行。

　　有研究评述了关于人类心理的生物学研究。① 研究指出,人类心理的生物学研究有宏观与微观之分。宏观研究偏重从遗传与本能的角度说明决定心理的生物因素,微观研究则从细胞、分子角度探讨生物因素对心理的决定作用。一是遗传决定论的研究。家谱分析研究证实了遗传的作用,但难辨遗传与环境的影响并广遭非议,于是有人提出改进的研究模式——双生子研究。具有相同遗传基因的同卵双生子是双生子研究的主要对象。研究一般分为:一起抚养与分开抚养的同卵双生子之间的比较;一起抚养的同卵双生子与异卵双生子之间的比较。二是本能决定论的研究。达尔文进化论提出后,自然选择理论证明动物或人类、个体或社会的一切行为都是本能进化的结果。这样,本能决定论日趋流行。三是习性学研究与社会生物运动。习性学家认为,人类的固定行为模式(如习惯)之所以会发生,就是因为具有特殊性质的刺激(充当本能释放机制)激活了机体内的释放装置,进而导致行为固定模式出现。社会生物学研究旨在说明社会行为的生物学基础,认为人的一切行为都是人类基因与生活环境相互作用的结果,人是为基因而

---

①　蔡笑岳,向祖强. 人类心理的生物学研究[J]. 重庆大学学报(社会科学版),1999(1):111-114.

生存。基因具有永恒性、再生性、准确性、自私性等特征。其中自私性是最根本的,是操纵生物演化过程中各种表现形式的最终原因。四是人类心理的神经生理学研究。科学技术的发展,各种先进技术和手段的运用,神经生理学研究取得了突破性进展。所有这些研究对深入理解心理的生物学基础提供了有力的帮助,也为心理的生物研究提供了广阔的前景。

从发展过程看,心理生物学研究是自然科学成果在心理本质认识问题上的反映。从基本内容看,心理生物学研究是先天论与经验论,遗传因素与环境因素对心理发展决定作用之争的延续。从研究方法看,心理生物学研究是对心理本质的还原,也就是将高级的心理活动还原到低一级生物学水平上进行研究,揭示和理解心理的本质规律。

心理生物学研究吸收了自然科学的成果,在心理本质研究历史中处于主导地位。随着科学技术的发展,心理生物学研究将开创新的纪元,进一步探讨心理的微观生理机制,如认知神经科学的研究;结合人的生物性与社会性等客观属性,在具体的生态文化环境中考察心理的本质规律,开展智力的生态文化研究,从心理生物决定论向心理社会历史决定论转化。

有研究对西方心理学中的生物学化思潮进行了质疑与思考。[1] 研究指出,对社会生物学、进化心理学和行为遗传学研究成果的错误理解和解释是这一思潮的主要代表。实际上,基因的作用是有限的,基因并不能决定个体的行为选择。个体发展是基因与环境共同作用的产物,心理与行为是受文化制约的,文化决定了个体心理的发展过程。

从基因的角度认识人的社会行为,以遗传决定论的观点看待心理与行为的产生和发展,这种生物还原论的观点近年来在西方心理学中有着很大的市场。20世纪之初,遗传决定论的观点曾经风行一时,本能论、种族决定论等生物学化观点泛滥成灾。随着行为主义经验论的兴起,心理学中的生物学化观点趋于沉寂,但是在20世纪下半期以后,行为主义的衰落导致遗传决定论观点的再次抬头,习性学、社会生物学和进化心理学就代表了这一趋势。随着遗传科学和神经科学的发展,对这一领域研究成果的不正当解释导致了生物学化的趋势,似乎所有的行为都可以在基因中找到圆满

---

[1]   叶浩生.有关西方心理学中生物学化思潮的质疑与思考[J].心理科学,2006(3):520-525.

的解释。

社会生物学的基本命题是,包括人在内的所有生命形式,其存在的根本原因是基因的复制和传播。基因是最自私的,所有生命的繁衍和进化,都是自私的基因为求得自身的永恒而展现的结果。进化心理学同样强调了基因的决定作用。依照进化心理学家的观点,基因可以在两种水平上决定着个体的表现型特征:一是在种系发展的水平上,人类祖先的行为倾向通过基因的传递决定了现代人的行为倾向;二是在个体发展的水平上,个体的基因型决定着个体的表现型。总之,基因决定着有机体的生理与心理特征,社会行为是被基因决定的。

近年来行为遗传学的发展也在一定程度上促进了西方心理学中的生物学化思潮。作为一门科学,行为遗传学的研究成果大大促进了人们对遗传因素的认识,使人们抛弃了简单的环境决定论,并从基因与环境的互动角度来理解个体的发展。

对社会生物学、进化心理学、行为遗传学研究成果的错误理解和解释,其实质都是主张遗传决定论或基因决定论,即主张生物学化的基因决定了个体心理与行为的发展。生物学化思潮的根本缺陷在于以基因的或者遗传的观点看待心理与行为的发展,轻视或贬低发展过程的文化制约性。基因不可能对心理与行为的内容产生直接影响,更不可能控制行为选择,行为是生物遗传因素与社会文化因素共同作用的产物,人的发展过程具有明显的文化历史特性。

第六节　作为文化学的心理学

作为文化学的心理学是从文化视角出发对人的心理的探索。人的存在是文化的存在,个体是文化的承载者和体现者,其心理也就具有文化的性质。文化学的心理学关注的是文化传统、文化变迁、价值取向、行为规范、文化人格。文化传统是指社会文化的历史积累和历史传承。文化变迁是指因民族社会内部的发展或不同民族之间的接触而引起一个民族的文化的改变。价值取向是社会和文化的价值定位和价值赋予,这决定了社会中成员

的心理行为的定向和定位。简言之，某种价值观一旦对人们的认知与行为
具有经常的导向性，就可以称为价值取向。价值取向是指价值标准所取的
方向，即价值的指向性。从价值观的角度看，价值的指向性就是价值取向。
无论是取向还是指向，其实质是以谁为价值主体，并对价值主体的需要、目
标和理想作何理解的问题。价值信念或价值取向如能组成一个互相关联的
系统，则可称为价值体系。价值信念、价值取向和价值体系可统称为价值
观。行为规范是社会或群体的行为准则和行为标准，是社会生活或群体生
活中对个体行为的约束。文化人格则是指在文化塑造下人的心理行为的稳
定特征。

　　心理学的现状体现了心理学的实际性质，这不是同质性的单一进程，而
是异质性的多元进程。这种异质性就是文化的异质性，不同的心理学属于
不同的文化历史传统。不同的文化圈产生和延续的是独特的心理文化。特
定文化圈拥有的心理文化就会与其他文化圈拥有的心理文化存在着很大的
差异。这表现为心理行为的差异，也表现为心理科学的差异。

　　无论是实证科学意义上的还是其他意义上的心理学家，都生活在特定
的文化圈中。在心理学家的探索中隐含着的理论框架或理论设定无不体现
其独特的文化精神。心理学家了解和认识心理行为或心理生活的途径，解
释和理解心理行为或心理生活的理论，影响和干预心理行为或心理生活的
手段，都属于相应的文化方式。所以，可以将心理学看作是文化历史的构
成，是文化历史的传统。

　　实证心理学也就是通常心理学家所说的科学心理学，一直把自己看作是
超越本土文化的，是跨越文化存在的。但是，实证心理学实际上是在西方的智
慧传统中诞生出来的，是西方文化历史发展的产物，属于西方科学文化的构成
部分。实证心理学主张客观实证的研究，强调价值中立的立场和持有客观公
正的态度。这似乎表明，可以在研究中摆脱所有的文化设定。超个人心理学
家塔特（Charles T. Tart，1937—　）把实证心理学称作正统的西方心理学
（orthodox Western psychology）。他揭示了正统的西方心理学正是建立在西方
文化的一些基本假定之上，只不过这些假定是隐含的，而不是明确的，没有被
心理学家清楚地意识到。他认为正是这些隐含的假定限制了心理学的发展，
只有使之明确化，才能看清其结果，才能对其提出质疑，才能逃脱其控制性的

影响。①

正统的西方心理学是按西方的科学文化建构的自己。这立足于主客的分离，或者研究者与研究对象的分离。研究对象是客观实在的，而客观的实在是物理的实在。由研究者的感官或物理工具捕捉到的物理实在就是物理现象。对心理学来说，其研究对象也被看作客观实在，即物理实在。由心理学家的感官或物理工具捕捉到的就是心理现象。所以，心理现象可以等观于物理现象，或者可以还原于生理或物理。心理学则被定义为研究心理现象的科学。正统的西方心理学家通过获得的客观知识来预见和控制人的心理行为，强调通过一定的技术手段来改变乃至改进人的心理行为。正统的西方心理学体现了西方科学文化的主旨，并跻身自然科学之列，强调自己的普遍适用性。这突出的是自己的跨文化性质，也的确跨文化广泛传播至其他的文化圈。

西方心理学并不是一个统一的整体，像人本主义心理学等便属于非主流的或非正统的西方心理学。人本主义心理学反对心理学的自然科学化，并批评正统的西方心理学把人降低为物理客体或生物客体等自然物，按自然科学的方式来研究和控制人。人本主义心理学承继了西方文化中的人道主义传统，强调人的地位和尊严，确信人的自由本质和创造能力，探索人的生活体验和生命意义。

本土心理学(indigenous psychologies)是由本土文化延续着的对人的内心生活的基本假定和阐释。实际上自从有了人类和人类意识，人就有了对自己的心理生活的直观了解和把握，并有了对自己的心理生活的主动认定和构筑。这作为心理文化积淀下来和传承下去，成为植根于本土文化的心理学传统。特定文化背景中的社会个体就能够通过掌握本土文化中的心理学传统，来了解、认定和构筑自己的心理生活。本土心理学不仅在不同的文化之间存在着差异，而且在同一文化中的不同历史境况中也存在着差异。

中国本土文化有其对人的心灵活动或心理生活的基本设定。例如，中国文化的精神是强调普遍的统一性，即道。儒家的义理之道，道家的自然之道和佛家的菩提之道均究此理。但是，道并不是外在于人的心灵，与之相分

---

① Tart, C. T. Some assumptions of orthodox Western psychology. In C. T. Tart (Ed.), *Transpersonal Psychologies*. New York: Harper, 1975, pp. 61 - 111.

离，而是内在于人的心灵，与之相一体。心灵内在地与宇宙本体相贯通。人类个体只有返身内求，把握和体认道，才能获取人生的真实和永恒。这必须通过精神修养来不断提升自己的精神境界和完善自己的人格，从而相融于天道。这给探求和构筑人的心理生活提供了特定的文化基础。①

在心理学的研究和分支中，文化科学的心理学就体现在文化心理学、跨文化心理学、本土心理学、民族心理学、社会心理学等一系列的学科领域和研究主题之中。这不仅将心理学研究对象的文化塑造、文化属性、文化演变、文化形态等都凸显了出来，而且将心理学研究方式的文化基础、文化特征、文化内涵、文化演变等也都展示了出来。

① 葛鲁嘉.新心性心理学宣言——中国本土心理学原创性理论建构[M].北京：人民出版社，2008：112-116.

第四章　心理学的对象基础

关于心理学研究对象的理解和把握,存在不同的前提假设或理论预设。其中,最核心最关键的就是有关人的心理行为的个体主义的基础和整体主义的基础。这涉及的是个体主义的对象基础和方法论的个体主义,整体主义的对象基础和方法论的整体主义,以及超个人的对象基础。关于心理学研究对象的不同理解,导致了关于心理学研究的不同取向、不同强调、不同路径和不同结果。

第一节　个体主义的对象基础

个体主义和整体主义的概念,从历史的演变和现实的用法上看,显然是复杂的,甚至是混乱的。存在着各种各样的个体主义和整体主义。从类型上划分,较有代表性的有伦理学的、经济学的、政治学的、宗教学的、社会学的、心理学的、方法论的个体主义与整体主义。如果说,这些个体主义与整体主义概念属于社会意识中特定的社会理论、学术思潮和文化传统的问题,那么方法论个体主义和整体主义则属于社会研究的方法领域中的问题。实际上,在每一种具体形式的个体主义与整体主义的对立中都包含方法问题的对立。

方法论的个体主义和整体主义涉及的是社会说明或解释的问题。这两种方法的对立就在于是从社会个体出发去说明和解释社会现象,还是从社会整体(如社会制度、组织、群体等非个体的关系、事实等)出发去说明和解释社会现象。对立的焦点是在说明和解释社会现象时,社会整体现象是可还原为个体的，还是不可还原的、自成一体的现象，哪一种才是更带有根本性质的说明。

个体主义的基本理论预设是，社会是由个人组成的。人的行动受动机驱使，因此应该从个人的主观动机（意志、目的、精神）去解释人的行为及意义。虽然这也承认社会关系、规则制度等的存在，但这些不过是有意识的个人活动假以进行的条件和媒介，是个人活动的产物，因而在社会研究中不具有根本性。[①]

有研究认为，个人主义作为西方文化精神的基本构成要素，广泛地渗透于西方的社会生活，不正视个人主义在西方文化发展中的这种影响，就很难在真正意义上系统把握西方文化的基本精神。[②] 在我国，由于种种原因，个人主义范畴一直受到曲解甚至误解，人们习惯于将个人主义等同于自我中心或自私自利，进而对其采取本能的拒斥态度。这阻碍了个人主义这一西方文化精神的基本范畴进入正常的人文学术研究视野。

个人主义作为个体参与社会生活的态度、倾向和信念，有其历史表现的必然性。在西方社会的文明进程中，个人主义作为一种生活方式、人生观和世界观，具有整体性和普遍性意义，这构成了西方人赖以把握人与世界关系的基本方式和存在状态。具体而言，个人主义在西方社会生活各方面的渗透可以大致归纳为：哲学上的人本主义、政治上的民主主义、经济上的自由主义和文化上的自我主义。

其一，哲学层面的人本主义是西方个人主义得以确立的人文前提。个人主义的价值规定包含这样一种主张——一切价值均以人为中心，一切价值都是由人体验的，这是一种人本主义观念。一是要求从人出发，肯定人性，肯定人之为人以及人之存在的价值和意义；二是强调人是自由的。这种自由是哲学意义上的，尤其指人的精神、灵魂和意志上的无拘无束，因而个人对价值的体验具有独特性和不受制约性。

其二，政治层面的西方的民主政治制度与个人主义具有难以剥离的亲合性。社会政治制度的实质是以制度或契约的方式确立个人与群体，特别

---

① 张文喜. 超越个体主义与整体主义的对立[J]. 安徽师范大学学报(哲学社会科学版),1998(1)：40-44.

② 邹广文,赵浩. 个人主义与西方文化传统[J]. 求是学刊,1999(2)：12-18.

是国家、社会这些群体形态的关系。个人主义与民主政治的亲合性可概括为：一是个人主义主张的个人权利、个人自由是民主政治的存在理由，而"天赋人权""人人生而平等"显然也是前提之下的应有之义。二是以社会契约论为理论依据，个人与团体组织之间的矛盾冲突可以通过民主政体得以调和与制约。

其三，经济层面的个人主义表现为经济自由主义。基于对个人意志自然调和的强烈信仰，亚当·斯密的自由竞争理论及其后继的芝加哥学派的自由主义理论可算作典型代表。其中蕴涵着这样的个人主义信条：最符合一个人利益的就是让他有最大限度的自由和责任，去选择自己的目标和达到目标的手段，并付诸行动。

其四，文化层面的个人主义意味着对个性和自我意识的强调。这种自我意识体现在人类个体之间，即个性的独立；反映在社会生活之中，就是要求尊重人的个性及私人空间，承认个人有权不同于他人，有权选择自己的生活方式。同时，文化层面的个人主义在积极的意义上，还表现为高度自信、自强不息、积极进取、不拘泥于传统而大胆创新的个人奋斗精神。

个人主义作为西方文化精神的内在构成要素，始终贯穿渗透于西方的社会文化生活之中，其核心内涵就是注重个体的价值，拓展个体的生存空间和生活意义，以求得个体发展的全面性。从历史主义的视角分析，西方个人主义文化精神在其流变中，因其不同的时代背景，也呈现出了不同的发展态势。任何事物的发展都有两面性，在肯定西方个人主义文化精神在西方文明进程中所起的巨大历史进步作用的同时，也应看到其负面影响。实行改革开放的当代中国，一个不容回避的文化课题就是如何系统全面地吸收借鉴世界的先进文明，以加速我国的现代化进程，这就需要客观的和历史的态度。因此，对西方个人主义文化精神的不抱偏见的理解与评价，当属应有之义。

这种个体主义的核心原则和基本主张就贯彻在心理学研究之中，特别是成为西方心理学关于研究对象的基本理解和基本定位。个体是心理学研究的最基本单元，个体心理是不可分割的整体单位。

第二节　方法论的个体主义

有研究考察了方法论个体主义与方法论整体主义。① 研究指出,在社会科学中,就个人与社会的关系这个基本的理论问题,长期以来就存在着个体主义与整体主义之争,并在不同的学科中呈现出不同的表现形式。综而观之,两者争论的焦点集中于方法论解释原则。同时,各自的方法论解释原则又与各自的本体论承诺有着紧密关联。

韦伯提出的个体主义理想类型可视为方法论个体主义原则的先驱,可用来解释历史事件。这包括三大内容:个人偏好的一般图式;个体对其所处情景的各种不同知识;个体与个体之间、个体与环境之间的各种关系。

方法论个体主义的本体论承诺是,社会不是某种不可想象的有机体,其真实的组成部分只有人,这些人相当理智地行动,并且以完全可理解的方式相互产生直接的或间接的影响,社会就是这些个体之间不可观察的关系组成的系统。

方法论个体主义首先是一条解释规则,即应该用关于个体的词项解释社会现象。这条规则由认识论论题和本体论论题来支撑。本体论论题提出,社会现象是由个体而不是由其他引起的,因此应该用关于个体的词项和命题来解释社会现象。认识论论题提出,由于"直接通道"的缘故,这样的解释在原则上是可能的。

方法论个体主义不是一种单一的方法论,而是一种包容性较大的研究纲领。其核心观点在于,社会集体的现象必须根据或落脚于个体而得到解释,这是基本的、稳定的,并贯穿该方法论的各个方面。同时,这一核心观点又只是规定了从社会到个体的解释方向,而实现这一方向的方式却可以是多样的、可变的,能够基于本体论、还原论和意向论等给出不同的表达。

方法论个体主义是分析传统与个体主义传统交汇的结果。这种交汇作用

① 夏代云,何泌章.浅议方法论个体主义与方法论整体主义之争——以沃特金斯与布洛德贝克为例[J].自然辩证法研究,2009(7):26-32.

形成了方法论个体主义的基本底色和特征,使得其具有特殊的表述空间。正因为如此,方法论个体主义中存在着一定的张力。方法论个体主义既不是纯粹的分析传统形态,也不是典型的个体主义形态。如果从分析传统的角度看,方法论个体主义与其血脉相连但又若即若离。"若即"是指,方法论个体主义与近代科学的分析传统有着深刻的内在联系,其直接表现是试图把个体作为原子纳入还原论的解释模式,而且这一倾向占据了主导地位。"若离"是指,方法论个体主义不能不顾及个体的人文属性,给体现人的自由特性的意向论表达留下地盘。意向论模式虽然从广义上说仍然可以纳入分析的范式,但其毕竟偏离了还原论模式,并在相当大的程度上偏离了近代自然科学的传统。这种偏离不仅具有社会科学方法论本身的特殊意义,而且与科学的现代转型具有一定的联系。当今方兴未艾的复杂性研究以还原论为研究基础,又以超越还原论为其目标,方法论个体主义与还原论的联系和偏离,虽然并不就是复杂性研究,但却与其有着一定的关联。正是在这个意义上,在社会科学领域讨论方法论个体主义,比仅仅讨论分析方法的运用更具有方法论的现代意味。①

方法论的个体主义在心理学研究中的贯彻,实际上就是个体主义对象基础的思想延伸和理论原则。个体主义的方法论在西方心理学的研究中,成为一个不言自明的理论预设,成为一个支配研究的思想基础。因此,对于心理学的研究和预设来说,真实的存在、真实的对象、真实的历程,就是个体的存在,就是个体的心理,就是个体的发生,就是个体的发展。

应该说,在西方的文化传统中,在西方心理学的学术研究中,个体主义常常成为一个毋庸置疑的理论前提。脱离了这一前提的心理学研究,就会被归类于虚构的对象存在或人为的哲学思辨。

第三节　整体主义的对象基础

有研究从个体主义与整体主义对立的角度考察了整体主义。② 研究指

---

① 段培君. 方法论个体主义与分析传统[J]. 自然辩证法通讯,2002(6):7-13.
② 王宁. 个体主义与整体主义对立的新思考——社会研究方法论的基本问题之一[J]. 中山大学学报(社会科学版),2002(2):125-132.

出,整体主义(总体主义、集体主义或社团主义)是与个体主义相对立的观点和立场,这可以追溯到古希腊的柏拉图和亚里士多德。整体主义作为一种社会(学)理论和立场则发源于19世纪社会思想家对启蒙运动、法国大革命和工业革命的保守反应,其代表人物是法国的孔德(Auguste Comte,1798—1857)。这种保守主义寻求恢复一种超个人的社会秩序,以对抗自我主义和个人主义对社会秩序造成的破坏性后果。社会学整体主义阵营内部也不是完全一致的。激进的整体主义强调社会整体高于个体,强调超个人的社会秩序和结构,把社会看成是外在和超越于个体的实体。社会整体大于个体的总和,因为社会整体获得了超个人的、新增的、独立于个体的属性和特征。温和的整体主义则认为,社会并不能脱离个体而存在,并只能是通过个体而存在,但是社会不能还原为个体,社会实际上是个体之间的一种关系性和互动性结构,有其相对独立的存在。

个体主义与整体主义的对立是双向度的,双方既在个体问题上,又在整体观问题上,形成了相互对立的观点和立场。个体主义者使用的"社会"一词的含义与整体主义者使用的是不同的。个体主义者采取了化约主义或原子主义的立场来看待社会整体。社会不过是许许多多个体的集合、相加或汇总,社会整体的属性、性质、特征或状态只能从个体的属性、性质、特征或行动来得到解释,因此整体可以还原为个体。脱离了个体,社会整体就是毫无意义的词语。整体主义者提出一种不同的社会整体观。他们认为,社会整体不仅仅是其构成元素的总和,相反,社会作为一个整体获得了比这个"总和"更多的属性,即结构属性。这种结构属性既不是来源于个体本身,也不是个体的属性可以解释的。社会的整体与部分之间的区别并不是量的不同,而是质的差异。造成这种质的差异的原因在于社会整体、社会制度或宏观社会现象具有一种超越个人的结构。整体主义与个体主义在整体观上对立的原因之一在于,前者采取了一种反化约主义和反原子主义的立场。形成这种立场的认识论根源在于综合主义和直观主义的思维方式。整体主义正确地抓住了社会整体的不可化约的结构属性。但是,其局限在于难以从发生学的角度来解释社会结构的形成过程,即社会结构是如何通过无数和无数代个体的行动而被建构或被再生产出来的。

事实上,双方不只是在整体观上构成了对立,而且也在个体观上形成了分野。在个体观问题上,个体主义是从非社会化和非社会决定论立场来看待个人,而整体主义则是从社会化和社会决定论立场来看待个人。与个体主义相反,整体主义采取一种分析主义、外部归因或社会决定论的立场来看待个人。看起来是离散的、自主的个体,实际上是借助共同的规范而与其他的行动者相互渗透。一旦观察到这种具体的、分析性的层面,那就能看到,没有哪个个体摆脱了集体和社会的制约。整体主义者通过社会分析和社会决定的方法揭示出个体身上非自主的、被外部力量决定的因素,无疑是个体观的一种深刻洞见,有助于克服个体主义者在个体观上的唯意志主义和"社会化不足"的局限性。但是,整体主义却陷入另一个困难,即如何判断个体人格结构中被决定元素与非被决定元素之间的比例。

该研究得出的结论就是,个体主义者在消解社会或结构的同时,将个人物象化了,而整体主义在消解个人或主体的同时,将整体物象化了。因此,双方都具有部分的真理,但又都具有致命的缺陷。无疑,双方的出路只能在于超越"虚假"的对立而走向统一和综合。

在心理学的研究中,整体主义对象基础是将个体或个体的心理行为都融入超越个体或超越个体心理行为的整体。无论是社会的整体,还是文化的整体,还是存在的整体,都是决定人的心理行为的整体。只有从整体出发的心理学研究,才有可能真正理解人的心理行为的基本性质、核心特征和变化规律。

第四节 方法论的整体主义

有研究对方法论的整体主义进行了解说。[①] 研究指出,所谓的整体性是针对机械论观点提出来的。机械论认为,系统的性质或特点是其组成部分的性质或特点的简单总和,即一种代数的总和,或者具有可加性。从牛顿以来,这种机械论在生物学中占据支配地位。美国生物学家贝塔朗菲(Ludwig von Bertalanffy,1901—1972)通过列举大量的事实和例证来驳斥机械论,论

---

① 陈金美.论整体主义[J].湖南师范大学社会科学学报,2001(4):5-9.

证系统的整体性,主张从事物的彼此关系和相互作用中发现系统的规律性。20世纪中期出现的主体间性理论,则成为建设性后现代主义者整体主义主张的直接理论来源或基础。在现代西方哲学中,鉴于存在论的主体性原则可能导致生存和行为中的唯我主义,人本主义分析哲学家便纷纷转向主体间性这一领域。

整体主义的基本内容包括三个方面。第一,在人与人的关系上,建设性后现代主义着眼于人类整体,主张摒弃现代激进的个人主义,消除人我之间的对立,建立整体的人与人之间的关系。在建设性后现代思想家看来,个人主义已成为现代社会中各种问题的根源。要超越现代性,就要超越个人主义,超越个人主义的中心地位。建设性后现代主义者将人看作一种关系的存在,每个人都处在与他人的关系中。第二,在人与自然的关系上,建设性后现代主义从整体主义出发,把人与自然看作一个有机整体的两个部分。第三,在人与社会的关系上,建设性后现代主义坚持科学探索、社会意识和社会生活三者的统一。

建设性后现代主义的整体主义主张的理论意义在于对主客二分论、二元论、机械论和还原论的否定。首先是否定主客二分论。后现代主义反对主客二分,即反对把主体看成是与独立的客观世界相对立的观点,认为主体与客体不能彼此分开。其次是否定二元论。建设性后现代主义把二元论看成是祛魅的哲学,认为这与还原论导致了"自然的祛魅"。自然被看成是僵死的东西,是由无生气的物体构成的。自然的祛魅使人与自然的那种亲切感丧失,导致出现更加贪得无厌的人类。再次是否定机械论。建设性后现代主义强调生命的价值高于岩石的价值,将包容和展开的连续运动——整体运动看成是第一位的,强调事物的有机整体与内在联系,否定只具有外在联系的机械论,指出那种认为世界完全独立于人类存在的观点,那种认为人类与世界只存在外在的相互作用的观点都是错误的。最后是否定还原论。在建设性后现代思想家看来,由伽利略创立、笛卡尔完善的分析方法,导致形而上学的还原论哲学方法,要求将事物从复杂还原到简单,从多元还原为一元。在整体与部分关系问题上,还原论观点认为,整体就是部分的集合,部分是什么样,整体就是什么样。这种还原论同二元论一样,是一种导致"自然的祛魅"的"祛魅的哲学"。建设性后现代主义推崇生态科学。这是一种与现代分析方法完全不同的科学,是一种整体的思维方式。

在心理学的研究中,方法论的整体主义和整体主义的方法论,会带来不同于方法论的个体主义和个体主义的方法论的研究基础、研究取向、研究思路和研究结果。这也许形成的是与个体主义的对象基础和方法论的个体主义的对立、对抗和对峙。这体现出来的是心理学研究预设的不同,导致的是研究思路的不同,形成的是研究结果的不同。

第五节　超个人的对象基础

超个人心理学涉及的内容领域或研究范围主要包括,注重超越自我和超越个人,追究人的终极潜能和潜能实现能达的最高境界,探讨转换的意识状态及其相关的意识训练。超个人心理学考察了许多正统的心理学研究忽略和排斥的研究内容和研究课题。这包括意识的异常状态、濒死的经验、静修的艺术,等等。超个人心理学对心理学的发展有着重要的贡献,当然也有着许多的局限。[①] 首先,在西方心理学原有的研究中,独立的个人和内在的自我一直就是重点。独立的个人是与他人和外界相分离的,内在的自我则是自我中心主义的,把个人的心理意识限定在了非常有限的范围内。超个人心理学十分关注对个人和自我的超越,强调人能够成为完满的人,个人不仅可以消除与他人和外界的分离,而且可以达于一种无我或拥有超个人大我的状态。其次,在西方心理学原有的研究中,对人的潜能和潜能实现的认识还局限于个人的成长和个体自我的实现。超个人心理学力图追究人的超越性的人性根源,寻求揭示人的终极潜能,并争取最大限度地开发人的潜能,从而实现完满的人性。再次,在西方心理学原有的研究中,基本上涉及的是人通常的清醒意识或有限的自我意识。超个人心理学则深入探索人的**转换的意识状态**(altered states of consciousness),坚信人拥有意识的超越力量,并可以实现超个人的或完满的意识状态,从而转变人的体验方式和扩展

---

① 郭永玉.精神的追寻——超个人心理学及其治疗理论研究[M].武汉:华中师范大学出版社,2002:301-324.

人的心灵。

有研究考察了超个人心理学的基本理念。① 研究指出,如果从方法论和学术渊源上下定义,那么超个人心理学可以被理解为一个试图将世界精神传统的智慧整合到现代心理学知识系统中的心理学学派。世界精神传统和现代心理学是两种关于人自身的知识体系。前者是指世界各民族文化的传统宗教和哲学,其中包含对人及其精神生活的理解和践行方式,但不是以现代科学的方法和系统化的表达方式存在的。后者包含着对人的身体与心理的科学研究,但这种研究在很大程度上割断了与世界精神传统的联系。

超个人心理学的基本假设主要有五点。第一,人的本性主要是精神的。超个人心理学家坚信,只有将现代心理学和世界精神传统关于人性的理论结合起来,才能形成完整的人性模型。第二,人的意识应该是多维的。超个人心理学倡导研究意识的不同状态。大多数人通常状态下的意识只不过是表面的。意识的其他维度或方面显示出智慧传统的真谛,宇宙间所有存在的连通性,一切外在多样性之间的统一性,意识的敏感领域和层面更加朝着这样的境界敞开:澄明、宁静、明朗、慈爱、知识和强盛。第三,人的生命必然是智慧的。几千年来的宗教传统都宣称,人的本性是巨大的智慧之源,人能够而且应该寻求内在的真正的智慧。第四,人的生活可以是丰富的。人的行为、欢乐和悲伤对于人的成长和发展是有意义的,而不是任意或无意义的事件。超个人心理学使人用更开阔、更积极的眼光看待生命。第五,人的精神之路显然是多样的。在精神寻求中,对治疗家至关重要的一点就是尊重一切精神之路。

有研究对超个人心理学观进行了评析,对超个人心理学的研究对象和关注重点进行了论述。② 研究指出,超个人心理学以人的超越的精神生活作为研究的重点领域,突出了人的这一层面的重要性。超越的精神生活之所以未能受到传统心理学的重视,是因为其往往带有神秘的性质,而科学似乎不该或不能研究神秘现象。超个人心理学主张开放地研究一切经验,不管看上去是多么罕见的现象。因为在超个人的观点看来,罕见的现象可能恰

---

① 郭永玉. 超个人心理学的基本理念[J]. 华中师范大学学报(人文社会科学版),2000(5):124 - 127.

② 郭永玉. 超个人心理学观评析[J]. 南京师大学报(社会科学版),2003(4):96 - 103.

恰是人性极致的见证,将这些现象呈现出来并给予心理学的解释,不仅有助于拓宽对人性的理解,也有助于增进大多数人的成长。超个人心理学提出的是一种最具包容性的人性模式,这体现了一种整体的研究取向,拓宽了心理学对人性的理解,同时也可以将其视为一种整合的心理学架构,为整合心理学中的不同观点、不同理论提供了一个参照系。

超个人心理学家为了更全面深入地了解人的本性,为了更完善圆满地推进人的生活,大胆地突破了西方科学心理学的界限,突破了西方文化传统的围墙,也热切地吸取了东方的心理文化,吸取了东方文化传统的智慧。当力图在西方科学与东方智慧之间架起桥梁的时候,也就在改变或扩充着西方心理学的研究对象和研究方式。当然,这实际上还有很长的路要走。在西方的心理科学与东方的心理文化之间并不适合建立简单的联系和简单的对应,但可以肯定的是,东方的或中国的心理文化自有其不凡的魅力和不绝的生命。

第六节　心性论的研究扩展

现代的和中国的科学心理学曾经都是西方的或源于西方文化传统的心理学。西方的科学心理学或实证心理学把心理现象作为心理学的研究对象。建基于中国本土心理文化或心性心理学的新心性心理学,则把心理生活确立为心理学的研究对象。在中国本土文化中有着独特的心理学传统,这种传统对人的心理行为有着独特的理解。其实,心理学有着各种不同的形态。在心理学的传统中,包括在西方现代的科学心理学传统和中国本土的心性心理学传统中,有着对人的心理的截然不同的假设或设定。

西方的文化分离了客观与主观,分离了客体与主体,因此也就分离了科学文化与人本文化。科学文化强调对客观研究对象的客观描述,人本文化则强调对主观经验的主观理解。这就导致西方的实证的心理学与人本的心理学之间的分裂。西方的实证科学的心理学理解的心理现象,建立在两个基本的理论前提或理论假设之上:一是研究者与研究对象的绝对分离,研究者仅是旁观者、观察者,是中立的、客观的;二是研究者必须通过感官来观察对象,而不能加入思想的臆断推测。

中国的本土文化提供了对人的心理完全不同的理解,这就是本土的心性学说,就是本土的心性心理学,就是本土文化的心理学资源,就是新心性心理学创新的基础。新心性心理学把心理学的研究对象确立为心理生活。心理生活也是建立在两个基本的思想前提或思想设定上:一是研究者与研究对象的彼此统一;二是生活者通过心理本性的自觉来生成和创造自己的心理生活。心理生活的性质是觉解,方式为体悟,探索在体证,质量是基本。这说明心理生活就是自觉的活动,就是心性的觉解,就是自我的构筑。人的心性自觉或心理生活能否成为心理学的研究对象,是有争议的问题。中国心理学的创新发展有必要去重新理解和思考心理学的研究对象,以开拓心理学发展的新方向和新道路。心理学的变革首先在于对研究对象的重新理解和定位,其次在于对研究方式的重新思考和确立。把心理学的研究对象从心理现象转向心理生活,是根源于本土文化的对研究对象的另类考察。

人的心理生活是人的生活中的核心部分。按照中国本土的心性学说的理解,心与道是一体的。道不在人心之外,而在人心之内。内心体道的活动,或者本心自觉的活动,就构成了人的心理生活。人的心理生活的一个重要维度是人的心理生活对道的体认,也就是心理生活的拓展,并决定着心理生活的实际容量和质量。因此,对人的心理生活来说,拓展就是根本性的追求和实现。人的心理生活的拓展不仅涉及自身的心理时空的扩大或扩张,而且涉及与其他一些重要的生活方面或生活领域的密切关联。人的心理生活的拓展是不是可能的,怎样才能够实现,这是关系到心理生活质量的重要问题。

自从有了人的存在,有了人的生活,有了人的心理,有了人的意识,有了人的创造,也就有了人的心理生活。人的心理生活是人创造的,是人体验的,是人所拥有的。但是,人的心理生活必须有科学的引导和参与,科学地揭示和建构人的心理生活是十分必要的和重要的。

科学给人、给人的生活、给人的心理生活带来的是从盲目走向自觉。盲目的人生和盲目的生活是缺少明智的人生和生活,但是科学可以给人生和生活带来觉悟或自觉。自觉的人生和自觉的生活是充满明智的人生和生活。科学给人,给人的生活,给人的心理生活带来的是从神秘走向开明。人对于自己的生活或心理生活的了解，如果没有科学的介入和参与，就常常是盲目和神秘的。这种盲目性和神秘性给人的心理生活造成了许多无法预料和把握的后果。科学给人，给人的生活，给人的心理生活带来的是从抽象走向具体。科学或思想就是一种抽象的过程。科学可以通过抽象而以观念的形式来重现人的生活。但是，观念的存在还要回到现实生活之中，这也就是具体化的过程。科学的具体化就是科学与生活的一体化，就是科学的生活实现，就是生活的科学创造。

心理生活是人的生活，人的生活是有质量高低的，所以重要的问题是要不断地提高心理生活的质量。首先，心理生活必须讲求质量。人的生活是有质量差异的，人的心理生活也是有质量差异的。其次，涉及人类、人性、人心。当心理学的研究涉及人的心理行为时，就不仅仅涉及个体的心理行为，或者就不仅仅涉及孤立个体的心理行为。其实，人的心理行为也必然具有类的属性，所以要理解个体的心理行为，就必须理解人类的心理行为。同样，人的心理行为都是与人的本性相匹配的。没有脱离开人性的人的心理行为。或者，要想理解人的心理行为，就必须理解人性。最后，涉及社会、文化、历史。从西方起源的科学心理学曾经分离性地理解人的心理行为。这包括研究者与研究对象的分离，研究对象中的心理行为与心理行为所处环境的分离。可以肯定的是，人的心理行为发生并融贯于社会、文化和历史。因此，可以通过社会、文化和历史来理解人的心理行为，也可以通过人的心理行为来理解社会、文化和历史。

在关于人的心理的理解中，心理学的传统研究把学科研究对象确立为心理现象。把心理学的研究对象理解为心理生活是心理学界定自身研究对象的一个重大理论转换。从关于人的心理生活的理解和阐释中，可以引申出关于人的心理成长的独特思路和解说。新心性心理学的一个核心构成部分，就是关于人的心理生活的探讨。创造、生成、说明、解释、揭示、改变、丰富和提升人的心理生活，是人的心理成长的关键性方面。

心理生活的概念被用来从中国心理文化资源入手，去重新认识和理解心理学的研究对象。西方的实证心理学从研究者感官观察和印证的角度出发，认为心理学的研究对象就是心理现象。关于心理现象的分类，则分离了人的心理过程与个性心理，分离了人的智力因素与非智力因素。这种分类标准和分类体系,对人的心理的理解和干预,特别是对青少年心理的培养和教育,都导致了一系列非常严重的问题。这必然迫使科学心理学要重新考虑对研究对象的认识和分类。人的心理具有自觉性。人的心理在本质上是意识觉知、自我觉解和体验觉悟的活动。心灵的活动能够自觉到自身,这不仅是觉知和觉解,而且是构造和创造。因此,应该把人的心理理解为心理生活。心理生活在人的生活中处于核心地位,应该成为心理科学关注的中心。历史上,心理生活一直就是普通人、思想家、宗教家、文学家、教育家等探讨的内容。在目前,心理学越来越重视科学探索与人类经验之间的关系。因此,心理生活应成为当代科学心理学的研究重心。心理学应通过对心理生活的探索来引领当代人的生活,应通过重新理解研究对象来开拓新方向和新道路。探讨和阐释心理生活是新心性心理学对心理学研究对象的重新理解和重新定位。[①] 在中国本土的文化传统中,非常独特和重要的心理学思想贡献是心性学说或心性心理学。当然,中国文化中有不同的思想派别,也就有不同的心性学说,并发展出了对人的心理的不同解说。

科学心理学现有对研究对象的分类系统,是研究性的而不是生活性的分类系统。研究性分类系统是为了研究的方便,对研究对象进行了界定和分割。生活性分类系统则强调"生活原态"或"生活本态",是按生活的实际样式进行的定性和分类。科学心理学现有对人的心理的研究是对心理基础的研究。心理基础是指构成人的心理生活的基础,而不是人的心理生活本身,如生理的基础、神经的基础、社会的基础等。心理学研究还应该有对基础心理的研究。基础心理是指人的心理生活本身的原态样式,没有经过人为的分解和还原。人的心理行为作为心理学的研究对象,可以为研究者的感官所把握。这就如自然事物作为自然科学的研究对象可以为研究者的感官所把握一样。那么,由自然科学研究者的感官把握到的自然事物可称为自然现象。同样,由心理学研究者的感官把握到的心理行为可称为心理现象。心理学成为独立科学门类之后,就把自己定义为研究心理现象及其规律的科学。新心性心理学则把心理生活作为心理学的研究对象。心理生活

---

① 葛鲁嘉.心理生活论纲——关于心理学研究对象的另类考察[J].陕西师范大学学报(哲学社会科学版),2005(2):112-117.

是由人自主体验和感受的,或是由人自主创造和生成的。人不是自己心理被动的承载者或呈现者,而是主动的创造者和生成者。

人的心理本性在于觉。人的心理活动就是觉解的活动,包括以外部事物为对象的觉知和以人自身为对象的自觉。人的觉或自觉是一种创造生成的活动或生成意义的活动。人的心性活动是以觉作为基本的特征。日常语言中的觉悟就是对觉的对象的创造性把握。当说到人要提高自己的觉悟时,就是要增进对觉的对象进行创造性把握的程度。人的生活是人的生存、发展和创造的过程。正因为人不仅是自然的存在,而且是自觉的存在,所以人的生活也是自觉体验到的、自觉创造出的。心理生活是人的生活中的主导部分,这也就是自主的含义。当然,人也有失去自主的时候,成为环境或他人的奴隶,成为任人宰割和随波逐流的存在。但是,只要人觉悟自己的生存状态,确立自己的生活目标,付出自己的意志努力,人就会成为自己生活的主导者。所以,心理生活是人的生活的核心内容、实际走向和创造主宰。实际上,也许根本就无法理解没有心理生活的生活。任何人的生活都是心理生活构筑和构造出来的。这也是人与其他事物或动物的重要差别。一个人的心理生活是什么样式和有什么品质,他的实际生活就会是什么样式和具有什么品质,人的生活就是人自身体验到和创造出的生活。因此,心理生活应该在心理科学中占有重要位置并成为核心内容。心理科学应该通过对人的心理生活的探索和生成,而在人的实际生活中占有重要的地位。

西方科学心理学确立的研究方法是实证的方法。这是建立在研究者与研究对象分离的基础之上。相对于研究对象来说,研究者是不相干的旁观者。研究者通过感官来把握对象。中国心性心理学确立的研究方法是体证的方法。这是建立在研究者与研究对象统一的基础之上。这使得研究强调统一性或一体化,是主观与客观的统一性,是主体与客体的一体化。这种对一体化的强调,重视的不是研究者旁观的认识、无关的理解和冷漠的描述,而是生活者心灵的体悟、心性的自觉和心理的创造。

体证的方法与实证的方法相对应,体证并不是通过感官的感知,而是通过心性的自觉。因此,体证至少有两个重要特点:一是心性的自我体验;二是心性的自我构筑。体证的方法是立足心性活动的自觉性。人的心性最基本的特性就是自觉性。觉是具有丰富内涵的心理学概念,如感觉、知觉、警觉、自觉、觉悟、觉醒、觉察、觉解等。体证的方法是立足心理生活的创生性，人的心性最核心的特性就是创生性。没有一成不变的心理意识和生来如此的心理行为。人的心理也不是被外部推动的、被动应答的，而是通过心性觉知、觉解和构筑而自我创生的。因此，创生性的另一个说法就是自主性。体证的方法是立足心理生活的共生性。人的心性不是封闭和孤立的，而是与所处的或所创的环境共同生成和共同成长的历程。心理学在发展历程中确立了一整套研究的方式、方法和工具。特别是实证研究的方法，曾被认为是唯一科学的方法，是确立心理学科学地位的唯一保证。但是，当代心理学的发展正在走出以实证方法为核心的困境。正是由于以实证方法为核心，心理学贬斥了其他的方法，贬斥了理论的建构。心理科学以往的研究追求的是客观性。客观性是指在研究中不能加入研究者主观的参与，这被认为会歪曲或误解研究对象。

如果从共生的基础出发，心理学的研究就不是追求客观性，而是追求真实性。尽管创造的历程是"无中生有"的历程，但这是真实的历程。在科学心理学的成长中，无论是方法的确立、理论的建构还是技术的发明，追求的都是普遍性。心理学研究曾经极力排斥过内省的方法，就是因为内省的私有性。其实，体证的方法同样可以达到普遍性。这就是中国本土心理学传统提供的体证方法，它不同于西方心理学中的内省方法，因此更适合称之为体证的方法。这是心性的自我超越活动，也是人的内心体道的过程，可以使潜隐不明的道得到彰显。这也是超越个体的私有性而达于普遍性的过程。心性的体证既是觉知的过程，也是生成的过程。通过体证不仅可以知晓、了解和把握内心的活动，而且可以调节、改变和构筑内心的活动。所以，体证实际上是知行合一的内心活动。对于某些研究者来说，行不过是外显的行动或可见的身体活动。但是，行从根本上是指人的意向或意动。正是心性的体证活动构筑了人的内心生活，构成了人的内心世界，构想了人的生活目标，构造了人的生活现实。人的认识或智慧很容易形成分离的或分裂的结果，因为人总是要进行区分。这不仅是认识上的问题，也是行动上的问题，但是对于人的心理生活或心性体证来说，最重要的就是共生或共荣。

心理学的应用就是通过心理学的技术、方法和理论来干预或影响人的心理行为，从而改变人的现实心理行为，提高人的心理生活质量。在心理学原有的或传统的应用中,研究者是主动的干预者,而被研究者是被动的被干预者。被研究者的心理行为是被动的,是被技术手段干预或影响的。其实,人的心理也是主动、自主的,是自我改变、自主创造的。这给心理学的应用提供了新的方式和途径。心理学原有的应用是以干预者与被干预者的分离为前提的,或者干预者与被干预者是有间隔的。但是,心理生活的提出消除了研究者与被研究者、干预者与被干预者之间的分离或间隔,也就没有了主动者和被动者的区分。研究者与被研究者、干预者与被干预者都是生活者。心理生活强调的一体化消除了被动者,也就消除了心理的被动性。心理生活的感知者或承受者也是心理生活的创造者或构筑者。没有了干预者与被干预者的区分,人的心理生活的引领者就是生活的榜样。榜样可以成为模仿、学习和超越的对象。人的心理生活的引导者和创造者并不是外在的,并不是强加给人的限制;心理生活自主的引导也不是为所欲为,而是与环境的共同创造、共同发展或共同成长。

第五章　科学心理学的演变

　　狭义的科学心理学是属于实证科学的心理学。实证科学的心理学是在西方文化传统中诞生的,至今不过一百多年的历史。实证科学的心理学有着自己的起源、演变和未来。广义的科学心理学则是属于规范科学的心理学。西方心理学有着自己的历史,中国心理学也有着自己的发展,因此探索和追踪科学心理学的演变就包含对心理学学科本身的纵向把握。

第一节　科学心理学的起源

　　心理学的起源与科学心理学的起源是两个不同的问题。心理学的起源涉及人类关于自身心理行为的解说、理解和干预的问题。科学心理学的起源则关系到科学的定位和表达。通常人们理解的科学是属于实证的科学,因此科学心理学的起源实际上也就是实证科学的心理学的起源。

　　科学心理学只有一百多年的历史,心理学的探索却有着久远的过去。通常认为,心理学的发展只是连续的线性更替关系,现代的科学心理学淘汰和取代了原有的传统形态的心理学,但实际情况并非如此。科学心理学诞生之后,其他不同形态的心理学仍然与其共存并发挥着各自的功能。通常还认为,历史上只有哲学心理学和科学心理学。科学心理学从哲学的母体中脱胎后就取代了哲学心理学,成为唯一合理合法的心理学。其实,历史上出现过多种形态的心理学。这些不同形态的心理学并没有随着现代科学心理学的出现而消亡,而是依然存在于现实生活和学术研究之中,并在不同的生活领域和学术领域中发挥着重要的作用。从人类文化史的角度来看,出现过六种不同形态的心理学,即常识形态的心理学、哲学形态的心理学、宗教形态的心理学、类同形态的心理学、科学形态的心理学和资源形态的心理学。解读这些不同形态的心理学,考察科学心理学与其他形态心理学之间的关系,对科学心理学的发展有着至关重要的作用。①

在科学心理学诞生和发展的过程中,曾经有过方法中心主义占支配地位的时期。在这个时期中,心理学研究的性质是以运用了什么方法作为衡量的标准,是以是否运用了科学的方法来决定其具有的价值。例如,在科学心理学发展史的研究中就有这样的主张和观点。通常认为,德国心理学家冯特在德国莱比锡大学建立了世界上第一个心理学实验室是科学心理学诞生的标志。心理学运用实验的方法,使心理学摆脱了哲学的思辨,成为现代意义上的科学。在心理学的研究中,是否运用了科学的方法,成为心理学研究是否科学的根本标准。

当然,把心理学实验室的建立当作是科学心理学诞生的标志,还存在着严重的问题。其实,学界对科学与非科学的划界还有着许多不同的认识。例如,科学心理学的诞生和确立是应该以实证方法的运用为标准,还是应该以理论范式的形成为标准,这仍有许多不同的争议。当然,心理学成为一门科学,不仅在于建立了心理学实验室,而且在于心理学的研究方法、理论范式和技术手段的根本性变革。心理学作为科学是通过科学的方法、科学的理论和科学的技术来描述、说明和干预心理行为。

尽管随着当代科学的发展,心理学也在不断尝试去确立能够使自己成为科学门类的核心构造或基本准则。心理学也一直在寻求使自己保持科学性质的理论标准、方法标准和技术标准。当然,心理学对科学性的追求走过弯路,也因此排除了许多有价值的心理学探索,也造成了心理学内部的各种争执和对立。但是,这也表明,心理学需要关于自己的科学性的证明,需要关于自己的科学性的尺度,需要关于自己的科学性的内核。

心理学是不是一门进行科学研究的、具有科学性质的、拥有科学理论的、使用科学方法的、进行科学干预的科学? 心理学怎样才能够成为一门进

---

① 葛鲁嘉.心理资源论——心理学的历史、现实和未来的形态[J].陕西师范大学学报(哲学社会科学版),2008(6):104-108.

行科学研究的、具有科学性质的、拥有科学理论的、使用科学方法的、进行科学干预的科学？显然，回答上述的问题需要确立和明确心理学的科学内核。

第二节　科学心理学的演变

考察和研究心理学的演变和发展，可以从不同方面、按不同标准、依不同线索来进行，对此应该有一个总体的基本的把握。如果放开研究的眼界，追踪和把握现代科学心理学的产生、发展和演变，可以有十个基本线索，即文化的线索、国别的线索、时间的线索、组织的线索、人物的线索、事件的线索、器物的线索、思想的线索、学说的线索和学科的线索。①

其一，文化的线索。尽管认为自己是跨文化普遍适用的科学门类，但是不可否认，现代的科学心理学是文化的产物。科学心理学是在西方的文化土壤中生长出来的，显然这是文化的产物，是根基于特定的文化传统或文化土壤。因此，现代科学心理学的产生和发展带有明显的文化烙印。科学心理学从西方诞生之后，逐渐传播到了世界各地，所以一度被认为或被信奉为唯一合理的心理学探索。这种信念导致对其他文化传统或文化土壤中产生和发展起来的心理学的排斥或否定。例如，如果按照西方的科学心理学的标准，中国本土就没有自己的心理学传统，也就不可能有中国自己的独特的心理学。实际上，这已经成为一种偏见，并且大大限制了科学心理学发展可以利用的文化资源。其实，中国也有自己的心理学传统，这一传统就植根于中国本土的文化。中国本土文化中的传统心理学也有了解人的心理行为的方式和方法，也有解释人的心理行为的概念和理论，也有干预人的心理行为的手段和技术。只不过，中国的心理学传统不能按照西方科学心理学的标准去衡量。

其二，国别的线索。现代的科学心理学都是在特定的国度产生和发展起来的。在不同的国度，心理学的实际的性质、特定的内容、偏重的问题、产生的效果、发展的速度等，都是不同的或者是独特的。任何一个国度都有自

---

① 葛鲁嘉.追踪现代科学心理学发展的十个线索[J].心理科学，2004(1)：159-160.

己的心理学发生和发展的历程。例如,在中国,心理学的发展有着非常曲折的经历。在 19 世纪末 20 世纪初,许多中国的知识分子奔赴欧美,去寻找拯救中国的真理,其中一些人学习的就是西方的科学心理学。他们以改造和建设国人的心理为目标,把西方的科学心理学引入了中国,为中国科学心理学的起步和发展带来了科学的方法、理论和技术。科学心理学在中国的命运经历了三次大起大落。第一次是在 20 世纪初到 20 世纪 50 年代,这是中国心理学"全盘西化"的时期,但在 1949 年后西方心理学受到了批判。第二次是在 20 世纪 50—60 年代,这是中国心理学"全盘苏化"的时期(受苏联心理学特别是巴甫洛夫学说的影响),但在"文化大革命"期间,心理学被当作唯心主义的伪科学,被彻底砸烂。第三次是在 20 世纪 70 年代末期,这是中国心理学"全面复兴"的时期,"文化大革命"结束,心理学重新作为一门科学得到恢复和发展。

其三,时间的线索。现代科学心理学的发展有着十分鲜明的时代烙印,与时代的进步紧密相关。如果通过时间的线索来了解心理学的发展演变,可以按照不同的尺度而有不同的时间分段的方式。例如,可以按照世纪来进行划分。可以了解 19 世纪心理学起始和扩展的历程及规律,可以了解 20 世纪心理学发展和演变的历程及规律,也可以了解 21 世纪心理学走势和趋向的历程及规律。也可以按照更长的时段来进行划分。如古希腊的心理学、中世纪的心理学、近现代的心理学、新世纪的心理学。在每个世纪里,还可以区分出更细致的时间段。时间的线索还可以与国别、文化、组织、学派等不同方面结合起来,去细致地了解相关方面和内容的发展演变。如中国古代的心理学、中国近代的心理学、中国现代的心理学等;又如精神分析早期的兴起、精神分析后期的演变等。

其四,组织的线索。现代科学心理学的发展演变,也可以体现为心理学家群体共同的努力,一些重要的学术组织和心理学机构的诞生、活动和兴衰的历程。任何一个心理学的学术组织,无论对推动心理学的学术活动,对促进心理学思想和理论的传播,对扩大心理学在现实社会和现实生活中的影响,对汇聚心理学的学术资源等,都具有十分重大的作用。心理学的学术组织可以是世界心理学学会,也可以是中国心理学学会,可以是精神分析研究会,也可以是人本主义心理学会,等等。无论涉及哪一个心理学的学术组织,都可以从组织的发起筹备和成立、组织的人员构成和领袖、组织的重大活动和事件、组织的历史演变和兴衰、组织的学术建树和成就等方面,去进行考察和追踪。

其五,人物的线索。现代科学心理学的发展演变,都是由心理学家推动的。特别是那些划时代的心理学开创者,那些最著名的心理学思想家,那些有创建的心理学研究者,他们的经历和学说正是心理学发展的具体生动体现。对心理学家的了解可以包括心理学家所处的时代背景、心理学家生活的社会条件、心理学家自己的个人经历、心理学家创立的主要思想、心理学家推动的学说发展。追踪和考察著名的心理学家的生活历程和思想轨迹,就可以深入地了解心理学。对人物的了解可以通过著名心理学家的传记来实现。这可以是心理学家的自传,也可以是由他人撰写的著名心理学家的生活传记或思想传记。例如,著名的精神分析学家弗洛伊德就有许多种传记,包括他自己写的自传,也包括他人从不同的角度撰写的传记。了解著名心理学家的人生成长、学术道路、思想历程、理论轨迹,也可以追踪心理学的演变发展。

其六,事件的线索。现代科学心理学发展和演变的历程中,总是有着一些十分重要的历史事件的发生和演变。这些历史事件可以是多样复杂的。如果把一些心理学的历史事件串联起来,就会看到心理学学科前进的脚印。当然,可以对与心理学发展演变有关的历史事件进行各种不同的区分。例如,与心理学间接有关的社会历史事件,或者是在心理学学科外部发生的社会历史事件;与心理学直接有关的社会历史事件,或者是在心理学学科内部发生的社会历史事件。例如,第二次世界大战的爆发迫使大量欧洲心理学家逃往美国。这使世界心理学的研究和发展的中心从欧洲转向美国,使美国很快成为世界心理学研究和发展的中心。

其七,器物的线索。现代科学心理学的发生和发展也可以体现为心理学研究的工具、仪器和设备等的创造和发明。任何新的工具、新的仪器或新的设备的发明和运用,都会给心理学的发展带来巨大的推动作用。现代科学心理学的诞生标志,就是德国心理学家冯特 1879 年在莱比锡大学建立世界上第一个心理学实验室。心理学实验室的建立和心理学实验的开展,给心理学的研究带来了根本性的改变。心理学研究工具和研究手段的发明和更新,都有可能给心理学带来巨大的进步和根本的改变。例如,计算机的发明和出现,就使得心理学家有可能通过计算机模拟人的心理意识的内在过程，从而促进了认知心理学的诞生。

其八，思想的线索。现代科学心理学的真正内核是其心理学思想的形成和传播，这是现代科学心理学的实际灵魂。心理学学科的发展，最重要的体现就是心理学思想的发展。心理学的思想可以包含两个方面的内容：一是对心理学研究对象的理解和认识；二是对心理学研究方式的理解和认识。心理学在自己的历史发展中，对心理学研究对象的认识发生了一系列的变化。心理学成为独立的学科门类之后，最早把意识当作心理学的研究对象，所以这个时期的心理学也常被称为意识心理学。因为意识是研究者的感官把握不到的，而能够通过内省把握到，所以内省就成为心理学的研究方法。行为主义的诞生被认为是心理学发展中的一场革命。行为主义把意识排除在心理学的研究对象之外，而把可以直接观察到的行为确立为心理学研究的对象。认知心理学的产生被认为是心理学发展中的一场革命。认知心理学又重新把人的内在认知过程确立为心理学的研究对象。心理学在自己的历史发展中，对心理学研究方式的认识也发生了一系列的变化。例如，有的心理学家就把心理学当作纯粹的自然科学来看待。这使得心理学去全面模仿自然科学的研究方式和思考方式。

其九，学说的线索。现代科学心理学的思想都体现在十分具体的解释心理行为的学说中。应该说，心理学在自身的发展过程中就心理行为提出了各种各样的学说。其实，人的心理行为可以按照不同的标准进行划分。每一种具体的心理行为都可以有不同的心理学家从不同的角度、层次或侧面进行研究，从而提出不同的理论或学说去进行说明和解释。从学说的线索，不仅可以了解不同学说的立足点、出发点、侧重点、着眼点等，而且可以了解特定学说的历史演进、当代热点、未来前景等。各种不同的心理学学说，都有其产生的背景和历程，都有其演变的鼎盛和衰落，都有其面临的延续和未来。任何的心理学学说，无论是其核心的思想概念、主要的理论构成，还是其基本的理论原则、主要的理论范式，都有特定的变化发展方式和过程。

其十，学科的线索。现代的科学心理学是一个高度分化的学科。心理学本身已经拥有十分庞杂的分支学科，每一个具体分支学科本身都有着自己的演变发展历程。其实，了解每一个具体的心理学分支学科的进程，或者把握每一个具体的心理学分支学科的线索,不仅可以透彻了解并深入思考心理学本身的综合分化的过程和道理,而且可以全面把握具体心理学分支发展中的经验和教训。每一个具体的心理学分支学科都有其研究对象的确立、研究领域的划分、研究方法的运用、理论框架的形成、理论概念的定义、理论学说的提出、应用手段的成形、应用技术的实施、应用成果的评估等。这都是把握学科线索的重要方面和内容。

对科学心理学的历史发展和未来走向的追踪,应该从笼统的、单一的、模糊的,转向精细的、多维的、明确的。这不仅是心理学史研究的扩展和进步,不仅是理论心理学研究的深入和细化,而且是心理学的自我反思和自我觉解,是心理学的日渐壮大和走向成熟。其实,心理学史的研究早就应该越出传统的轨道,而与其他的如文化的研究、社会的研究、思想的研究、方法的研究等相结合。这样的研究可以提供心理学发展的史实,提供心理学发展的方向,提供心理学发展的道理,提供心理学发展的依据,提供心理学发展的可能,提供心理学发展的路径。一个人的自觉是其走向成熟的重要标志,同样,心理学的自觉也是心理学走向成熟的重要标志。

第三节　科学心理学的未来

科学心理学的未来涉及对心理学发展演变的考察和探讨、定位和把握。当然,由于立足基础的差异、研究视野的不同、理论思路的分歧,关于心理学发展的理解和确定就有着非常大的区别。曾经有很多学者从不同方面论述了心理学的发展转换,并按照不同的尺度或标准进行了划分和界定。

有研究把心理学的时代发展界定为从哲学主义到文化主义,并将这个过程划分为哲学主义心理学、科学主义心理学、人文主义心理学和文化主义心理学的四个时代。[①] 心理学从遥远的古代到今天科学化时代的孕育、发展、流变过程,按照逻辑线索,实际上经历了哲学主义、科学主义、人文主义

① 孟维杰. 从哲学主义到文化主义:心理学时代发展反思与构想[J]. 河北师范大学学报(教育科学版),2007(2):79-84.

和文化主义四个时代交替、更迭和传承的过程。

哲学主义心理学时代是人类认识自身心灵最古老、最漫长的时代,也是人类追问和探究心理问题的最原始形式。严格说来,哲学心理学是由那些哲学家和思想家对人类的人性、灵魂和精神等方面,经由思辨或推想、猜测或反思而构建的松散的知识形式。

科学主义心理学时代以反对哲学心理学,寻求并验证人类心理的客观性和规律性为突出特征。主张从可观察的心理现象入手,引入自然科学的精致研究方法,致力于获得确切的心理学知识体系,试图建构起以西方心理学为楷模的统一的心理学,至今已演变成为心理学研究的主流范式。在强调心理学研究客观化、精确化、操作化的同时,把科学活动的若干技术特征当成是心理学的本真个性,从而导致对心理学活动认识的狭隘性和肤浅化,不能从整体的历史和社会联系中来把握具体的心理问题。

人文主义心理学时代是作为对科学主义心理学的反思与批判而出现的。这个时代力求以人为中心,将人抬升到崇高位置,试图以系统的理论诉求实现对人的整体理解。在这层意义上,人文主义心理学所做的努力,是扶正科学心理学在理解人方面造成的偏差,弥补由此而产生的科学意义上的"人"与人文意义上的"人"之间的沟裂。

文化主义心理学时代也是作为对科学主义心理学的反思与批判而存在的。人文主义心理学只是就人性论人性,就心理论人,而文化主义心理学的特殊之处在于将文化这一要素引入心理学,试图借助文化之镜来实现对人类心理的审视。从 20 世纪中期到今天,这个时代诞生和流传着跨文化心理学、本土心理学、文化心理学、后现代心理学等心理学分支领域或研究取向。

有研究进一步探寻了从心理学文化转向到心理学文化品性的研究转换。① 研究指出,现代心理学已经走到发展的十字路口,心理学文化转向似乎成为心理学何去何从的有力注解。但是,奠基于现代主义思维模式的心理学文化转向,因其自身难以跨越的局限,从根本上把人与文化割裂开来,还不是拯救心理学的一剂良方。心理学文化品性探寻则从心理学内在深层机理和根本上回答心理学为什么要有文化转向以及心理学到底要走向何

---

① 孟维杰. 从心理学文化转向到心理学文化品性探寻[J]. 自然辩证法通讯,2006(1): 16-21.

处。这既是对心理学文化转向的根本超越,也是对心理学学科性质的独特探索,更是对人类心灵幸福这一永恒主题的深入解读。如果心理学的自然品性是从技术、概念、程序形式的方面,以外在、逻辑、技术层面来界定心理学,那么心理学的文化品性则是从目的、精神、价值等内在层面表达或界说心理学。从这个意义上说,心理学的文化品性就在心理学之中,而不是在心理学之外;不是以文化品性反对科学品性,而是突破了原来的心理学科学主义的蒙蔽,真正深入地理解和阐释心理学研究的本质,从心理学本身表达了心理学家对心理学文化境界的一种向往和追求。

有研究考察了心理学发展的理论观,即从心理学理论到理论心理学的转换。① 研究指出,由心理学理论到理论心理学的转变,既是心理科学发展的历程,也是学科不断完善的标志。理论心理学的兴起不仅表明了心理学理论更迭时代的结束,更预示着学科统一的到来。要想科学地建构理论心理学体系,就务必做到实体理论与元理论的有机结合,培养高素质的理论心理学家,整合后现代思潮。在此倡导的理论心理学是元理论指导下的心理学体系。

理论心理学的产生是心理学自身发展的需要,而早期心理学理论的更迭为理论心理学的产生奠定了坚实的基础。目前,学科研究领域日益广泛和不断拓展,学术研究技术日趋精密和越加尖端,心理学学科破碎和理论分裂的局面也日益严重,统一的呼声与日俱增。表面看来,建立一门统一的理论心理学分支学科与心理学统一似乎自相矛盾,因为心理学已有太多分支学科。然而,正是这些分支学科的存在及学科内部的不断分裂,才呼唤理论心理学的产生。

有研究探讨了心理学中文化意识的演变。② 研究提出,心理学中的文化意识在文化心理学、跨文化心理学、文化建构主义心理学中经历了三次重大演变。文化心理学认为心理是文化的投射,从而寻求理论的"文化敏感";跨文化心理学视文化为心理规律的干扰因素,认为理论研究应力求"去文化";

① 陈少华. 从心理学理论到理论心理学——心理学发展的理论观[J]. 西南师范大学学报(人文社会科学版),2000(2):58 - 63.
② 杨莉萍. 从跨文化心理学到文化建构主义心理学——心理学中文化意识的衍变[J]. 心理科学进展,2003(2):220 - 226.

文化建构主义心理学则认为心理与文化是相互灌注、相互建构的关系,因而更加重视"心理""意义"与"现实"的双向建构过程。

文化心理学承袭了冯特早期的文化意识与维果茨基社会文化历史学派的思想逻辑,将文化视为心理过程的"先在的""决定性的"因素。正因为将心理视为文化的投射物、对应物,文化心理学坚决反对跨文化心理学把文化作为寻找具有普遍意义的心理规律所要规避、排除和克服的"干扰因素",文化心理学认为人的任何内在、深层的心理结构及其变化都不可能独立于文化的背景和内容,心理和文化既是有着相对区分的、各自不同的动态系统,又彼此贯穿、相互映射、相互渗透。心理学永远不可能将自己的研究对象与文化情境相剥离。文化心理学不再以一种心理学理论为研究背景,去寻求理论在异域文化中的检验,而是从某种社会文化背景下特有的社会问题、心理问题出发,以社会化过程、人际互动过程为研究重点,以本土的心理学取代普适的心理学。

跨文化心理学预设了贯通性、普适性的心理学规律的存在——所谓"跨文化的",就是"贯通"所有文化的,也就是对所有文化都通用的。所以,尽管跨文化心理学采用了跨文化比较的研究方法,但就其本质而言,这还不属于文化取向的研究范畴,而是一种完全的经验主义范式。

文化建构主义心理学思潮的兴起,与文化心理学几乎是同步发生的。文化心理学将心理视为文化的投射,而文化建构主义则将心理视为文化的建构。文化心理学对实证主义的批评是在现代文化阵营内进行的,是一种保守的、局部的、表层的批判,没有深入到本体论、认识论、方法论的层次。这导致了文化心理学在认识论和方法论上内在的矛盾性。文化建构主义则是站在后现代立场对心理学现代叙事的彻底解构。以批判为基础,文化建构主义试图在心理学现代叙事的对立面上,创建一种全新的反基础主义、反本质主义的后现代的心理学理论与思想构造。

心理学本土化的出路与结局是对中国心理学发展的一种本土化定位。这使得中国心理学的发展必然要有自己本土的性质和特征,必然要有自己独特的偏重和特色,必然要有自己强调的内涵和方式。心理学本土化的出路与结局就在于将其定位为文化的心理学、历史的心理学、生活的心理学、创新的心理学、未来的心理学。

心理学的本土化把心理学确立为广义的文化心理学。文化心理学也是通过文化来考察和研究人的心理行为的一个心理学分支。近年来,文化心理学的研究成果受到人们越来越多的关注。文化心理学经历了三个重要的发展时期或阶段。在不同的时期里,文化心理学的知识论立场、方法论主张、研究进路特色和研究方法特征都有着重要的变化。在文化心理学发展的第一个时期,文化心理学的研究目标是追求共同和普遍的心理机制。那时的文化心理学假定人类有统一的心理机制,从而致力于从不同的文化中去追寻这一本有的中枢运作机制的结构和功能。在文化心理学发展的第二个时期,文化心理学开始关注人类心理的社会文化根源,并转而重视人的心理行为与文化背景的联系,从社会文化出发去考察和说明人的心理行为。这一方面是指有什么样的社会文化,就有什么样的心理行为模式;另一方面是指运用特定文化的观点和概念来探讨和说明人的心理行为的性质、活动和变化。在文化心理学发展的第三个时期,文化心理学强调人的主观建构。文化不再是决定人的心理行为的外在存在,而是人的觉知、理解和行动的内在存在。正是人建构了社会文化,人也正是如此而建构了自己特定的心理行为的方式。其实,文化心理学不仅仅是心理学的一个分支,而且是心理学研究和发展的一种理论范式。这就会在实际上影响对心理学研究对象的理解和对心理学研究方式的界定。

心理学的本土化把心理学确立为广义的历史心理学。任何心理学的发展都有自己的历史渊源、历史演变、历史背景和历史延续。心理学的本土化就是在为心理学确定其历史传统。这种历史传统给出了科学心理学的发展历程、发展道路、发展形态、发展方向和发展可能。其实,历史心理学并不是指被遗忘的心理学、被超越的心理学、被扬弃的心理学,而是指心理学的历史根源、历史传统、历史进步和历史道路。当然,最重要的就是,心理学应该有自己的历史资源。本土心理学应该成为自身未来发展的历史资源。

心理学的本土化把心理学确立为广义的生活心理学。中国的学理的心理学有着十分清晰的、引进国外发达国家的心理学的标签,常常与中国本土的生活有着十分重要和清晰的界线。这就把生活本身出让给了常人的常识心理学。科学心理学的研究成为象牙塔中少数人的特权。中国心理学本土化的一个十分重要的目标,就是使科学心理学的研究走入本土文化中普通人的日常生活。那么,科学的心理学能不能成为生活的心理学,就成为心理学本土化的一个十分重要的问题。中国本土的心理学应该成为生活的心理学。

心理学的本土化把心理学确立为广义的创新心理学。其实,中国心理学的本土化没有现成的道路好走,没有现成的东西可以继承,没有现成的方式可以照搬。这就决定了中国心理学的本土化历程必然和必须走创新的道路。对于中国本土心理学来说,原始性的创新应该成为重要学术目标。然而,这却是中国现代心理学非常薄弱的环节。对于许多心理学的研究者来说,引进的才是心理学,创新的却很难被看作是心理学。

心理学的本土化把心理学确立为广义的未来心理学。严格地说,中国心理学的本土化并不仅仅是为了解决心理学发展的现实问题,而且是为了解决心理学发展的未来问题。这种未来的心理学应该代表着中国心理学的发展方向、发展可能、发展潜力和发展定位。那么,中国心理学的本土化不仅要确定自己的发展道路,而且要提供自己的发展可能。这包括创立新的学说理论、新的研究方法和新的技术手段。[1]

无论是心理学的科学化、本土化、多元化,还是心理学的学理化、实用化、生活化,或是心理学的现代化、前沿化、未来化,都预示着心理学在未来的发展过程中,会去创新自己的发展道路。未来的心理学应该是文化定向的心理学,应该是本土定向的心理学,应该是创新定向的心理学,应该是生活定向的心理学。

第四节　西方心理学的发展

西方心理学自成为独立的实证科学之后,就一直没有统一过。有许多心理学家曾致力于把心理学建设成统一的知识门类,也有许多心理学家曾深入地探讨过心理学不统一的原因和未来发展的可能。可以认为,心理学

---

[1] 葛鲁嘉.心理学中国化的学术演进与目标[J].陕西师范大学学报(哲学社会科学版),2007(4):118-123.

的内在冲突来自人类心理的独特性质,正是这一点造成了西方心理学中实证心理学与人文心理学的根本研究差异。对心理学发展前途的认识,取决于对人类心理的独特性质的完整理解和把握。

一、冲突的研究取向

人类心理的包容极其广泛,并且兼具自然物理的属性和人文自觉的属性。心理存在与物理现象既相互关联又相互区别。人类心理与物理现象最根本的关联在于,人类心理也是自然的存在,也是自然发生的过程。人类心理与物理现象最根本的区别在于,人类心理还能够自觉到自身,这种自觉的特殊性是物理现象所不具备的。人类心理的这一独特性质使心理科学的发展充满了分歧、对立和争执,也使人们很难以物理科学的发展来衡量心理科学,如把心理学看成是前范式的科学。

法国哲学家笛卡尔(René Descartes,1596—1650)被认为是西方近代心理学的实际开端。[1] 他的思想对后来科学心理学的诞生和发展产生重大影响。笛卡尔主张的是典型的二元论观点,认为存在着物质实体和心灵实体。物质的根本属性是广延性,物质世界像一架机器,物质现象遵从严格的机械规律,这可以通过科学或物理学加以考察。心灵的根本属性是思维,思维不具有广延性,而是观念性的活动,这可以通过哲学或认识论加以考察。

笛卡尔探讨的物质世界,以及后来自然科学对于物质现象的揭示,特别是感官生理学和神经生理学的研究发现,构成了现代科学心理学在科学内的起源。笛卡尔探讨的心灵世界,以及后来哲学认识论对于观念活动的揭示,特别是联想主义心理学和官能主义心理学的理论成果,构成了现代科学心理学在哲学内的起源。实际上,笛卡尔的心理学正说明了心理学对其研究对象的两种不同的着眼点和研究方式。心理学家可以把心理看作是自然发生的物理现象,能够通过实证的方法或外观的方式加以考察。心理学家也可以把心理看作是自我觉知的经验世界,能够通过内省的方法或内观的方式加以考察。这埋下了心理学内在冲突的种子,使心理学的研究总像个钟摆那样在上述的两端来回摇摆。

[1] 波林. 实验心理学史[M]. 高觉敷,译. 北京:商务印书馆,1981:180.

现代科学心理学的诞生是其在近代科学中的起源与在近代哲学中的起源相汇流的结果。问题在于,科学的实证方式与哲学的内省方式怎样才能结合在一起。德国哲学家康德否定了这种结合的可能性。在康德看来,心理学只能是对心灵的内省研究,而不可能成为实验科学。因为人的心理意识只有时间维度,随时间流变,而没有空间维度,不占有空间,所以无法加以测定和量化。康德的怀疑至少包含着这样两个进一步的含义:一是人的心理是独特的,是不同于物理现象的;二是实验的方法是有限度的,是难以揭示人的心理活动的。

德国心理学家冯特开创了心理学研究的新途径,他使心理学不再属于生理学,也不再属于哲学。冯特并不是用实验的方法直接考察内在意识经验,而是通过实验的方法来改造内省的方法,使哲学的内省法变成实验的内省法。正是在此基础上,他把意识经验确定为心理学的研究对象。冯特认为,心理学与其他自然科学一样都属于经验科学。但是,冯特本人看到,心理学的研究对象与自然科学的研究对象在性质上还是有差别的。涉及意识经验,就不仅仅是个体的经验,还包括种族的经验。人类的种族经验决定着人的意识活动的更复杂的层次和更深入的方面。冯特也确定了实验内省法的研究限度,即只适合考察个体的意识经验。他另外开创了文化产物分析的方法,通过研究语言、艺术、神话、风俗等建立了他的种族或民族心理学。实际上,冯特的学说是个矛盾体,他本人根本已无力决定心理学的钟摆应该摆向哪一端。

在冯特之后,心理学的研究出现了全面的动荡,一时间学派林立,观点纷杂。不过,当喧嚣平复、尘埃落定之时,心理学家还是发现,心理学仍然处在两极对立之间。这也就是美国心理学家马斯洛(Abraham Harold Maslow,1908—1970)所说的机械主义科学和人本主义科学。[①] 金布尔(Gregory Adams Kimble)则将其称为"心理学中的两种文化"。[②]

所谓的机械主义科学也就是传统的自然科学,这是将自然界看成具有机械性质的存在,人的存在、人的心理行为也不例外。在研究方式上,强调

[①] 马斯洛.科学心理学[M].林方,译.昆明:云南人民出版社,1988.
[②] Kimble, G. A. Psychology's two cultures. *American Psychologist*, 1984(8),833-839.

物理工具和感官获得的证据,强调对条件和变量进行精确分析和控制的实验室实验,强调对现象背后的因果规律的理性抽象。在实际应用上,使用严格的、准确的技术手段和程序进行干预。西方的主流心理学,特别是行为主义心理学和目前的认知心理学,就全盘照搬和模仿传统的自然科学。这是将心理学的研究对象看成是客观的自然现象,研究者可以由物理工具和生理感官旁观到,可以进行量化分析和实验控制,也可以抽象出因果制约的规律。心理学家构造的理论不仅描述心理现象,而且能够通过技术手段干预心理现象。

所谓的人本主义科学也就是传统的人文科学,是将人放在神圣的位置上,重视人的自由和尊严。在探讨方式上,强调人的心理体验和意识自觉,强调对生活的意义和价值的主动构筑。在实际应用上,倡导人的自我选择和自我实现。这构成了西方非主流的心理学,如精神分析和人本主义心理学。这是将心理学的研究对象看成是意识经验或心理体验,这无法以物理工具和感官捕捉到,也无法分析肢解而不失去原义,故研究者必须进行整体的考察,必须深入人的心理生活,揭示其内在的意义和价值。心理学家可以通过启迪人的意识自觉,使之主动地构筑自己的心理生活。

金布尔通过自己的一项研究,证明了在心理学中存在着科学的文化和人本的文化,他区分出了六个重要维度,以确定这两种文化的冲突:(1)学术的价值——科学的和人本的;(2)行为的规律——决定论的和非决定论的;(3)知识的来源——观察的和直觉的;(4)发现的背景——实验室和现场研究、个案史;(5)规律的概括——法则认识和个别认识;(6)分析的水平——元素主义和整体主义。金布尔本人对心理学中这两种文化的统一并不抱乐观的看法。

可以把心理学的研究对象区分为心理现象和心理生活这样两个侧面。实际上,实证心理学着眼的就是心理现象,这是自然现象的构成部分,可以进行实证分析,心理学家能够由此得到不承担价值的事实,形成客观的、共有的知识,并通过技术手段来处理和干预。人文心理学着眼的则是心理生活,这是人独有的,不是间接旁观到的、推论出来的,而是直接体验到的,并可以通过意识自觉来把握和构筑。在心理学的发展历史上,实证心理学和人文心理学一直处于相互的对立和冲突之中。实证心理学十分怀疑人文心理学研究方式的可靠性,进而否定其理论解释的科学性。实证心理学把人文心理学排斥在圈外,并力图贯彻实证的研究方法来吞食其研究领域。人文心理学则反对实证心理学套用适合研究自然现象的方法来研究人,人文心理学家批评对人类心理的物化和非人化的实证分析,不赞同否弃人类心理生活的意义和价值,以及把人看作是技术控制的被动物。对于怎样建设和统一心理科学,双方持有完全不同的立场和主张。

二、西方实证心理学

西方的主流心理学走的是自然科学的道路。主流心理学家力图将心理学建设成为自然科学的一个分支,他们采纳了传统自然科学得以立足的理论基础——物理主义和实证主义。物理主义是有关世界图景的一种基本理解,而实证主义则是有关知识获取的一种基本立场。体现在心理学中,便涉及对心理学研究对象的理解和对心理学研究方式的主张。这构成主流心理学家对心理学学科的认识,或者说是一种心理学的科学观。

"物理主义"(physicalism)是一个有歧义的提法,在此主要泛指由传统自然科学带来的世界观。物理主义的世界观把自然科学探索的世界看作是由物理事实构成的,物理事实能为人的感官(或作为人的感官延长的物理工具)直接感觉到。相对于人的感觉经验而言,物理事实也可以称之为物理现象。按进化的阶梯,物理现象由简单到复杂、由低级到高级排列,复杂的或高级的是由简单的或低级的生成或构成的。那么,研究物理现象的自然科学便成为一个系谱,这符合进化阶梯的排列,即物理学、化学、生物学、生理学、心理学等。排列在上端的科学解释可以向根端的科学解释还原。因此,物理学和化学就是最基础的解释。

心理学作为自然科学家族中的一员,采纳了物理主义关于世界图景的理解和解释。心理现象就是一种物理现象,这与其他物理现象并无根本性的不同,也能够由人的感官(或作为人的感官延长的物理工具)直接感觉到。尽管心理现象具有高度的复杂性,但可以还原为生成心理现象的其他物理现象。因此,心理学可以向神经生理学还原,而神经生理学又可以向物理学和化学还原。

实证主义(positivism)具有多种理论形态,在此主要泛指传统自然科学获取客观知识的科学方法论。实证主义的科学方法论,不仅涉及获取经验资料的方法,而且涉及构造科学理论的规则。实证主义坚持的原则在于,任何知识都必须依据来自观察和实验的经验事实,理论命题只有被经验证实或证伪,才是有意义的。这种实证原则在科学研究中最典型的体现,就是实验主义和操作主义。实验主义是对实验方法的强调,实验方法的长处在于保证了感官经验的可靠性,不仅能使之得到精确分解和测定,而且能使之得到必要的重复。操作主义是对理论规则的强调,操作性定义的长处在于保证了科学概念的有效性,也就是任何科学概念或理论构造的有效性取决于得出该概念或理论的程序的有效性。

心理学作为自然科学家族中的一员,采纳了实证主义的立场。这表现为对实验主义和操作主义的投靠和依赖。许多心理学家信奉实验方法,这有时被称为以方法为中心。他们在实验室中像对待其他自然现象那样来捕捉和切割心理现象。操作主义也曾在心理学中颇为流行,许多心理学家希望借此来重新清理和严密定义心理学中的许多概念。实证主义的立场使心理学只能以特定的研究方式来考察人的心理。

由冯特创始的以意识经验为对象和以实验内省为方法的科学心理学,很快便受到在物理主义和实证主义的基础上形成的心理学科学观的挑战。20世纪初期,美国行为主义心理学兴起,被看成是西方主流心理学中的第一次革命。这不仅改变了冯特确立的心理学的研究对象,而且推翻了冯特确立的心理学的研究方式。

行为主义心理学的创立者华生(John Broadus Watson,1878—1958)把行为确定为心理学的研究对象,把实验确定为心理学的研究方式。正如他所说:"由行为主义者看来的心理学纯粹是自然科学的一个客观实验分支。行为主义的理论目标就是对行为的预测和控制。内省并不是其方法的主要部分,其资料的科学价值也并不有赖于这些资料是否容易运用意识的术语来解释。"①华生认为,只有这样,心理学才能跨越与其他自然科学门类之间的鸿沟,并确立自己的科学地位。行为主义统治心理学达半个世纪之久。

---

① 华生. 行为主义者所看到的心理学[M]//西方心理学家文选. 北京:人民教育出版社,1983:152.

当然,华生的学说经历了后人的改造,行为主义的理论也变得更加庞杂和精致。但是,行为主义把人的心理行为看作是客观的自然现象,并对其进行严格规范的实验研究和价值中立的理论描述,给心理学留下了根深蒂固的影响。

从 20 世纪中期开始,西方主流心理学中又发生了一场认知革命,行为主义心理学逐渐土崩瓦解,认知心理学勃然兴起。认知心理学在行为主义之后再次改变了心理学的研究对象,但没有从根本上改变行为主义的研究方式。

认知心理学把被行为主义排斥的心理意识、内在经验又重新确定为心理学的研究对象,把被行为主义贬低的主题和术语又重新纳入心理学的研究视野。但是,认知心理学目前的研究仍然把心灵活动视为自然现象,或者等观于物理现象。这依旧是立足于物理主义的世界图景,采纳实证主义的科学立场。巴尔斯(Bernard J. Baars,1946—　　)在《心理学中的认知革命》一书中指出,行为主义者显然都是物理主义者,他们认为心灵是虚幻的,只有物理世界才是实在的;而大部分认知心理学家则是"双面的物理主义者"(dual-aspect physicalists),他们推断出心灵的构造,但仍然将其看作是对物理世界的一种不同角度的透视。终极的实在还是物理的世界。[①]

实际上,人的心灵活动既可以被当作是客观的自然现象,也可以被当作是主观的经验世界。正如瓦雷拉(Francisco Javier Varela,1946—2001)等人指出的:"认知科学具有两个面孔。它会同时看到两条路:一个面孔朝向自然,把认知过程看作是行为;另一个面孔朝向人的世界,把认知看作是经验。"[②]但是,目前的认知心理学走的只是前一条路线,而遮住了朝向经验世界的面孔。

三、西方人文心理学

西方的非主流心理学走的是人文科学的道路。非主流心理学家力图使

---

① Baars, B. J. *The Cognitive Revolution in Psychology*. New York: The Guilford Press, 1986, p. 158.

② Varela, F. J., Thompson, E., & Rosch, E. *The Embodied Mind: Cognitive Science and Human Experience*. Combridge, MA: The MIT Press, 1991, p. 13.

心理学摆脱自然科学的专制。他们使心理学的发展立足人道主义和现象学的理论基础。人道主义是有关人，有关人的心理，有关人与世界、他人、自己的关系的基本理解。现象学则是有关人的知识获取的一种基本立场，体现在心理学中，涉及的则是不同于实证立场的对心理学研究对象的理解和对心理学研究方式的主张。这构成非主流心理学家对心理学学科的认识，或者是另一种不同的心理学的科学观。

人道主义（humanism）也称人文主义、人本主义，可有不同的理解，在此主要泛指以人为本的思想，即对人的地位和价值的确立。西方文艺复兴时期的人道主义传统是对中世纪宗教神学的黑暗统治的反叛，是以人本主义对抗神本主义，是以人权对抗神权，是以人性对抗神性，是以个性解放对抗禁欲主义，是以科学理性对抗蒙昧主义。人道主义从神的压迫下解放了人，恢复了人的尊严，肯定了人的存在价值，呼唤了人的自由创造。

人本主义精神在 20 世纪又有了新的发展和新的含义。西方近代启蒙运动以来，人的主体地位的增长和人的理性力量的弘扬，使科学技术获得了长足的发展，使人对自然界的征服获取了巨大成功，进而重构了人的社会，改变了人的生活。但是，当科学技术把上帝推出了神圣殿堂之后，自己却登上了上帝的宝座。这在另外一面带来了人的现实处境的恶化。传统科学技术的机械主义和理智主义，导致把一切都看作是可为科学技术所利用的功能性和工具性的存在，结果是生态环境的破坏、世界大战的爆发、核战灾难的威胁、人性的萎缩、精神的迷失、普遍的烦躁、生活的绝望。当代的人本主义思潮则倡导重新确认人的本性，消除人的异化，重建人与自我、人与社会、人与自然的关系，消除人的孤独，重获生命的意义、生存的价值、生活的希望、精神的丰满，消除人的荒谬。

人文立场的心理学采纳了人道主义关于人的基本理解：强调人的地位、人的尊严，使人有别于自然的存在；注重人的价值、人的本性，使人获得适当的位置；探索人的属性、人的潜能，使人追求新的发展；认识人的自由、人的创造，使人把握自主的命运。

现象学（phenomenology）有着不同的主张，在此主要泛指传统人文科学获取有效知识的哲学方法论。现象学的创立者胡塞尔反对实证主义把人的世界与物质世界等同起来，认为这使得现代自然科学促进了人对物的追求，却侵害了人的精神生活,使人的生存失去了尊严和意义,精神变得空虚。现象学则能为人类提供精神生活的源泉,精神是自有自为的、独立存在的,并只有在这种独立性中才能得到真实的、合理的和科学的探讨。

现象学把人的自我意识直接呈现出来的现象看作是真实的。现象学强调的是通过现象学的还原而达到纯粹的自我意识。现象学为人本立场的心理学提供了方法论。这体现在心理主义的主张和现象描述的方法上,也体现在整体主义的主张和整体分析的方法上。心理主义(mentalism)探索的是人的直观经验或直接体验的原貌,反对将心理活动还原为生物的、物理的过程。整体主义(holism)探讨的是整体的人、人的心理的整体性,反对将其分析成一些碎片。整体分析排斥元素分析式的研究,强调有机的整体和整体的结构。显然,现象学的方法论使心理学以特定的研究方式来考察人的心理生活。

弗洛伊德(Sigmund Freud,1856—1939)创立的精神分析学说并不是在西方主流心理学内部分化出来的,而是在主流心理学之外发展起来的,并一直被学院心理学家排斥在圈外。然而,"尽管精神分析与现代心理学在本质上根本不同,但却对现代心理学发生过不可否认的影响"。[1] 弗洛伊德的学说十分关注人的心理本性、人的精神生活、人的前途命运。因此,弗洛姆(Erich Fromm,1900—1980)认为弗洛伊德拥有人道主义的思想基础。

人本主义心理学(humanistic psychology)是20世纪中期兴起的学术思潮,是人文立场的心理学的典型代表,是西方非主流心理学的中坚力量。人本主义心理学关心确定人的价值和尊严,倡导更完整地理解人的本性,重塑人的形象,肯定人的积极的、进步的价值追求和乐观的未来,着重对心理健康的人、自我实现的人的研究,揭示人的发展潜能,推动人的自我发展、自我完善和自我实现,确信人类能够对自己的经验进行反省,并指导和控制自己的行为。

在人本主义心理学的发展中,还兴起了一个新的心理学派别,即超个人心理学(transpersonal psychology)。超个人心理学探讨超越自我的境界和超越个体的价值观念。它试图扩展心理学的领域,使之包容人的心理发展

---

① 舒尔茨. 现代心理学史[M]. 杨立能,等,译. 北京:人民教育出版社,1981:321.

有可能达到的境界以及与之相关的人类经验。这实际上是引导西方的心理学通向东方的精神生活的智慧和实践。

四、消除冲突的前景

如前所述,西方的心理科学存在着内在冲突,不同立场的心理学对心理学的研究对象有着不同的理解,对心理学的研究方式有着不同的确认,以及对科学心理学的性质和边界也有着不同的看法。那么,问题在于是否具有消除冲突的可能,使心理科学不至于因连绵不断的内讧而束缚住自己前进的脚步,不至于因势不两立的分裂而消散在其他学科的影子之中。当然,消除冲突不等于消除特点或特色,也许西方心理科学的发展就该用两条腿来走。

表面上看起来,不同立场的心理学似乎是属于不同的学科门类,实证立场的心理学是属于自然科学门类,人文立场的心理学是属于人文科学门类。实际上,这里牵涉的却是一个更深入的问题,即知识与价值的关系问题。实证心理学强调的是主客分离,在研究中就是研究者与研究对象的分离。研究者要绝对价值中立地阐明研究对象,提供的是纯粹客观的事实和知识。人文心理学则强调心理学的研究应达到主客一体,说到底是心灵的自觉,这本身就包含着价值取向,提供的是价值实现的道理和途径。

知识与价值的关系问题在西方的思想史中源远流长。在古希腊,知识和价值是融合在一起的,任何一方均不占有支配性的地位,强调的是真善美的统一。在中世纪,知识和价值也是不分的,但知识从属于价值,为价值服务。神圣的价值具有支配性,知识只在于论证神圣的价值。在近代,知识和价值逐渐分离开来,可并没有赋予哪一方绝对的优越性,知识和价值是并重的。应该说,知识和价值的分野是个十分重要的转折点,科学和宗教从此各司其职。目前,知识和价值仍然是相分的,而知识开始逐渐占据基础性的绝对重要的地位,价值则不断地弱化和沦丧。这已经导致十分严重的后果。知识与价值的分野,以及知识戴上了力量的王冠,也许大大强化了人对物理世界的探索和征服,但也造成了物理世界与属人世界的割裂和疏远。当这种探索和征服扩展到属人世界时,知识更是彻底脱离了人,并凌驾于人之上。日益恶化的生态危机,日益严重的价值危机,正在使人意识到,知识和价值必须是统一的。人与其知识应该是统一的整体，所以知识和价值是一个过程的两个方面。价值是属人的，知识也应是属人的，拥有知识在于成为人。人的智慧就体现在把知识和价值统一起来，使知识成为人的存在的表达。

西方心理学家试图消除心理科学内在冲突的努力主要体现在这样三个方面：在知识基础上的心理学统一观；在价值基础上的心理学统一观；知识与价值统一基础上的心理学统一观。

有一部分心理学家主张，心理学应成为一门统一的知识门类。科学心理学从诞生之日起，就不是一门统一的学科，而是四分五裂、学派林立。这并不代表着心理学的繁荣和昌盛，反而体现出心理学发展面临的危机。美国心理学家斯塔茨（Arthur W. Staats）就曾深刻揭示了心理学不统一的危机。① 他提出，心理学的统一应该在这样一种哲学思想的指导下，他将其称为统一的实证论（unified positivism）。在他看来，混乱的、不协调的、不一致的、无组织的、无关联的知识，并不是有效的科学知识。"很明显，无论心理学作出了多少完美的实验，无论获得和分析资料的方法多么精致，无论特定的装置和理论的构造多么复杂，只要心理学的产物是缺乏一致的、没有关联的和相互否定的，心理学就将被认为是自称的（would-be）科学学科。"所以，"心理学必须成就严密的、简洁的、相关联的、相一致的知识，才能被认为是真正的科学"。②

统一的实证论把科学看成是渐进的过程，所有的科学一开始都处于不统一的混乱之中，只有经过长期和艰苦的努力，才会逐渐地趋向统一。早期的科学，科学家研究不同的现象，采取不同的方法，运用不同的理论定向，追求不同的研究发现。经过持续的发展，科学家才开始去寻求彼此研究的关联，对支离破碎的研究发现进行组织和协调。这使其采纳的研究方向更一致，使用的理论语言更相近，得出的知识结构也更严密。因此，统一是科学进步的基本走向。

① Staats，A. W. *Psychology's Crisis of Disunity: Philosophy and Method for a Unified Science*. New York：Praeger，1983.
② Staats，A. W. Unified positivism and unification psychology. *American Psychologist*，1991(9)，899 – 912.

另一部分心理学家则反对单一知识论的心理学,而提倡一种价值论的心理学。他们认为,单一知识论的心理学将人、人的心理等观于其他的物理客体、物理现象,使之成为客观事实的累积,或者统计数字的呈现。这样的心理学必然脱离人的有意义和有价值的心理生活,提供的不过是片面的、扭曲的、残缺的、不真实的人的形象。价值论的心理学立足人本主义的立场,持有整体论的观点,主张对人、人的心理进行完整的理解和把握,并从人的存在、人的本性、人的成长中引申出人的价值追求和价值目标,深入到人的有意义和有价值的心理生活之中。这种整体论的观点自信能够导致完整的乃至完善的心理学。持有人本主义立场的心理学家包括马斯洛、弗洛姆、戈尔德斯坦(Kurt Goldstein,1878—1965)等人,他们均参与建构了价值论的心理学。

还有一部分心理学家主张知识论的心理学与价值论的心理学的统一。例如,美国脑科学家斯佩里(Roger Wolcott Sperry,1913—1994)曾谈到,传统科学把意识目的、意志自由、主观价值等清出自己的门户,而宗教却一直保持着对这些方面的特有关注,并依此来解释人的存在和人的生活。科学与宗教的根本分歧就在于对意识经验或主观世界的不同理解。传统的科学心理学,像行为主义心理学,持有的是还原论的观点,即通过物理的、化学的和生理的过程来说明人的心理行为。这是与进化过程相吻合的由下至上的因果决定论,斯佩里称之为微观决定论。以微观决定论为基础的研究是严格客观的、舍弃价值的探讨。宗教的心理学传统则重视心灵和精神的力量,赋予目的、选择、主观愿望、价值判断和意识自我以首要性,这决定着人是什么和做什么。这是与前述过程相反的由上至下的因果决定论,斯佩里称之为宏观决定论。以宏观决定论为基础的研究是高度主观的、体现价值的探讨。

但是,主流心理学中的认知革命或心灵主义革命带来了认知的范式(cognitive paradigm)或心灵主义的范式(mentalist paradigm)。在斯佩里看来,这在科学与宗教之间提供了"第三种选择"。意识突现论就体现了这样的努力。它一方面保留了由下至上的因果制约性,心理意识是物理的、生理的过程产生的;另一方面也保留了由上至下的因果制约性,心理意识是突现的、新的性质,并可以反过来影响到物理事件。斯佩里十分乐观地认为,认知的或心灵主义的范式在于试图统一微观决定论与宏观决定论、物理与心理、客观与主观、事实与价值、实证论与现象学。[1]

斯佩里的统一努力还仅仅是一种尝试,西方的科学心理学传统要想消除内在冲突,达到和谐一致,还有很长的路要走。东方思想中的心灵统一观则可以为其提供十分重要的理论启示。当代认知心理学、认知科学的研究进步,已经开始关注、吸纳和借鉴东方文化中的哲学和宗教关于心灵或心智的统一的理解和探索。

第五节　中国心理学的历史

中国心理学的历史实际上也是多元化的、多向度的,这体现在关于心理学思想史、心理学发展史等的不同定向或定位上。中国有自己本土独特的文化传统,其中就内含有独特的心理学传统。中国也有着外来的文化传统,其中也引进了西方的心理学传统。

中国古老文明的核心是传统的中国哲学。正如冯友兰所提到的,传统中国哲学的任务不在于增加实际的知识,而在于提高心灵的境界。在中国哲学家看来,一个人要成为真正意义上的人,或者要成为圣人,就要经由不断的精神修养,去觉解生存的意义,去体认更高的存在,去成就天人合一的境界。可以说,传统的中国哲学蕴藏着中国本土的心理学。当然,应该了解,传统的中国哲学并不是有关一般心理现象的客观知识体系,也没有特定的部分来描述和解释一般的心理现象。但是,它实际拥有丰富的心理学的远见卓识,并构成了独特的理论和实践的体系。

中国智慧史中的传统哲学包含着许多学派,每个学派都拥有自己的主题,使用不同的概念和解决不同的问题。但是,流传地域最广、延续时间最长和社会影响最大的学派主要是儒家、道家和佛家。它们被看成是中国传统思想的三个主流,是中国文明或中国文化的三个支柱。它们不仅彼此区

---

[1] Sperry, R. W. Psychology's mentalist paradigm and the religion/science tention. *American Psychologist*, 1988(8), 607-613.

别和相互批评,而且彼此借鉴和相互吸收。

儒家学派历史上经过了曲折的发展,由孔子和孟子开创的学说被后代儒家继承和发展,成为关注人生幸福和社会和谐的庞大思想体系。在汉代(公元前206—公元220),儒家思想被确立为国家的意识形态,这使儒家有了独尊的地位,儒学成为官方的学说。在此之后,儒家学派便逐渐地在中国社会中占有了举足轻重的地位,其支配性的思想体系不仅构筑了中国人的内心生活,而且为中国的政治和社会结构提供了思想基础。正因为如此,儒学常常被作为中国文明的典型代表,甚至在某些西方学者看来,中国的文明实际上可以被称为儒家的文明。

儒家的思想广泛地渗透到中国人的日常生活之中,也就有人把儒家看作是儒教。特别是一些西方人,他们认为,中国文化中儒学所起的作用,非常类似于西方文化中宗教所起的作用。但是,准确地说,儒学不是儒教。当然,也不应否认,儒学在很大程度上也流变成为社会习俗,在常人的常识范围中得到改造和传承。这甚至泯灭和扭曲了儒学的哲学精神。显而易见,儒学有其哲学的表达,也有其常识的表达,两者之间不仅有所关联,也有所不同,甚至有所背离。

道家学派也经历了非常曲折的发展。道家没有像儒家那样被确立为国家官方的思想学说,但仍然在思想界极受重视。道家倡导的思想观点和生存方式也在民间广为流行。历史上,道家学说也曾受到某些朝代统治者的欢迎和推崇,因为它可以作为与儒学互补的思想体系。儒家的思想更偏重积极入世,所谓"游方(社会)之内",强调人的社会责任。道家的思想则更偏重超拔出世,所谓"游方(社会)之外",强调人的精神自由。这无疑给了常人以方法,使自己适应世俗社会和超越世俗社会。道家学说对中国人的心理生活施加了重大的影响,进而为佛教在中国的植根和成长提供了土壤。

道家和道教表面上看是一体的,但实质上有着很大的不同。道教是汉朝末年兴起的中国本土的宗教,它是以道家的思想为核心,但杂糅了阴阳五行、谶纬学说、方士学术、民间传说等。道教以老子为教主,也即太上老君。道教信仰的核心是道,道是天地万物的本源。道可修炼而得,众生皆可修道成仙,长生不死。修炼的方法可有养神、服气、饵药、祈祷等。道教也有自己的组织,有道观、道士和仪式等。道家和道教的关系很复杂。显然,道家是哲学,道教是宗教,但道家也曾借道教而传扬,道教也曾采道家而成长。

在中国的三大思想派别中,儒家和道家都根源于中国本土文化,只有佛家是外来的思想体系。佛家学说得到中国文化的改造,并融于中国文化,成为中国文明的重要构成部分。

印度佛教传入中国大约在公元1世纪。佛教传入后,其思想主要是以道家的术语加以表达的,这在后来甚至促成佛道思想的沟通,导致印度佛学与道家哲学的结合,造就了中国本土的佛学。佛教在中国的逐渐传播和发展,形成了一些中国的佛教宗派,像华严宗、唯识宗、天台宗、禅宗等。其中禅宗是典型的中国化的佛教,后来盛传于世,对中国人的世俗生活产生了重要影响。

禅宗主张直指人心,见性成佛。人的本性就是佛性。人人都有佛性,但无明的人会执迷不悟,觉悟的人才明心见性。任何尘俗中人都可顿悟成佛,超凡入圣,精神解脱。显然,禅宗十分易于为中国民众所接受,而且已与中国文化融为一体。佛教给中国的文化传统带来了许多不同的东西。佛教不仅深刻地影响到中国人的思想方式,而且深刻地影响到中国的社会文化风气。但是,应该在佛学与佛教之间作出适当的区分。佛学是哲学思想和理论建构,佛教则是宗教信仰和传教组织。

儒家、道家和佛家各有不同的思想源流,但它们共同成为中国文化的重要组成部分,共同探讨天人合一的核心思想主题。儒、道、佛均把心灵、社会和宇宙当成一个整体来加以阐释,三者之间也常常吸收和借鉴别家的思想观点,进而更体现出三者的许多共同之处。

儒家、道家和佛家都努力寻求理解普遍的统一性。中国古代思想家通常把道的存在看成是体现这样的统一性。义理之道是儒家学说的根本和核心,自然之道是道家学说的根本和核心,菩提之道是佛家学说的根本和核心。对道的共同遵循和共同信仰,就成为儒、道、佛共有的本性和特征。

儒家、道家和佛家均不是把一以贯之的道看作人之外或心之外的对象化存在,而是把一以贯之的道看作与人或与心相贯通的人本化存在。蒙培元先生提到,中国哲学的儒、道、佛三家都把心灵问题作为最重要的哲学问题来对待,而且建立了各自的心灵哲学。三家均认为,天道与心灵是贯通的。天道内在于人而存在,内在于心而存在。心灵对天道的把握,不是通过外求的对象性认识,而是通过内求的存在性认识。中国哲学关注的就是心灵的自我超越,是以心灵的自觉来提高精神境界,体认自身更高的存在,以及实现人的存在的意义和价值。①

儒家学派的主流所讲的心,同时是性,同时是理,同时是道。人的本心就是性,所谓心性合一;而性则出于天,所谓天命之谓性。儒学中的心、性、天通而为一。正如蔡仁厚所说:"这样的心,不但是一个普遍的心(人皆有之),是自身含具道德理则的心(仁义内在),而且亦是超越的实体性的心(心与性、天通而为一)。"②尽管人心与本性、天道是相通的,但这是潜在的,是求则得之,舍则失之,人必须通过自己的内心修养来觉解和实现本心,所以儒家强调"下学而上达"。这也就是孟子所说:"尽其心者,知其性也。知其性,则知天矣。"③儒家内圣成德的功夫就在于"存心养性""养其大体""先立其大"等,由此而达到"天人同德"或"天人合一",所谓:"唯天下至诚,为能尽其性;能尽其性,则能尽人之性;能尽人之性,则能尽物之性;能尽物之性,则可以赞天地之化育;可以赞天地之化育,则可以与天地参矣。"④

道家学派也主张道内在于心而存在,这就是与道合一的道德心。道德心来源于宇宙生生之道,具有超越之意。道德心的活动则表现为神明心,具有创生之意。道德心的存在是潜在的,而神明心则可以将其实现出来。道家的成圣之路,也是要达于天人合一的境界。与道合一,实际上是心灵不断的内在觉解,这就是老子所说的"涤除玄览"的功夫,也就是庄子谈到的"弃知"或"坐忘",进而便能做到"致虚极,守静笃",或"照之于天"。只要实现了道德心,或体认于道,就可以进入无为而无不为的境界。这也是心灵的自我超越,是精神的境界提升。

佛家学派则讲宇宙之心,这是宇宙同根、万物一体的形上学本体,也称

① 蒙培元. 儒、佛、道的境界说及其异同[J]. 世界宗教研究,1996(2):17-20.
② 蔡仁厚. 儒家心性之学论要[M]. 台北:文津出版社,1980:2.
③ 孟子·尽心上[M].
④ 中庸·第二十二章[M].

为本心或佛性。禅宗主张众生皆有佛性,佛性就在每个人的心中,或者每个人的心中本来就有佛性。佛家也讲作用之心,作用之心是本性之心的作用,是现实的或经验的,可以实现本体之心。佛家注重禅定修证的功夫,通过作用之心的活动来觉悟内心的佛性,从生死轮回中解脱出来,这种解脱也叫涅槃,即与佛性或宇宙之心相合一。佛家中有渐修成佛或顿悟成佛的修证上的分别。渐修成佛强调逐渐的禅定修行,积累的境界提升。顿悟成佛则强调自然的不修之修,一跃的大彻大悟。当然,也有强调渐顿并举的,渐修是养心,顿悟是见佛。

儒家、道家和佛家均认为,人可以通过内心修养来提升自己的精神境界,可以通过超越自我来实现大我或真我,可以通过明心见性来体认普遍的统一性,可以通过意义觉解来获取人生的真意和完美。人的存在体现为不同的个人或个体,这很容易陷入一己的偏见、私情和利欲,这无疑会阻碍其觉悟和实现内心潜在的道。尽管每个人都有可能与道相合一,但并不是每个人都会实现这种潜在性。因此,存在着人的精神境界的高下之分,达到最高境界的人是理想的人或拥有理想化的人格,儒家将其称为圣人,道家将其称为真人,佛家将其称为天人。每一家都强调由自我超越而实现人格的超升。只有超越了一己之我,一个人才能成为圣人,成为真人,成为天人,从而把握宇宙的真实,融于永恒的道体。

第六节　当代心理学的思潮

在心理学的当代演变中,涌现出了一系列重要的思想潮流。这些心理学思潮令人眼花缭乱,带来巨大冲击,对心理学的现代发展和当代演进产生了十分重要的影响。追踪、考察、探索和驾驭这些思想潮流,是当代心理学发展,特别是当代中国本土心理学发展的基本任务。中国本土心理学的创新性发展,需要把握和扣紧时代的脉动。从独特性、分立性、时代性、影响性、冲击性、关联性等方面,可以将心理学的一系列演变定位为如下的心理学思潮,这就是心理学方法论思潮、心理学后现代思潮、心理学文化论思潮、心理学建构论思潮、心理学女权论思潮、心理学进化论思潮、心理学全球化思潮、心理学认知论思潮、心理学积极论思潮、心理学本土化思潮、心理学生态化思潮。下面择要阐述其中的七种。聚拢、梳理、考察、解说、分析和揭示这些特定的心理学思潮，对于理解和促进心理学的发展，特别是对于理解和促进中国本土心理学的发展，都是极其重要的。

一、心理学后现代思潮

文艺复兴之后，西方社会不仅大踏步迈向现代大工业社会，而且逐步确立起理性至高无上的地位和科学统观一切的权威，并以此构造了西方的现代文明。当今的后现代主义运动则是对现代文明的批判和解构，即着手摧毁理性的独断和科学的霸权，强调所有的思想和文化平等并存的发展。后现代的思潮、后现代的文化、后现代的精神，就在于去中心和多元化。

现代科学兴起之后，便建立了实证科学的一套理性的真理判据或科学的游戏规则，并将其当成唯一合理的标准，把不符合这一标准的实践知识和文化传述都看作是原始和落后的东西，是应该为实证科学所铲除的垃圾。有研究指出，"现代的"西方心理学显然具有以现代性为特征的问题，这包括：以实证主义为基础的研究思路；以机械论、还原论和自然论为基础的人性假设，以及以价值无涉为基础的心理学研究的价值中立观点。

后现代主要不是指时代性意义上的一个历史时期，而是指一种思维方式。① 这种思维方式以强调否定性、非中心化、不确定性、非连续性和多元性为特征，大胆的标新立异和彻底的反传统、反权威精神是这种思维方式的灵魂。在这种后现代思维方式的影响下，后现代心理学的观点和主张包括：批评和放弃心理学的普适性和唯一性，承认和接受心理学的历史性和具体性，提倡和坚持心理学的多元性和差异性，追求和促使心理学的跨界性和中间性。倡导心理学后现代转向的心理学研究者，都对属于现代主义的科学主义心理学的研究法则和理论设定深感不满。这些研究者主张用整体论、建构论、去客观、或然论和定性研究来取代心理学研究中因袭已久的原子论、还原论、客观论、决定论和定量研究等。② 这在某种程度上开启了心理学研

---

① 刘金平.试论后现代主义思潮与后现代心理学[J].河南大学学报(社会科学版),2003(5):44.
② 霍涌泉.后现代主义能否为心理学提供新的精神资源?[J].南京师大学报(社会科学版),2004(2):90-91.

究的多元化、系统化的局面,为心理科学在后现代境遇中真切、多样和系统地研究人的心理行为提供了可能。后现代的主张与现代的主张的区别和对立,就在于整体论对原子论,建构论对还原论,去客观对客观论,或然论对决定论,定性研究对定量研究。从现代主义到后现代主义,心理学的发展经历了一系列的转换。①

在心理学的当代发展中,后现代主义思潮对心理学的走向和趋势产生了十分重要的影响,甚至可以说开启了实证主义心理学自我封闭的大门。这使得心理学的研究开始能够直接面对各种不同的心理学传统、心理学探索和心理学资源。原本弱小的心理学开始有了壮大的机遇,开始有了多元的尝试。因此,后现代的思潮带来了后现代的心理学。

二、心理学文化论思潮

心理学的发展和研究与文化有着十分密切的关系。心理学与文化的关系是指,心理学在自身的研究、发展和演变过程中,与文化背景、文化历史、文化根基、文化条件、文化现实等产生的关联。心理学与文化的关系有着特定的内涵,也经历了历史的演变。这包括经历了文化的剥离、文化的转向、文化的回归、文化的定位。心理学与文化的关系性质涉及文化心理学、跨文化心理学②、本土心理学、后现代心理学等。心理学与文化的关系界定涉及心理学的单一文化背景和多元文化发展。③ 心理学与文化的关系意义则涉及心理学的新视野、新领域、新理论、新方法、新技术、新发展。④ 有研究从历史和理论方面分析了文化与心理学的交汇。⑤

跨文化心理学、文化心理学和本土心理学被看成是涉及心理学与文化关系的三种不同的心理学研究,是有关文化与心理学关系的三种主要的研究模式。跨文化心理学的研究对象是不同文化群体的心理行为比较,文化

① 叶浩生.西方心理学中的现代主义、后现代主义及其超越[J].心理学报,2004(2):215.
② 叶浩生.多元文化论与跨文化心理学的发展[J].心理科学进展,2004(1):144-151.
③ 叶浩生.西方心理学中多元文化论运动的意义与问题[J].山东师范大学学报(人文社会科学版),2001(5):11-15.
④ 叶浩生.关于西方心理学中的多元文化论思潮[J].心理科学,2001(6):680-682.
⑤ Adamopoulos, J. & Lonner, W. J. Culture and psychology at acrossroad: Historical perspective and theoretical analysis. In David Matsumoto (Ed.), *The Handbook of Culture and Psychology*. New York: Oxford University Press, 2001, pp. 15-25.

心理学研究文化对人的心理行为的影响,本土心理学研究本土背景中与文化相关的、从文化派生出来的心理行为。这就从不同角度阐明了文化与心理学的关系。①

　　心理学的发展曾经建立在单一文化的背景或基础之上。多元文化论指出,传统的西方心理学是建立在西方一元文化的基础上的,多元文化论则强调文化的多元性,强调把心理行为的研究同多元文化的现实结合起来。多元文化论反对心理学研究中的普遍主义立场或普世主义主张。心理学中的多元文化论运动强调文化的多样性,认为传统的西方心理学仅仅建立在白人主流文化的基础之上,是立足西方文化资源的心理学探索。多元文化论主张,文化的多元化也就是心理行为的多元化,也就是心理学研究的多元化。这也使得在一种文化下的心理学研究的结果,不能够被无条件地和无选择地应用到另一种文化中去。② 文化心理学的兴起与主流心理学的困境相关联。③ 文化心理学带来了心理学方法论上的突破。④ 心理学的研究应该同多元文化的现实结合起来。心理学的多元文化论运动是继行为主义、精神分析和人本主义心理学之后心理学中的“第四力量”。这一运动目前还面临着许多的问题。⑤ 有研究进而探讨了跨文化研究方法的演进。⑥

　　有研究提示了西方心理学中的多元文化论思潮。⑦ 研究指出,多元文化论强调文化的多样性。心理学中的多元文化论思潮试图摆脱传统心理学对西方主流文化的依赖性,并把心理学建立在多元文化的基础上。在分析西方心理学中的多元文化论思潮产生原因的基础上,阐述了自己的基本主张,并对这种思潮的意义及未来发展进行了预测。多元文化论是流行于现代西方社会科学的学术思潮。多元文化论反对把欧美白人文化看成是绝对标准的、唯一合理的,强调所有文化群体和各种文化价值的平等性。心理学中的

① 乐国安,纪海英. 文化与心理学关系的三种研究模式及其发展趋势[J]. 西南大学学报(社会科学版),2007(3):1-5.
② 田浩,葛鲁嘉. 文化心理学的启示意义及其发展趋势[J]. 心理科学,2005(5):1269-1271.
③ 李炳全,叶浩生. 主流心理学的困境与文化心理学的兴起[J]. 国外社会科学,2005(1):4-12.
④ 李炳全. 论文化心理学在心理学方法论上的突破[J]. 自然辩证法通讯,2005(4):40-45.
⑤ 杨莉萍. 从跨文化心理学到文化建构主义心理学[J]. 心理科学进展,2003(2):220-226.
⑥ Vijver, F. V. D. The evolution of cross-cultural research methods. In David Matsumoto(Ed.), *The Handbook of Culture and Psychology*. New York: Oxford University Press, 2001, pp. 78-92.
⑦ 叶浩生. 关于西方心理学中的多元文化论思潮[J]. 心理科学,2001(6):680-682.

多元文化论认为,心理学就其本质来讲是西方主流文化的产物,因此,应该摆脱心理学对西方主流文化的单一依赖性,把心理学的理论和实践建立在多元文化论的基础上,建立一种多元文化的心理学。心理学本土化运动刺激了西方心理学家,促使他们思索传统心理学的文化局限性,从而对西方心理学的多元文化论思潮产生了直接的推动作用。多元文化论强调在心理学的研究中应该融入文化的概念,考虑文化的作用,重视文化的影响。西方心理学中的多元文化论思潮被称为继行为主义、精神分析和人本主义心理学之后心理学的第四个解释维度。

　　有研究从"去文化"范式的多元文化论心理学视角,探讨了本土心理学与多元文化论。① 多元文化论并没有在真正意义上与本土心理学相遇,多元文化论只是本土心理学在人类心理学的坐标系中,为论证自己中心地位的合法性而雇用的外援。可以说,多元文化论借助多元论的时代文化氛围,使文化异质性观念深入人心,促进了心理学中的文化转向。然而,多元文化论心理学不可能在内容上作出文化源流的理论界定。多元文化论虽然在心理学文化转向的历史进程中居功至伟,但也不可避免地造成心理学中的文化相对主义困境,因为在文化帝国主义和文化无政府主义这两个极端之间,作为普遍主义主流心理学的坚定反对者,多元文化论对文化的理解很容易滑向相对和怀疑的虚无主义,表现出批判性有余而建设性不足。

　　有研究对文化心理与心理文化进行了考察,关注心理学文化意识的拓展。② 研究指出,文化至少可以从两个方面进入心理学的研究视野。一方面,从研究对象的文化特征看,文化可以与人类的心理行为关联,形成不同文化中的心理行为风貌;另一方面,从研究者的文化负载看,文化可以与心理学探索相关联,构成不同价值取向的心理学研究传统。前者可以称为文化心理,后者可以称为心理文化。正确认识文化心理与心理文化的关系,是文化与心理学研究的基本理论问题。

　　心理学研究是研究者与研究对象的互动过程,也是文化心理与心理文

---

① 宋晓东,叶浩生.本土心理学与多元文化论——"去文化"范式的多元文化论心理学[J].天中学刊,2008(1):132-136.
② 田浩,刘钊.从文化心理到心理文化:心理学文化意识的拓展[J].西北师大学报(社会科学版),2007(3):58-62.

化的对话过程。不仅对特定文化心理的把握可以形成特定的心理文化,而且特定的心理文化也制约着对文化心理的理解,心理文化与文化心理是互相依存又互相制约的辩证关系。从心理学历史来看,心理学的文化意识经历了从文化心理到心理文化的转变过程,对两者关系的把握是推进文化与心理学结合的关键。整合文化心理与心理文化研究,是推动文化进一步融入心理学研究的有效途径。

三、心理学建构论思潮

建构论也称为建构主义,是现代西方哲学的思想流派。它反对基础主义和本质主义,强调互动、建构和生成。社会建构论是建构论的核心主张,强调的是社会存在、社会互动、社会建构和社会生成。社会建构论不仅与心理学的学科和发展有着密切的关联,而且与其他社会科学也有着密切的关联。有研究就考察了社会学中的社会建构论,[①]这对于了解心理学中的社会建构论有着重要的借鉴和启示。研究指出,社会建构论已成为当代社会科学中一种具有很大影响和争议的思潮的统称。它包含分属不同学科、源于不同流派、具有表面亲和性又有内在差异性的各种社会研究。从表现形式上,社会建构论至少有科学知识社会学、常人方法学、科学的修辞研究、符号人类学、女性主义理论和后结构主义文学理论等形式。从性质上看,社会建构论不是一种知识的基本教义理论,而是科学领域中的一种反原教旨主义的对话。社会建构论的主要追求基于以下观点:社会生活对一切认识具有本体论在先性和认识论母本性;一切知识立场有其内在固有的价值性和意识形态性;不同学科信念之间形成的权力和特权分布是知识传播不可或缺的环境。

有研究比较了进化论与建构论两种视界。[②]研究指出,进化物与建构物之间的区别有多重表现,如前者是自然的"杰作",后者是人工的制品;前者是生命体,后者通常是非生命体。进化物的接续方式是遗传,建构物的接续方式是学习或文化传授;新的进化物(即物种)的形成是一个十分漫长的过

① 苏国勋.社会学与社会建构论[J].国外社会科学,2002(1):4-13.
② 肖峰.进化与社会建构:两种视界的比较[J].哲学研究,2006(5):100-106.

程,而新的建构物从发明到建造是一个相对短暂的过程,等等。进一步看,两者之间的主要差别在于目的性与非目的性、人工性与非人工性,或是自然性与非自然性、生命性与非生命性、遗传性与非遗传性的差别。

是否合(人的)目的或按(人的)目的产生出来,从而是否通过人的设计而成,是建构物与进化物之间的重要区别。进化是一个客观过程,尤其在人未染指的时候是一个纯粹的自然客观过程,完全排除了人为性,包括设计性、有意性和目的性等,强调的是过程的自然性。社会建构则是一个包含主观性的社会实践过程,是构造、制造、营造、建造,是施加了人工作用的,是由人赋形乃至变质的,体现的是一种非自然的人工性。

进化的机制是自然选择,建构的机制是社会对话;当然也有达尔文意义上的进化式的社会建构,那就是偶然的发明,然后为社会所选择,建构物在最一般的产生方式上不能用进化的机制来阐释。由于机制不同,进化和社会建构的动力也不相同。社会建构的动力是人对更高需求和更加完美的追求。

建构物可以聚集越来越多的技术、审美、实用性和道德善,越来越符合人的复杂的目的和要求,而且人的建构能力越来越强,故形成建构物的低级与高级之分,具有进步或发展的属性。然而,进化中由于唯一的判别标准就在于是否适应环境,因此在物种之间只有严格的演化关系,而并无高级、低级之分或进步、落后之说。这也使得两个世界中的新与旧之间的关系有所不同。建构物以淘汰为主,通常是新者淘汰旧者,其中贯穿的是先进取代落后的过程。进化物则以并存为主,进化物在进化的过程中功能既有增加也有减少,无论功能多的还是少的,只要是适应环境的,就是能生存的。

进化论和建构论一度成为不同的认识论和方法论模型,不仅用来观察原来的所指,而且泛化或典型化为某种"范式",形成了所谓"从进化的视角看"和"从建构的视角看"的不同视野,甚至形成了哲学上的客观论与主观论的对峙。如在看待科学是一种进化现象还是一种社会建构现象时,波普尔和库恩之间的争论就形成了这样的对峙。波普尔将科学看作一个达尔文进化论的过程,所以他被称为进化论认识论者。库恩则认为科学是主观的,是一种社会建构。理论的选择是基于文化的价值观,包括性别、种族和宗教等,在一定意义上说,一切皆由社会因素造就。

　　进化论和建构论作为互有区别的思维方式的代表,前者来自自然科学,后者来自人文或社会科学。从进化是"发现"、揭示"是什么"这一点上,可见其具有科学的性质,属于事实的领域;从建构是"发明"、展示"应该是什么"这一点上,可见其具有技术的性质,属于价值的领域。故两者之间具有事实与价值、自然与社会、生态系统与文化系统、科学认识与工程技术的关系。

　　有研究探讨了社会建构论的思想演变及其本质。[①] 研究指出,发端于哲学的建构主义具有三个特征。首先,对理性的推崇是建构主义的基本取向,但在理性及其限度问题上,不同学者存在不同认识。其次,建构主义肯定和强调了认识的建构性,这是具有积极意义的。最后,建构主义从萌芽时便出现了自然世界和人造世界两类认识对象,以及个体和群体两类建构施动者。

　　伴随 19 世纪末的学科分化,建构主义思想被携带到多个学科领域。在心理学(社会心理学、认知心理学、临床心理学和发展心理学)、历史学、教育学、人类学、社会学、文化学等领域,都出现了不同形式的建构主义。在心理学中,建构主义被发展成为明确的理论导向,此后逐渐融入教育学中。瑞士心理学家皮亚杰(Jean Piaget,1896—1980)被认为最先提出了"建构主义"一词。皮亚杰认为,尽管认识的建构性已不是一个新的发现,但大多数认识论学者对建构问题的看法仍然不是先验论的就是经验论的,因此需要一种发生学的探讨。此外,美国心理学家凯利(George Kelly,1905—1967)的个人建构理论,美国哲学家古德曼(Nelson Goodman,1906—1998)的建构世界理论,美国哲学家格拉塞斯菲尔德(Ernst von Glasersfeld,1917—2010)的激进建构主义等,都是比较典型的建构主义。这些建构主义基本上是以个体为施动者,因此可称为个体建构主义。同时,在 20 世纪早期也出现了将社会过程引入认知心理学的研究,如苏联心理学家维果茨基(Lev Vygotsky,1896—1934)的语言习得理论。但是,更多聚焦社会或社会群体的建构主义工作主要集中在社会学和文化学领域,这一理论进路通常被称为社会建构主义。如同在心理学领域一样,建构主义思想向社会学的延伸在不同的研

---

① 邢怀滨,陈凡.社会建构论的思想演变及其本质意含[J].科学技术与辩证法,2002(5):70-73.

究取向中体现出来,在知识社会学、科学社会学、符号互动论、现象学社会学和常人方法学中都表现出明显的建构主义倾向。

有研究对当代西方建构主义研究进行了述评。[①] 研究指出,建构主义研究目前日趋庞杂。建构主义研究来源于众多思想和方法的影响。就研究的兴起而言,建构主义实际上是后现代主义社会理论、知识社会学和哲学思潮汇流的结果。尽管建构主义是建立在知识是社会建构而成的这一总观点之上的,但其方法是经验的。这样,建构主义研究方法便呈现出多样化的特点。

建构主义研究就其建构对象而言也呈现出某种复杂性。从这种复杂性中可窥见建构主义存在着强与弱的分野。弱建构主义强调知识产生的社会背景或社会原因,主要着重于宏观社会学的把握,但并不否认其客观性或逻辑性的原因。强建构主义是在微观层次上对科学知识所做的经验研究,认为科学知识或技术人工制品能够显示出其建构完全是社会性的。

有研究从哲学的学科出发,认为社会建构主义属于科学哲学的最新走向。[②] 研究指出,就目前看,科学技术哲学的研究框架有三种:从逻辑经验主义到建构经验主义,从历史主义到科学知识社会学的"强纲领",从人本主义到社会批判主义。这三种思潮都趋向于社会建构主义。

有研究将社会建构看成是科学知识观。[③] 研究指出,社会建构主义提供了一种理解科学知识与科学活动的新模式。从基本范畴看,建构主义强调的"自我—他者—物质"的合理重建,有可能整合主客二分(符合论)与主体间性原则(共识论)之间的对峙;从知识谱系看,建构主义强调的个人知识与公共知识的解释循环,有可能超越主观知识与客观知识的对立;从学术策略看,建构主义强调的"包容他者"或"正题—反题—合题"的发现模式,有可能消解自我中心主义和对称原则的两难。

在 20 世纪 70—80 年代,科学哲学出现后现代转向。在这种转向中,人们对科学知识的理解发生了巨大甚至可以说是根本的转变。科学知识不再

① 李三虎.当代西方建构主义研究述评[J].国外社会科学,1997(5):11-16.
② 安维复.科学哲学的最新走向——社会建构主义[J].上海大学学报(社会科学版),2002(6):44-50.
③ 安维复.科学知识观的社会建构[J].华东师范大学学报(哲学社会科学版),2010(4):16-20.

是具有可检验性的命题系统,而是"作为文化和实践",科学已经成为"行动中的科学",而且"知识和权力"已经浑然一体。与现代主义及相对主义的后现代主义相比,社会建构主义对科学的理解更值得关注。

如果把社会建构论放在心理学领域考察,有研究认为,后现代社会建构论对心理学研究目标提出了质疑。[①] 现代心理学的研究目标概括为描述事实、揭示规律、预测趋势和控制行为四个层面,此四级目标可视为心理学对外的学科承诺。以后现代社会建构论的视域审视,心理学能否兑现这些承诺是值得质疑的。第一,心理学所谓的"描述事实",其实质乃是对心理学家经验的事实的描述,而不是对心理和行为的作为"客观存在的事实"的描述。第二,揭示心理规律不仅存在技术困难,而且所谓"心理规律"也只是现代文化场域内的一种"约定",并不是"客观规律"。第三,由于人作为心理学的研究对象具有作为自然科学研究对象的物所没有的意识能动性,利用心理规律预测心理事件的发生会遭遇特殊的困难。第四,谋求对人的行为的控制,不仅背离了心理学造福人类的初衷,而且有违自由平等的现代社会价值观。

科学研究的最终目的应该是人类的幸福与人性的解放。为此,自然科学必须首先消解人与自然的对立,在研究过程中贯彻生态化的原则。在社会科学中,这一点更加重要。将"描述事实、揭示规律、预测趋势、控制行为"作为心理学研究的目的,是将心理学的研究对象"人"完全等同于自然科学的研究对象"物",忽视了心理学具有自然科学与社会科学双重性质且更偏向社会科学而导致的结果。鉴于心理学研究对象及学科性质的特殊性,心理学的学科目标不应该是对人的控制,而应该是人类的幸福,即通过对不同处境中的人的心理的深度解释,促进各类人群及不同关系中的个体之间的相互理解,提升人的幸福感,促进社会的和谐发展。

有研究认为,后现代社会建构论是对主客思维的超越。[②] 主客思维是现代文化的重要特征。后现代社会建构论实现了对主客思维的彻底解构。社会建构论对主客思维的超越表现为以社会建构认识论取代主客符合论,以

① 杨莉萍.后现代社会建构论对心理学研究目标的质疑[J].南京师大学报(社会科学版),2008(6):107-111.
② 杨莉萍.后现代社会建构论对主客思维的超越[J].自然辩证法研究,2004(1):27-30.

建构本体取代物质或精神本体,以"关系的人"取代"本质的人"。社会建构论对主客思维的超越预示了现代文化的终结。社会建构论的批判指向主客思维包含的每一层假设:主观世界和客观世界不可分离;主观准确反映客观的可能性;主观认识如何向外传达;语词与世界的对应关系。

一是社会建构认识论取代了主客符合论。社会建构论的第一个核心命题是"意义是社会的建构"。社会建构论认为,就与客观事实相对立、具有符合关系而言,"意识""心理""语词""主观"是等价的,都具有"表征"的性质,因而统称为"意义"。在社会建构论中没有主客体,因为主体或客体都不能单方面地决定意义,意义是互为主体之间的约定或建构。二是建构本体取代了物质或精神本体。社会建构论的第二个核心命题是"现实是社会的建构"。社会建构论所指的"现实"是"为社会而存在的现实"。现实不是客观的存在,也不是精神的创造,而是社会的建构。"物质本体""精神本体"由此让位于"建构本体"。三是"关系的人"取代了"本质的人"。社会建构论的第三个核心命题是"人是关系的存在"。主客思维中的人是"本质的人",其中,人与外在世界被看成两个各自独立的实体,彼此之间是主客关系,是反映与被反映、征服与被征服、决定与被决定的关系。社会建构论认为,人不是站在世界之外的"旁观者",而是融于世界万物之中的有"灵明"的聚焦点,世界因为有了人的"灵明"照亮,才成为有意义的世界。社会建构论对主客思维的解构与超越,将人从与他人和世界的对立中超脱出来,实现了对人、对人与世界关系的重构。

有研究分析了社会建构论心理学思想的四个层面。① 研究从社会建构论心理学中萃取了四个核心概念,各代表一个思想层面,以此构成了社会建构论心理学的思想体系。(1)批判:心理不是对客观现实的"反映"。这包括对主客二元思维的批判,对反映论的认识论的批判,对现代个体主义的批判,对现代本质主义的批判。(2)建构:心理是社会的建构。与"建构"相对应的范畴是"反映",体现建构论与反映论之间的对立。社会建构论先以其"批判"否定了"心理是对现实的反映",接下来的问题必然是"心理是什么",社会建构论呈现的核心命题是"心理是社会的建构"。(3)话语:这是社会

----

① 杨莉萍.析社会建构论心理学思想的四个层面[J].心理科学进展,2004(6):951-959.

借以实现建构的重要媒介。心理是多种因素长期共同建构的结果,其中最重要的建构力量来自话语。社会建构论视话语为一系列日常惯习、社会常识和生活方式构成的结构体,其中隐藏着大量的隐喻和叙事。话语制约着人们对自己和世界的定义。因此,社会建构论希望借话语研究对心理的建构过程和机制作出进一步解释。(4)互动:社会互动应取代个体内在心理结构和心理过程,成为心理学研究的重心。

有研究考察了社会建构论视野中的心理科学。[①] 研究指出,社会建构论认为心理现象是社会建构的产物,没有本体论的基础。社会建构论主张知识是建构的,是处于特定文化历史中的人们互动和对话的结果。社会建构论关注了文化的作用,对于消除心理学中的个体主义倾向有积极的意义。从认识论上讲,社会建构论主张从对文化的意义和实用的角度认识理论观点的作用,对于建设一个应用倾向的心理学也具有积极的影响。但是,社会建构论的相对主义和怀疑论的观点则受到了严厉的批评。

有研究探讨了社会建构论心理学形成的理论张力。[②] 研究指出,当前在西方兴盛的社会建构论为心理学的理论发展带来了二重性矛盾思想资源。一方面,倡导反本质主义、反基础主义、反宏大叙事的语言实在论观点,自然会走向颠覆传统的理论性研究的道路;另一方面,社会建构论强调一切科学、理论、规律并不是一种自然性的实在,而是语言、文化、社会的建构产物。社会建构论在客观上诱发了对理论研究价值的重新定位和积极界定,为心理学理论研究从观察、实验、实践的附属地位和被动状态中解放出来,突破实证研究的教条带来了新的思想张力。但应该看到,蓬勃发展中的社会建构论心理学也面临着许多突出问题。

在心理学领域,社会建构论的最主要特征是反本质主义、反基础主义、反方法中心主义和反个体主义,它建立起了社会认识论这种新的元认识论理解方式,以便消除传统的外源性知识与内源性知识相分裂、主体与客体相分离的隔阂。

伴随着后实证主义这一新的元理论基础的确立,社会建构论对于理论

---

① 叶浩生.社会建构论视野中的心理科学[J].华东师范大学学报(教育科学版),2007(1):62 - 67.
② 霍涌泉.社会建构论心理学的理论张力[J].陕西师范大学学报(哲学社会科学版),2009(6):62 - 68.

知识产出的基本界定,日益凸显出许多积极的学术价值。首先,社会建构论在一定程度上促进了心理学的理论研究。目前,西方心理学理论在社会建构论的影响下已经出现三个新的重要转变:从本质论到建构论的转变;从方法中心到问题中心的转变;从价值无涉到价值关涉的转变。其次,社会建构论极大地丰富了认识反映论。反映论与建构论形成了现代认识论中的两个不同层次。再次,社会建构论的兴盛也为辩证心理学研究带来了新的发展动力。

社会建构论心理学面临的许多突出问题,集中表现为对科学贡献的有限性、本体论上的虚弱性和认识论上的相对性。这显然成为社会建构论心理学因哲学思想基础上的局限而导致的结果。

应该说,在后现代的背景下,建构论成为否定本质主义和预设主义的一个重要的理论选择。在关于人的生活和心理的理解中,社会建构论则成为一个非常重要的基础。心理学研究的建构论基础,对于理解心理学的研究对象和研究方式都是一种重要的转向。很显然,追求关于人类心理本质的认识也就成为虚妄的科学追求,追求关于心理科学真理的认识也就成为无理的科学目标。

社会建构论心理学思潮是西方心理学当代演变中的重要方面。这对西方心理学乃至全球心理学的发展,都产生了非常重要的影响。这对于心理学原有的基础主义的思想设定起到了摧毁性的作用。所谓基础主义,设定了人性、心理、行为、社会、文化等的不变性质和根本内核。按照社会建构论的主张和观点,人性、心理、行为、社会、文化等都是在社会活动或互动中建构生成的。这就在根本的方面推翻了预成论的理论设定,并且确立了生成论的理论设定。这对关于心理学研究对象和研究方式的理解都产生了非常深远的影响。

社会建构论是西方当代哲学思潮的重要思想主张,也是西方心理学中的后现代取向的主要代表,这给西方心理学的发展带来了重要改变,包括思想理论、研究方式和技术理念上的变革。

社会建构论思想和主张有四个基本特征:一是反基础主义。社会建构论的思想和主张认为,心理学的概念并没有一个客观存在和固定不变的精神实在作为其基础。二是反本质主义。社会建构论的思想和主张认为,人的存在和人的心理并不存在一个固定不变的本质,所谓人的本质和人的心理是社会建构出来的。三是反个体主义。社会建构论的思想和主张认为,个体并不是脱离社会的孤立存在。四是反科学主义。社会建构论的思想和主张认为,科学主义对客观性的追求是脱离了现实存在的,是以客观性的名义而否定了人的心理的主观性的本质。① 有研究探讨了社会建构论及其心理学方法论蕴含,指出了依据社会建构论的观点,实在是社会建构的产物。实在的知识并不是"发现",而是"发明",是特定社会和历史中的人互动和对话的结果。这种观点认为,心理不是一种精神实在,而是一种话语建构,服务于一定的社会目的。② 这一观点颠覆了传统心理学的本体论基础,对心理学的认识论和方法论产生了深远的影响。③

传统心理学把知识归结为一种个体占有物的个体主义倾向,以及把知识的起源归结为外部世界的反映论观点,使得心理科学呈现出如下特点。第一,追求自然科学的客观性、精确性,强调方法的严格性。第二,从个体内部寻找行为的原因,试图超越历史和文化的制约性。第三,为了获得客观的结论,研究者力求摆脱价值偏见和意识形态的影响,努力做到客观公正、价值中立。第四,镜像隐喻(mirror metaphor)成为心理科学的根本隐喻(root metaphor),心理学家坚信,心理的内容来自外在世界,心理学的真正知识是对精神实在的精确表征或反映。

社会建构论则认为,心理并没有先在的、不变的基础,而是建构生成的。首先,实在是社会的建构。如果说实在是社会建构的结果,其深层含义就在于,如果人没有去建构,实在就根本不存在,或者至少,实在就不是现在这个样子。此外,建构的过程是通过语言完成的,由于语言符号的社会文化属性,随着社会和文化历史的不同,就出现了不同的实在。其次,知识是社会的建构。社会建构论认为,知识不是一种"发现",而是思想家的"发明",是人们在社会交往中对话和互动的结果。第三,心理是社会的建构。传统心理学把认知、记忆、思维、人格、动机、情绪等心理现象视为人体内部的精神

① 叶浩生.社会建构论与西方心理学的后现代取向[J].华东师范大学学报(教育科学版),2004(1):43-48.
② 叶浩生.社会建构论及其心理学的方法论蕴含[J].社会科学,2008(12):111-117,185.
③ 叶浩生.社会建构论与心理学理论的未来发展[J].心理学报,2009(6):557-564.

实在,这些精神实在如同物质实在那样简简单单地就在那里,正等待着研究者去认识和发现。社会建构论心理学则主张:心理不是对客观现实的反映,而是社会建构的产物;话语是社会实现建构的重要媒介;社会互动应取代个体内在心理结构和心理过程而成为心理学研究的重心。[①]

建构论、社会建构论对心理学产生了重要的影响。这不仅影响到对心理行为的理解,而且影响到关于研究方式的确立。它广泛渗透到心理学一系列重要分支学科的研究中。

四、心理学女权论思潮

女权论也称为女权主义或女性主义,是反叛男权论或男权主义的社会思潮。女性主义心理学是 20 世纪 60 年代末 70 年代初,在西方女性主义运动中形成和发展起来的一个心理学思潮。女性主义心理学是以女性主义的立场和态度重新解读并审视主流心理学的科学观与方法论,着重批判了父权制或男权制社会体系下主流心理学中表现出来的男权中心主义的价值标准,深入揭示了主流心理学的研究对女性经验和女性心理的排斥、贬低和歪曲。女性主义心理学基于女性主义经验论,对心理学中性别不平等现象进行了批判,揭示了心理学理论与实践中包含的男性中心主义的偏见。尽管经验论的女性主义心理学家对科学方法提出了批判,但认同现代主义的科学方法以及科学主义关于"什么是好科学"的实践。

20 世纪 80 年代,由于女性主义立场认识论的影响,女性主义心理学开始从"性别中立和平等基础上的"心理学发展为"以女性为中心的"心理学。[②]作为女性主义心理学中的激进派,立场认识论者不满于经验主义倾向的保守性,认为传统的主流心理学的科学方法是基于男性中心主义的世界观,而应为心理学中的性别歧视和男性中心主义偏见负责的是心理学自身的概念框架和规范准则。因此,必须推翻心理学研究传统中的主流男性话语,建立女性主义心理学理论。这就希望创建一种关于女性、立足女性、为女性说话和以女性为中心的全新的心理科学。女性主义心理学本身的研究也存在着

① 杨莉萍. 析社会建构论心理学思想的四个层面[J]. 心理科学进展,2004(6):951-959.
② 郭爱妹. 当代西方女性主义心理学的发展[J]. 国外社会科学,2003(4):24-30.

不同的研究取向。有研究指出,有三种不同的女性主义心理学的研究取向,即实证论取向、现象学取向和后现代取向。①

西方的女性主义心理学对许多研究领域进行了新的探索。女性主义在进入心理学之初,是以批判正统和填补空白的姿态而出现的,即批判心理学领域对女性及相关议题的忽略与歪曲。第一,对男性化假设、方法与研究结果的经验主义批判是女性主义心理学采用的重要策略。第二,女性主义心理学以社会性别为中心,关注女性的经验与议题,拓展了心理学的研究领域。第三,女性主义心理学还积极进行心理学史的重建工作,将女性在心理学发展史中的地位问题作为一个重要的学术领域,研究那些参与心理学发展的女性心理学家的生活、工作及贡献,以及使她们处于无形化与边缘化地位的社会力量,并且努力将女性观点与女性主义意识整合进心理学的课程。女性主义心理学希望通过方法论的变革,创建一个涉女性心理、归女性自己和为女性说话的全新的心理科学。② 无论女性主义心理学有多少不同的重建与变革的方案,从根本上说都可以归结为一种源于日常生活经验,强调作为"他者"的女性主体价值的反思的心理学、批判的心理学。

女性主义对当代心理学产生了变革性的影响。在心理学的知识生产方面,女性主义的触角已经延展到心理学的所有领域,并充当了心理学学科变革的发起者。第一,女性主义是对主流心理学的性别主义模式的批判以及对心理学理论及研究视野的丰富和拓展。第二,女性主义是对现代心理学中占主导性地位的自然科学研究模式的祛魅。第三,女性主义心理学以社会性别视角为基本分析范畴,透视主流心理学中包含的男性中心主义偏见,使社会性别及其理论成为女性研究与心理学研究的革命性工具。第四,女性主义心理学有着明确的政治目标与社会行动倾向,强调"个人即政治",认为女性主义心理学的研究目的就在于促进有益于女性的社会与政治变化。③

女性或女权开始占据心理学探索的舞台,开始形成心理学探索的潮流,开始影响心理学探索的方式。显然,缺失女性的心理学探索,歪曲女性的心理学

① 郭爱妹.试析女性主义心理学的三种研究取向[J].南京师大学报(社会科学版),2001(6):83-89.
②③ 郭爱妹."他者"的话语与价值——女性主义心理学的探索[J].徐州师范大学学报(哲学社会科学版),2009(1):118-125.

研究,都极大地影响到心理学的形象和地位。因此,女性主义或女权主义的心理学对于心理学的研究具有非常重要的和无可替代的方法论价值。

五、心理学进化论思潮

进化心理学是在生物进化论基础上发展起来的。生物进化论在不同的历史时期有不同的思想发展,有不同的理论进展。进化心理学是对主流心理学的反思和批判。进化心理学认为,人的生理和心理机制都应受进化规律制约,心理是人类在解决生存和繁殖问题的过程中演化形成的,科学的进化论应该成为对人类心理起源和本质进行研究的一个重要理论依据。随着心理学的新发展,进化心理学的发展也必将成为"21世纪心理学研究的新方向"。①

进化心理学提供了以下得到普遍认同的基本观点:一是心理机制是进化的结果,"过去"是理解心理机制的关键。要充分理解人的心理现象,就必须了解这些心理现象的起源和适应功能,即心理机制的产生及其作用。"过去"不只是指个体的成长发展经历,更主要是指人类的种系进化史。二是生存与繁衍是人类进化过程中的主要问题。三是心理进化源自适应压力,功能分析有助于理解心理机制——人的心理是适应的产物,某种心理之所以存在,是因为能够解决适应问题。四是心理机制是由特定功能的"达尔文模块"构成的"瑞士军刀"结构。五是心理机制是在解决问题的过程中演化形成的。人的心理机制是演化形成的解决适应问题的策略。六是行为是心理机制和环境互动的结果。进化心理学反对外源决定论,但并不认为自己属于内源决定论或遗传决定论,而主张人的行为是心理机制与环境相互作用的结果。

动态进化心理学的产生,一方面源自传统进化心理学的缺陷,另一方面则得益于动态系统理论提供的新视角。② 进化心理学假定,有机体的形态结构、生理过程和行为特征在基因程序中就已预先指定。这虽然并不否认环境、经验对心理、行为的影响,有时还承认基因和环境的交互作用,但是,在大多数的情况下,环境只不过是基因指令的"催化剂"或"启动装置"。动态

---

① 严瑜.进化心理学对主流心理学的反思和批判[J].武汉大学学报(人文科学版),2008(4):425-429.
② 彭运石,刘慧玲.超越传统:动态进化心理学研究进展[J].心理学探新,2008(2):16-20.

系统理论是一种复杂的跨学科理论,是关于复杂的多元系统(从微观组织到宏观组织)如何随时间而变化的研究。它强调的是非线性过程的普遍存在,重视双向因果关系的研究。这种主张认为,并不存在某种能控制有机体发展的力量,有机体也不具有某种预成的特征。发展是一种自我组织的、或然性的过程,引起发展过程中形式和顺序变化的是有机体内外成分间复杂的动态的交互作用。动态系统理论中,最令进化心理学家感兴趣的是自我组织和社会空间几何图。自我组织是指在系统各成分的交互作用中自发出现新行为结构和模式的动态变化过程。社会空间几何图是指社会系统动态交互作用的模式,其形状受环境因素、生物因素和心理因素的影响。动态进化心理学展示了一种更鲜活和更完整的心理学图景:心理过程与心理内容研究的整合,解释目标与预测目标的整合,生物人形象与社会人形象的整合,静态研究与动态分析的整合。

进化心理学不仅是心理学的一种研究取向,而且是心理学的一种研究思潮。它不仅引导了心理学的具体研究,而且推动了心理学的当代演变。

六、心理学积极论思潮

积极心理学目前在西方心理学界引起了普遍的兴趣和重视。积极心理学关注力量和美德等人性中的积极方面,致力于使生活更加富有意义。西方关于积极心理学的研究,当前主要集中在探讨积极的情绪和体验、积极的人格特征和心理品质、积极的心理过程和健康影响、积极的心理教育和天才培养等方向。有研究关注到积极心理学作为一种新的研究思潮,指出从20世纪50年代开始,一些心理学研究者就着手探索和研究人的积极层面,大大地推动了积极心理学的发展。特别是马斯洛和罗杰斯等人倡导的人本主义心理学思潮及其激发的人类潜能运动,对现代心理学的理论产生了深远影响,引起了心理学家对人类心理的积极层面的重视,为积极心理学的崛起奠定了理念基础,[①]形成了心理学研究的一个新思潮。[②]

---

① 李金珍,王文忠,施建农.积极心理学:一种新的研究方向[J].心理科学进展,2003(3):321-327.
② 崔丽娟,张高产.积极心理学研究综述——心理学研究的一个新思潮[J].心理科学,2005(2):402-405.

当前,关于积极情绪的研究有很多,主观幸福感、快乐、爱等都成为心理学研究的新热点。其中,研究涉及最多的积极情绪是主观幸福感和快乐。主观幸福感是指个体对自身的快乐和生活质量等幸福感指标的感受。快乐这种积极情绪也是积极心理学的重点研究方向之一,很多研究从不同角度对其进行了探讨。在积极心理学中,积极的人格特征也引起越来越多研究者的兴趣。在积极的人格特征中得到较多关注的是乐观,因为乐观让人更多地看到好的方面。积极情绪与健康的关系也成为了热点。对于情绪和身体健康的了解大多局限于负面情绪是如何导致疾病的,而对于积极情绪如何增进健康却知之甚少。在积极心理学的研究中,还有许多研究是关于创造力与天才培养的。

有研究指出,积极心理学是 20 世纪末兴起于美国的一股重要的心理学力量,也是当今心理学舞台上比较活跃的一个领域。对于积极心理学的出现,有人认为这是一场心理学革命或心理学研究范式的转变。积极心理学研究范式的出现不仅是对前期消极心理学的反动,也是对消极心理学的一种发展和超越,在一定意义上体现了当代心理学研究的核心价值。[①] 但是,通过仔细分析积极心理学与传统主流心理学及人本主义心理学的关系,并对心理学发展中的革命性和非革命性变化的特点进行概括,最终可以得出的结论在于,积极心理学从目前来看不是心理学发展史上的一场革命,其本身并不存在研究范式上的根本转变。[②] 在美国兴起和发展的积极心理学运动,是以人的积极力量、善端和美德作为研究的对象,强调心理学不仅要帮助那些处于某种逆境条件下的人知道如何求得生存并得到良好的发展,更要帮助那些处于正常环境条件下的普通人学会怎样建立起高质量的社会和个人生活。

如果认为积极心理学的出现就意味着传统的主流心理学是一种消极心理学,因而积极心理学就是一场心理学的革命,那就是一种误解了。积极心理学确实对传统主流心理学表现出了不满,而且也在多种场合对传统进行

---

① 任俊,叶浩生.积极:当代心理学研究的核心价值[J].陕西师范大学学报(哲学社会科学版),2004(4):107-108.

② 任俊,叶浩生.西方积极心理学运动是一场心理学革命吗?[J].心理科学进展,2005(6):856-863.

了批判。但是,这种不满和批判仅限于抱怨传统主流心理学在过去的一段时间内变得失衡了,过分关注人类心理的"问题"或"缺陷",而忘记了人类还有自己的积极力量和积极品质等。因此,从某种程度上说,积极心理学只是对传统主流心理学的一种修正或完善式发展。

七、心理学本土化思潮

心理学本土化是世界性的潮流。在中国本土的文化、社会和生活中,心理学本土化就是指中国心理学发展的中国化。中国本土文化传统中并没有产生出西方现代意义上的实证科学的心理学。中国现代的心理学是从西方引入的,而且其走上本土化的道路经历了非常曲折的过程和阶段。可以把中国心理学发展的本土化历程分为三个阶段,这主要体现为三次大的模仿、复制和跟随,以及三次大的批判、转折和重建。

第一次大的模仿、复制和跟随是在 19 世纪末 20 世纪初。许多中国的学人留学海外,学习西方的科学心理学。他们的目标是建设中国的心理学,以使国家现代化和民主化。正是他们把西方的科学心理学引入了中国,为中国心理学的起步和发展带来了研究方法、理论知识和应用技术。第一次大的批判、转折和重建是在 20 世纪 50 年代,特别是在思想改造运动和反右斗争的时候,这包括对西方心理学的批判。

第二次大的模仿、复制和跟随是在 20 世纪中期。中华人民共和国建立之后,苏联的心理学家进入中国的大学和研究机构。大学的心理学教学开始讲授苏联的心理学,特别是巴甫洛夫学说。巴甫洛夫的高级神经活动学说成为心理学的代名词。第二次大的批判是在 20 世纪"文化大革命"时期。心理学被看成是唯心主义的"伪科学",被彻底清除。

第三次大的模仿、复制和接受是在 20 世纪 70 年代"文化大革命"结束之后。中国开始了新一轮对西方发达国家的心理学的翻译、介绍和评价。西方的科学心理学又被看成是中国心理学发展的楷模,这在很大程度上决定了中国心理学对西方心理学的接近和追踪。第三次大的批判、转折和改造是在 20 世纪晚期。中国的心理学者开始意识到中国心理学中具有的西方心理学的文化印记,以及跟随在西方心理学之后的不足。在此之后,心理学本土化的呼声开始高涨,心理学本土化的努力开始兴起,新的突破和创新在酝酿。①

　　心理学本土化的热点与难题包括科学观问题②、本土契合问题③、文化基础问题、文化转向问题、多元文化问题、方法论问题、全球化问题、原始创新问题。心理学本土化的演变与趋势涉及不同文化中的本土心理学、本土心理学的隔绝与交流、心理学的文化与社会资源、心理学发展的传统与更新、心理学演变的分裂与融合。④ 中国心理学的科学化与本土化是 21 世纪的主题。⑤ 心理学本土化的出路与结局在于，将其定位为文化的心理学、历史的心理学、生活的心理学、创新的心理学、未来的心理学。在中国的文化传统和文化背景中，包括在中国的文化语境⑥、中国的文化传统⑦和中国的文化典籍⑧中，如何理解和发展心理学也成为关注的中心。

　　新心性心理学就是一种植根于本土文化资源的创新努力，试图开辟中国心理学自己的新世纪发展的道路。新心性心理学有其基本的内涵和主张，对于心理学研究对象的理解和心理学研究方式的确立有一个基本的变化。新心性心理学论及六个部分的内容：心理资源论析、心理文化论要、心理生活论纲、心理环境论说、心理成长论本和心理科学论总。这六个部分的内容涉及心理学的学科资源、心理学的文化基础、心理学的研究对象、心理学的环境存在、心理学的对象成长、心理学的学科内涵。

　　心理资源论析是对心理学发展的文化历史资源的考察。心理学有着自己历史发展和长期演变的形态。所有不同的心理学形态都是心理学的发展可以借用的文化历史资源。心理学资源可以体现为不同的心理学历史形态，也可以体现为不同的心理学现实演变，还可以体现为不同的心理学未来发展。这具体包括常识形态的心理学、哲学形态的心理学、宗教形态的心理

① 葛鲁嘉. 新心性心理学宣言——中国本土心理学原创性理论建构[M]. 北京：人民出版社，2008：2 - 3.
② 葛鲁嘉. 大心理学观——心理学发展的新契机与新视野[J]. 自然辩证法研究，1995(9)：18 - 23.
③ 杨国枢. 心理学研究的本土契合性及其相关问题[J]. 本土心理学研究，1997(8)：75 - 120.
④ Kim，U. Culture，science，and indigenous psychologies：An integrated analysis. In David Matsumoto(Ed.)，*The Handbook of Culture and Psychology*. New York：Oxford University Press，2001，pp. 54 - 58.
⑤ 葛鲁嘉. 中国心理学的科学化和本土化——中国心理学发展的跨世纪主题[J]. 吉林大学社会科学学报，2002(2)：5 - 15.
⑥ 钟年. 中文语境下的"心理"和"心理学"[J]. 心理学报，2008(6)：748 - 756.
⑦ 高岚，申荷永. 中国文化与心理学[J]. 学术研究，2008(8)：36 - 41.
⑧ 申荷永，高岚.《易经》与中国文化心理学[J]. 心理学报，2000(3)：348 - 352.

学、类同形态的心理学、科学形态的心理学和资源形态的心理学。当代心理学的发展不应该抛弃其他各种形态的心理学,而应该将其当作自己学术创新的文化历史资源,从而扩大自己的视野,挖掘自己的潜能,丰富自己的研究,完善自己的功能。

心理文化论要是从跨文化的角度,对生长于不同文化根基和对应于不同心理生活的心理学传统进行比较和分析,探讨其彼此沟通的可能性和心理学发展的新道路。起源于西方文化的科学心理学,立足客观的研究方法和客观的知识体系,提供了对心理现象的合理的理论解释和有效的技术干预,但仅仅揭示了人类心灵和精神生活的一个部分或侧面。起源于中国文化的本土心理学,也是自成体系的心理学探索,揭示了有意义的内心生活和给出了自我超越的精神发展道路。西方实证的心理学传统是中国现代科学心理学的直接来源,正经历着本土化的历程和改造。中国本土的心理学传统在西方文化中的流传,也使西方的科学心理学得到了启示,受到了影响。促进两者的沟通,将有助于形成一种新的心理学科学观,并推动心理学的新发展。

心理生活论纲是将心理学的研究对象确定为心理生活。这就必须改变研究者与研究对象的彼此割裂和绝对分离,改变科学心理学现有关于研究对象的分类标准和分类体系。中国的本土文化传统提供了一种独特的解说心理生活的心性学说。心理生活是立足人的心理的觉的性质。觉的活动是一种生成意义的活动,实际上就是一种创造性生成的活动。心理生活有其基本的内涵和体证的方法。心理学的研究就在于引领创造心理生活,提高心理生活的质量。心理学一直在向相对成熟的自然科学特别是物理学靠拢。如同自然科学对自然现象的理解和物理科学对物理现象的理解,心理科学是把研究对象理解为心理现象。所谓的心理现象是建立在两个基本设定上:一是研究者与研究对象的绝对分离,研究者仅是旁观者、观察者,是中立的、客观的;二是研究者必须通过感官来观察对象,而不能加入思想的臆断推测。心理现象的分类分离了人的心理过程和个性心理,分离了智力因素和非智力因素。这种分类标准和分类体系,导致对人的心理的理解和干预,对人的心理的培养和教育,都产生了严重问题。这必然迫使心理学去重新进行研究对象的定位和分类。新心性心理学把心理学的研究对象确立为心理生活。所谓的心理生活也是建立在两个基本设定上：一是研究者与研究对象的彼此统一；二是生活者通过心理本性的自觉来创造心理生活。心理生活的性质是觉解，方式为体悟，探索在体证，质量是基本。

心理环境论说是对心理学研究中环境的考察。心理学研究常常把环境理解为外在于人的心理的存在，是客观的、独立的、自然的。对于心理的、意识的、自我意识的存在来说，环境不仅是物理意义的、生物意义的、社会意义的，而且是心理意义的。心理环境就是被觉知到、被理解为、被把握成、被创造出的环境。心理环境是对人来说最切近的环境。这种环境超出了物理、生物和社会意义上的环境。环境决定论和心理决定论都无法真正揭示人的心理发展的实际过程。环境对人来说常被看成是自生自灭的过程，是独立于人的存在。如果从心理环境去理解，环境的演变就是属人的过程，是人对环境的把握，是人对环境的作为，是人对环境的创造。环境与心理是共生的过程。这不仅是环境决定或塑造了人的心理，而且也是心理理解或创造了人的环境。心理与环境是共生的关系，这就是中国文化传统中的天人合一。

心理成长论本是对人的心理演变的考察。这包括把着重成熟和发展转向着重成长和提升，把着重生物和生理转向着重心理和心性，把强调心理的直线发展转向全面扩展，把强调心理的平面扩展转向纵向提升。心理成长的概念涉及心理成长的基础、过程、目标、阻滞。心理成长有着特定的文化内涵、文化创造、文化思想、文化方式、文化源流、文化价值。心理成长与心理资源的关系就在于心理资源是心理成长的基础和源泉。心理成长与心理文化的关系就在于心理成长的心理文化资源、心理文化差异、心理文化沟通、心理文化促进。心理成长与心理生活的关系就在于人的心理生活的含义、扩展和丰满。心理成长与心理环境的关系就在于探索人的心理环境的性质、建构和影响。心理成长与心理科学的关系就在于心理科学的保障和促进。心理成长就是心理生成的过程，是生成的存在，是创造的生成。心理成长会关系到个体的心理成长，是个体生活的建构，是心理生活的建构。心理成长也关系到群体的心理成长，是群体的共同成长，是群体的心理互动，是群体的心理关系，是群体的成长方式。心理成长也会关系到人类的心理成长，是种族的心理，是民族的成长，是心理的成熟，是生活的质量。

心理科学论总则是新心性心理学关系到心理科学本身的学术反思、学术突破和学术建构。这可以带来关于如何推进心理学的学术进步，如何扩展心理学的学术空间，如何引领心理学的学术未来，如何确立心理学的本土根基，如何激发心理学的学术创新，等一系列方面的最重要的学术突破。对于心理科学及其发展来说，最根本的是心理学的科学理念。这涉及心理学的科学观，包括科学观的含义、功能、变革和确立。心理学的科学观存在着对立，也就是小科学观与大科学观的对立，封闭的科学观与开放的科学观的对立。心理学的科学观经历演变和变革，其中包括着自然科学的科学观、社会科学的科学观、人文科学的科学观。科学观或心理学的科学观具有文化的内涵或性质。心理学的科学尺度彰显着心理学的科学内核和科学标准。这在心理学的研究中具有强调和偏重理论中心、方法中心和技术中心的不同。心理学有着自己的科学基础，包括哲学思想的基础、科学认识的基础、科学技术的基础、科学创造的基础、科学发展的基础。心理学的科学内涵涉及学科的科学性、研究的科学性、应用的科学性。心理学具有自己的学科或科学的资源，这涉及心理资源、资源分类、文化资源、思想资源、历史资源和学术资源。心理学的科学发展涉及追踪的线索、心理学的起源、心理学的演变和心理学的发展前景。心理学拥有的科学理论涉及心理学的理论建构、理论构造、理论形态、理论演变和理论创新。心理学的科学方法涉及心理学的方法论、方法中心、研究方法以及研究方法的科学性、多样性、适用性。心理学的科学技术涉及心理学的技术思想、技术发明、技术应用、技术手段、技术工具、技术变革。心理学的科学创新则涉及创新的基础、创新的途径、创新的氛围、创新的方法、创新的体现。

中国本土心理学的命运与希望在于创新性的发展。新心性心理学就是中国本土心理学的理论创新，就是原创性的理论建构。中国本土心理学的创新性发展，可以体现在理论、方法和技术等方面。中国本土心理学的理论创新涉及心理学的理论框架、理论范式、理论探索、理论核心、理论思想、理论内容、理论体系、理论构造、理论发展、理论更替、理论变革、理论演进、理论突破、理论建构。心理资源论析、心理文化论要、心理生活论纲、心理环境论说、心理成长论本、心理科学论总，就是新心性心理学核心性的理论构成。中国本土心理学将会告别没有系统理论的时期，迎来和进入理论繁荣的时代。

    中国心理学在很长一段发展时期,一直都在步西方心理学的后尘。追踪西方心理学的思潮,掌握西方心理学的动向,曾经是中国心理学发展的核心性任务。但是,当本土化成为中国心理学发展的主题和主流,西方心理学的新思潮就可以转换成为中国本土心理学的文化、历史、思想、传统、现实和学术的资源。在特定的和丰富的学术资源基础上的创新性发展,是中国本土心理学发展的必由之路。因此,原始性的创新,包括理论、方法和技术的全面的原始性创新,决定着中国本土心理学的未来走向。

第六章　科学心理学的传统

科学心理学的创新、创造和发展,形成了属于自己的和十分独特的传统。科学心理学的传统有多样化、多元化的存在和理解,其中包括实证立场的心理学、人文立场的心理学、本土传统的心理学和后现代心理学。因此,科学心理学的传统在不同的研究立场、文化根基、时代背景和现实氛围中,有不同的表达和体现、源流和演变、道路和前景。

第一节　实证立场的心理学

实证论也可以称为实证主义(positivism)。实证主义具有多种理论形态,在此主要泛指传统自然科学获取客观知识的科学方法论。实证主义的科学方法论,不仅涉及获取经验资料的方法,而且涉及构造科学理论的规则。实证主义坚持的原则在于,任何知识都必须依据来自观察和实验的经验事实,理论命题只有被经验证实或证伪,才具有实际的意义和存在的价值。这种实证的原则在科学研究或心理学研究中最典型的体现,就是实验主义和操作主义。实验主义是对实验方法的强调和依赖,实验方法的长处在于保证了感官经验或经验事实的可靠性,不仅能使之得到精确的分解和量化的测定,而且能使之得到必要的重复和反复的验证。操作主义是对理论规则的强调和依赖,操作性定义的长处在于保证了科学概念或理论构造的有效性,也就是任何科学概念或理论构造的有效性,都取决于得出该概念或该理论的操作程序的有效性。

心理学作为自然科学家族中的一员,采纳了实证主义的立场。这表现为科学心理学一度对实验主义和操作主义的投靠和依赖。许多的心理学家都信奉实验方法,并坚信实验方法对理论的优先功效,这有时被称为以方法为中心。坚持实验主义的心理学研究者,会在实验室中像对待其他自然现象那样来捕捉和切割心理现象。操作主义也曾经在心理学中颇为流行,许多心理学家都希望借此来重新清理和严密定义心理学中的许多概念。实证主义的立场使心理学只能以特定的研究方式来考察人的心理。

从 19 世纪后半叶开始,西方的实证主义以一种时代精神和研究方法论融入了心理学的研究和探索。实证主义从方法论层面强有力地推动了科学心理学的产生和发展,从而成为西方科学心理学中占有主流地位或居于主导地位的哲学方法论。实证主义在许多方面支配了现代西方心理学的研究,包括基本的研究理念、核心的研究方法、数理的计算工具等。

科学心理学研究中的实证主义方法论有着特定的体现和表达。首先是主客二分的研究范式。主客二分的研究范式主张以自然科学的研究模式来规范心理学。这种研究范式将心理学的研究对象,也就是将人及其心理与行为,视为与自然物或自然对象同等的认识客体,心理学的研究主体则只是反映客体的一面镜子。这种主张体现的是主体与客体的截然分离,无论是实验操作还是理论构建,均应彻底排除研究者的主体性,甚至是研究对象的主观性。物理主义、自然主义或机械主义的世界观以及方法中心论的科学本质观、自然科学取向、逻辑主义与还原主义的研究原则、客观主义研究范式、因果决定论的心理学解释框架等,都是其本质特征。其次是经验证实的研究原则。原则指的是人们说话或行事依据的法则或标准。经验证实是实证主义的核心思想。一个命题在理论上是否有意义,要看其是否能在经验上得到证实。凡是能够在经验中得到证实的就是有意义的,否则便是无意义的。持实证主义信念的科学心理学家也同样强调,任何概念和理论都必须以可观察的事实为基础,能为经验所验证,超出经验范围的任何概念和理论都是非科学的。第三是还原主义的研究路线。研究路线在此处指进行科学研究时遵从的整体逻辑思路。科学心理学中实证主义方法论的研究路线主要体现为还原主义。这表现在将心理学概念和理论还原为具体的操作过程和可观察的经验,如概念的操作性定义。这也表现在将心理经验的整体还原为部分或者将部分还原为整体,前者如构造主义的元素分析法,后者如格式塔学派的整体分析法。这也表现在将心理过程归结为物理的、化学的、生物的和生理的过程,用低级的表现形式来解释高级的表现形式。

实证主义作为科学主义心理学的方法论基础,为心理学的科学化进程作出了一定的贡献。然而,正是心理学对实证主义和实证精神的极端追求,引起了许多研究者对科学主义心理学的质疑。科学主义心理学在兴盛了半个多世纪以后却陷入了空前的危机。科学心理学的实证主义方法论的困境,就在于将适用于自然科学的研究原则移植到心理学研究中来,而丝毫不考虑其适用性。①

实证主义在现代西方心理学发展和壮大的过程中也有积极的作用。曾经有许多研究者对此进行过总结和论述。实证主义的积极意义主要体现在四个方面。第一,相对于早期形而上学的纯粹的哲学思辨而言,实证主义科学观及其科学精神是一种时代的进步。单纯就实证主义追求科学的精神来说,它有力地推动了心理学中实验心理学工作者的艰难探索,并为今后心理学的进一步发展提供了有益的历史经验和教训。第二,实证主义推动了心理学研究的实证或实验方法的完善和发展。在实证方法的完善、推广和运用过程中,实证主义作为一种"强大的思想力量",曾经起到过十分巨大的作用。第三,实证主义还推动了西方心理学的实证研究,汲取了大量的来自可观察事实的第一手有益数据和资料,丰富和充实了心理学的知识体系。第四,实证主义在当时科学主义盛行的历史条件下,客观上有利于心理学科学地位的巩固和学科研究的发展。

实证主义也给现代西方心理学的发展造成过消极的影响。这可以体现在科学观、方法论、学科性等方面。例如,在心理学的科学观方面,学者的研究表明,实证主义科学观是一种唯科学主义的狭隘的经验主义科学观,是一种小心理学观。这种小科学观的消极影响是多方面的:(1)导致心理学发展史上构造主义和行为主义两次重大的心理学危机;(2)把心理学限定在自然科学这一非常狭小的边界里,人为地缩小了心理学的学科范畴;(3)把人文主义心理学划定为非科学的心理学,从而排斥了除实证心理学之外的其

---

① 陈京军,陈功.科学心理学中的实证主义方法论问题[J].科学技术与辩证法,2007(6):40-42,54.

他的心理学探索或心理学传统；（4）造成实证心理学更多地着眼于问题的微观细节，缺乏问题的宏观透视，从而导致实证心理学研究问题水平的下降；（5）因为实证主义科学观重方法、轻理论，重视实证资料的积累、贬低理论构想的创造，导致其极度膨胀的实证资料与极度虚弱的理论建设之间的反差日益增大；（6）小心理学观体现了自己的反哲学倾向，割断了心理学与哲学之间的天然联系，使心理学缺失了对自己的理论前提的反思和批判；（7）强调了人性观的自然化倾向，对人的社会、文化和历史属性视而不见或有所忽视，导致心理学与人的现实生活的疏离和隔绝，造成了心理学研究的局限和缺失；（8）小心理学观是唯科学主义的科学观，存在着对实证方法的崇拜，导致心理学研究中唯实证方法的倾向，忽视了其他研究方法的积极意义。

非常重要的是，要严格区分实证主义与实证研究方法。应该深入地开展有关实证主义和实证研究方法的相关专题探讨，对实证主义和实证研究方法的联系与区别、经验与教训、地位与作用、历史渊源与未来趋势等方面，加以进一步的对比、考察和研究。当然，与此相关的一些基本概念及其相互关系，还有待进一步明确和界定，以增加研究成果的明晰性，从而更加便于和强化心理学研究者在实际的研究工作中的互动和交流。有研究认为，关于实证主义的研究，在心理学史的研究中依然体现或表达得不够。[1]

实证立场、实证哲学、实证研究、实证方法占据着科学心理学的核心位置。这给心理学带来的是科学的性质、科学的地位、科学的身份、科学的角色、科学的门第、科学的荣耀。当然，这也同时给心理学带来了物化的设定、人性的缺失、还原的倾向、文化的否弃、生活的扭曲、意义的流失。

第二节　人文立场的心理学

现象学是当代西方哲学的重要运动和思想派别。现象学（phenomenology）有着不同的主张，在此主要泛指传统人文科学获取有效知识的哲学方法论。

[1] 严由伟.我国关于实证主义与现代西方心理学研究的综述[J].心理科学进展,2003(4)：475-479.

现象学的创立者胡塞尔反对实证主义把人的世界与物的世界等同起来,认为这使得现代自然科学促进了人对物的追求,却侵害了人的精神生活,使人的生存失去了尊严,失去了意义,精神变得空虚和枯竭了。现象学则能够为人类提供精神生活的源泉。精神是自有自为的,是独立自主的。只有在这种独立性中,精神才能够确切得到真实的、合理的和科学的探讨。现象学重视意识分析,关注生活世界,探索人生意义,考察精神价值。

有研究探索了以胡塞尔为轴心的现象学问题,梳理了胡塞尔的现象学中早期的心理主义与后期的反心理主义。① 研究指出,胡塞尔哲学研究的最初意图在于从逻辑学出发为数学奠定坚实基础,这与莱布尼茨和以后的罗素、怀特海等人的想法相一致。但胡塞尔当时受布伦塔诺以及流行的心理学研究的影响而趋于认为,逻辑学的基础应当建立在心理学之中。胡塞尔试图通过对数学基本概念的澄清来稳定数学的基础。这种以数学和逻辑学为例,对基本概念进行澄清的做法以后始终在胡塞尔哲学研究中得到运用,成为胡塞尔现象学操作的一个中心方法。但是,胡塞尔在后来的研究中对基本概念的澄清,是在对心理行为的描述心理学分析中进行的,这种做法与当时在逻辑学领域中流行的心理主义相一致。也就是说,胡塞尔这一时期的研究工作隐含着这样一个前提:对逻辑概念、定理、判断、推理等的理解必须依赖于对相应的心理行为的分析,逻辑真理奠基于心理行为。

但是,胡塞尔后来的主要任务是反驳当时在哲学界占统治地位的心理主义,即认为逻辑概念和逻辑规律是心理的构成物的观点;这实际上是胡塞尔本人原来所持的立场。这些批判指出,心理主义的最后归宿在于相对主义和怀疑主义。这在当时结束了被认为具有绝对科学依据的心理主义的统治,而且在今天,无论人们把逻辑定理看成是分析的还是综合的,这些批判仍然还保持着有效性。可以把超越论还原理解为胡塞尔向超越论的主体性回复的全部方法。必须首先弄清"超越论"这个概念在胡塞尔哲学中的含义。这个概念来源于康德。康德认为,把所有这样一些认识称为超越论,这些认识不是与对象有关,而只是与人们认识对象的方式有关,只有这种认识

---

① 倪梁康.意识的向度:以胡塞尔为轴心的现象学问题研究[M].北京:北京大学出版社,2007:4,34-39.

方式是在先天可能的范围内。这种概念的体系可称为超越论哲学。

胡塞尔超越论哲学与康德超越论哲学的区别所在：人为自然界立法的能力是从何而来的？康德认为这是人类固有的，实际上这无异于说，人们无从得知；胡塞尔则认为，这是柏拉图意义上的理念作为可能性在人的心理组织的先天结构中的现实化，因此人之所以能为自然界立法的最终原因还应在更深的层次中去寻找，而向这更深层次的突破必须通过超越论的还原。因此，康德的超越论概念与胡塞尔的超越论概念之间有着主观超越论和客观超越论之别。当然后者的客观不是指向客观主义的回复，而是指向柏拉图意义上的客观的回复。据此，胡塞尔认为，康德只达到本质心理学的高度，他从未真正地理解本质心理学和超越论哲学的区别。康德失足于怀疑主义的主观主义之原因在于，他缺乏现象学和现象学还原的概念，因而不能摆脱心理主义和人本主义。

如果说超越论还原是指通向超越论主体性的途径的话，那么这种途径可以有三条。换言之，在胡塞尔看来，可以通过三条不同的道路达到同一个目的——超越论的主体性。一是意向心理学的道路。这条道路正是胡塞尔思想发展走过的道路。意向心理学的道路也可以说是布伦塔诺的道路或英国经验主义的道路。英国经验主义者受笛卡尔的二元论和主观主义的影响，他们不关心物理事实和关于这些事实的科学，而把目光转向心灵之物，企图把握心灵之物的观念联系。这个目的在布伦塔诺那里达到了，他发现了心灵之物的统一本质——意向性，从而为本质心理学的建立奠定了基础。但是，这仍然是自然主义、客观主义的，仍然设定了世界的存在，设定心灵只是世界的一部分实体。任何自然观点的科学都不是独立的，都无法说明自己是如何可能的。因此，胡塞尔认识到，必须把先天心理学与特殊的超越论心理学区分开来，并说明，对于后者，"心理学"这个历史的词语已不再很适用了。这便是胡塞尔提出"现象学"一词的原因。二是二元心理学的道路。这是笛卡尔的道路，是以怀疑主义为出发点。法国哲学家笛卡尔设想了心物二元论、心身二元论。这实际上是据此划分了物的世界和心的世界。这也就将人一分为二。身体属于物的世界，心理属于心的世界。两者立足的是不同的实体，遵从的是不同的规律。这就将生理的心理学与观念的心理学进行了划分。认识论不能把任何东西设定为已确定了的、已有了的，因此，认识论是无基础、无前提的，没有任何依靠，而必须靠自己创造出一种第一性的认识。认识论具有一个阿基米德的点：我思。这个点之所以是明白无疑的，是因为这并没有超出自身去说明什么，而是完全保留在自身的内在中，自己说明自己。三是理性心理学的道路。这是康德的道路。德国哲学家康德提出，人对世界的把握只能通过认识本身来完成。人的认识包括唯理论和经验论，前者是先验的知识形式，后者是经验的知识形式。这也就区分了先验的心理学和经验的心理学。人们拥有的认识，至今为止还都是自然的认识，即关于客观真理的认识。这些认识在这个维度和这个层次中是明白无疑的，但不能超越这个层次。"认识如何可能"的问题则与主体性有关，恰恰超越了自然认识这个维度。因此，"认识如何可能"的问题必须由另一些认识来回答，这便是哲学的认识，严格地说就是超越论哲学的认识。

现象学把人的自我意识直接呈现出来的现象看作是真实的。现象学强调的是通过现象学还原而达到纯粹的自我意识。现象学为人本立场的心理学或西方非主流的心理学提供了方法论。这体现在心理主义的主张以及现象描述的方法上，也体现在整体主义的主张以及整体分析的方法上。心理主义探索的是人的直观经验或直接体验的原貌，反对将心理的活动还原为物理的、生物的、生理的过程。整体主义探讨的是整体的人或人的心理的整体性，反对将其分割或分析为一些要素或碎片。整体分析式的研究排斥元素分析式的研究，强调有机的整体和整体的结构。现象学的方法论使心理学以特定的研究方式来考察人的心理生活。

在关于心理学的思想基础的研究中，特别是在关于西方心理学的现象学思想基础的研究中，有许多的研究成果提供了相关的研究理解。有研究指出，现象学作为西方心理学中的两大方法论之一，对西方心理学的发展产生了不可忽视的影响。在心理学的研究中贯彻现象学的方法论，突出的和独特的方面就在于，重视意识的研究，强调心理的意向，面向现象本身，关注现象描述，等等。因此，正是现象学的这些特性，为非主流的或人文取向的心理学家以非自然科学的模式塑造心理学，奠定了重要的哲学基础。作为一种方法论，现象学遵循的以意识经验为研究对象、如实描述、问题中心、整体主义、先质后量、非还原论等原则，开创了西方心理学中人文主义的研究取向。纵观整个西方心理学的发展，现象学对心理学的影响是非常广泛而持久的。现象学不仅推动和促进了西方心理学方法论上的重要变革,为意动心理学、格式塔心理学和人本主义心理学的发展作出了突出贡献,而且也正在影响和推动着超个人心理学、认知心理学和后现代心理学的发展,并将为未来西方心理学的持续发展提供重要的思想资源和方法指导。

现象学的具体特征可以表现在五个基本方面。一是强调自我的先验维度。在对待自我的问题上,现象学的鼻祖胡塞尔强调了自我的先验维度,肯定了多元的自我存在。胡塞尔认为,一个人包含着一系列思想、行为和情感的尖锐对立。因此,自我并不是一个终成品,而是一个不断生成的过程。二是强调意识的首要地位。胡塞尔将意识视为现象学的中心课题和概念,因此他的现象学也被称为意识现象学。三是强调意向的核心存在。在胡塞尔的现象学中,意向性作为不可或缺的基本概念,标志着所有意识的本己特征。这也就是,所有的意识都是关于某物的意识,并且这种意识可以得到直接的指明和描述。四是强调"面向事物本身"。"面向事物本身"作为本质直觉的方法的基本原则,是指"直接的给予"或"纯粹的现象"。五是强调"现象学的思想态度"(哲学心态)。胡塞尔所说的"现象学的思想态度"是其在先验还原中遵循的一种哲学态度,是针对"自然的思想态度"(自然心态)提出来的。自然的思想态度即经验性的思想态度,就是指以自然外界为认识起点的认识事物的思想方法。与"自然的思想态度"相对的是一种"现象学的思想态度",即人的认识是以认识主体自身为起点的一种认识活动,从而要求认识主体把以往对待世界的自然态度统统"搁置"起来,对其暂时不作任何陈述和判断,即存而不论。这样就可以使人摆脱关于外部事物和外部世界存在的预先设定。

现象学对西方心理学的影响主要表现在方法论的层面上。可以说,现代西方心理学的现象学方法论,就是现象学这一哲学思潮在心理学领域的一种特殊表现。现象学在西方心理学中的方法论主要涉及六个重要的方面。一是以意识经验作为研究对象。与实证主义不同,现象学并未把可以观察的事实作为其研究对象,而是以"现象"作为自己的研究对象。胡塞尔在此所说的"现象",或者现象学考察的"现象",并不是指人的感官把握的作为感官经验的"现象"。此处的"现象"实际上就是指人的意识经验,是人的心灵直接呈现出来的。这重视和强调的是心灵的本质。这种观点在西方心理学中的方法论含义,就是使心理学从简单效仿自然科学方法和远离人性的危机中解脱出来,成为人的科学。二是遵循如实描述的原则。现象学方法的一个非常显著的特点就在于遵循如实描述的原则,即不以任何假设为前提,通过中止判断("加括号"的方法)把事物的存在问题悬置起来,存而不论,而对经验进行如实的、不加任何修饰的描述,并在此基础上通过现象学还原发现意识经验的先验结构,从而达到本质直观。正是受到现象学方法的影响,完形主义心理学和人本主义心理学均强调对个体经验进行如实的描述。三是坚持以问题为中心。现象学作为一种主体性哲学,主张把人的主体性问题作为哲学研究的中心,重视意义和价值问题的研究。这一思想被心理学家发展成为问题中心的原则,用以反对实证主义的方法中心论。四是坚持整体性原则。以现象学为哲学背景的心理学家主张对完整的心理和整体的行为进行研究,要求"面向事物本身"。五是坚持先质后量的原则。由于现象学的研究对象是意识经验,其目的在于揭示意识的先验本质,所以在研究中多采用对主观意识经验的整体体验和描述的方法,强调质的分析。六是持有非还原论的主张。受现象学方法论影响的心理学研究认为,还原论无助于理解人性,相反还会扭曲人性,使心理学陷入危机。因此,心理学应提倡在心理的水平上研究心理,在行为的层次上研究行为,而不是将人的高级心理活动还原到较低级的层次上。①

　　现象学心理学、存在主义心理学和人本主义心理学一起,共同构成了心理学发展中的所谓"第三势力"。现象学心理学沿着三个不同的维度,可以表现为六种理论形态。在研究方式上,表现为思辨的现象学心理学和实验的现象学心理学;在研究取向上,表现为经验的现象学心理学和解释的现象学心理学;在研究领域上,表现为存在论的现象学心理学和超个人的现象学心理学。在这六种理论形态中,经验的现象学心理学最成熟,影响也最大,在当前的现象学心理学中占据着主流地位。

　　有研究探讨了现象学心理学的两种研究取向:经验的现象学心理学和解释的现象学心理学。② 经验的现象学心理学致力于发现现象本质的结构,

① 石春,贾林祥.论现象学视野下的西方心理学[J].徐州师范大学学报(哲学社会科学版),2006(4):116-121.
② 郭本禹,崔光辉.现象学心理学的两种研究取向初探[J].南京师大学报(社会科学版),2004(6):86-90.

而解释的现象学心理学则致力于发掘现象对于研究者而言蕴涵的意义。经验的现象学心理学处于主流地位,解释的现象学心理学也取得了较大的发展。

首先是经验的现象学心理学。在具体研究中,经验的现象学心理学大致是按这样的思路进行的:研究者首先从合作者那里得到原始记录,即合作者以文字将经验描述出来,从而得到研究材料;研究者在充分悬置自己的先在观念后,分析研究材料,发现其中的意义单元,将意义单元组合成为经验的结构;最后形成文本,进行交流。一是问题的形成与材料的收集。研究者首先澄清自己要研究的现象,形成问题。在此基础上,研究赋予现象名称。这种赋名是通过日常语言进行的,以便同他人交流。研究者通常通过调查或访谈的形式得到原始记录,也有研究者结合使用这两种形式。总之,研究者要尽可能详尽、完整地获得对各种形式的经验的描述,以保持现象的完整性。二是将材料分成意义单元。获得研究材料后,研究者要澄清并悬置自己先在的假设,确保经验的原始性与完整性。接下来,研究者不断地阅读研究材料,直到发现一个个不同的情境(scenes)。这些情境自行出现,并不是研究者按照既定框架规划出来的。这也就是说,现象学的研究要求由材料开始,自下而上地进行,而不同于受实证主义影响的科学心理学研究,由既定框架出发,自上而下地进行。三是从情境结构到普遍结构。研究者将合作者的意义单元进行加工,就得到情境结构。这是在特定情境下得出的结构,研究者需要结合其他合作者的材料进行考察,并在不断地对原材料进行反思的基础上得到普遍结构。在这个过程中,研究者需要将日常语言转换为心理学语言。四是结果的形成与交流。研究者将普遍结构描述出来,并进行交流。研究者首先要同合作者交流,进行反馈,并根据合作者的意见进行适当的修正。最后形成文本,同其他专家进行交流。

其次是解释的现象学心理学。现象学自胡塞尔起经历了重大的发展。其中的一条路线就是从胡塞尔经海德格尔到伽达默尔,发展出解释学哲学。作为存在着的人,是意义的赋予者,是自我解释的存在。这样,人的根本活动便不再是对象性的认识活动,而是解释性的理解活动。研究便不再是对现象的本质的描述,而是对一切与人有关的现象的理解或解释。文本是解释研究的一个重要概念,是用来指代解释的研究对象。人类所有的活动及其产物,如经验过程、文学作品、艺术品、仪式、制度、神话等都可以看作文本。根据文本的范围,可以区分出两种解释的研究取向的心理学研究。一种是对具体生活文本的分析,包括对经验的及时报告的分析、治疗过程的分析等。这着重研究通过录音得到的原始经验过程的材料。另一种则是对回忆内容以及文学作品等的文本分析,包括对文学作品中某个主题的分析,对历史情境中某个主题的分析等。解释的心理学研究具有四个特点。首先,研究中要存在着独立的文本,不管其是来自文学作品,还是来自个人经验。其次,文本一旦形成,就会独立于作者,在理解过程中产生新的意义。再次,在对文本的理解中,文本展现的是其内在的有关联的意义,这透射出一个新的世界,而不是无关联的句子的意义。最后,文本是开放的,对文本的理解、与文本的对话是无穷尽的。

经验的现象学心理学和解释的现象学心理学这两种研究取向,采取了不同的态度和思路去关注生活世界。经验的现象学心理学研究取向侧重描述,试图发现经验的本质;解释的现象学心理学研究取向试图通过理解,探求研究者在理解文本中产生的新的意义。这两种研究取向是朝向相反的方向进行研究的,即在个别与普遍的维度上向着相反的方向发展。在现象学心理学的这两种不同取向中,经验的现象学心理学研究取向力图发现经验的原本本质,解释的现象学心理学研究取向力图产生更新的意义世界。

经验的现象学心理学兴起于20世纪60年代的美国,是美国本土意义上的现象学心理学。经验的现象学心理学具有五个重要特征。一是经验的现象学心理学以现象学为哲学基础,在学科观上提倡人文科学观点。它从生活世界出发,在研究对象上持意向性观点,在研究取向上倡导质的研究取向。二是经验的现象学心理学与自然科学的心理学相对,明确提出人文科学的学科观。经验的现象学心理学认为,自然科学的心理学通过模仿自然科学,继承了二元论和自然主义,忽略了生活世界,将心理现象视作自然物,难以公正地对待心理现象。经验的现象学心理学忠于心理现象的原本性。它从给予的经验出发,搁置任何的先在假设。经验的现象学心理学的"科学"方面是指它能够获得普遍的知识。三是经验的现象学心理学是以生活世界为出发点。生活世界是人们身处其中并直接给予人们的世界。这是科学研究的源泉。经验的现象学心理学反对对生活世界进行任何的抽象和剥离,而强调从生活世界给予的一切出发进行研究。四是经验的现象学心理学在研究对象上持意向性观点。现象学心理学是以现象学的意向性观点为奠基。首先,这意味着心理具有意向性的本质。心理始终是指向于对象的。对象则可以是时空中的存在,也可以是非现实的或观念性的存在。其次,意向性意味着心理与世界的一致性。现象学心理学认为,在心理与对象的关联中,对象是经过意识的构造而直接显现出来的。意识因此超越自身,与对象直接关联。最后,意向性意味着心理与对象的关联是一种意义关联。在自然科学心理学那里,心理与对象之间存在着因果关联,心理是其他因素作用的结果。但是,在经验的现象学心理学这里,心理与对象之间存在着意义关联。对象对于心理而言,始终是有意义的。五是现象学心理学在研究取向上倡导质的研究取向,而反对自然科学的心理学过于重视量的研究取向。[①]

解释的现象学心理学以解释学作为哲学基础,提倡人文科学观,将生活世界作为出发点,坚持通过对文本的理解来生成新的意义。它倡导质的研究取向,并发展出可行的研究方法,成为当前现象学心理学的一种风头正劲的理论形态。这种理论形态深化了现象学心理学与人文科学心理学的联系,推动了现象学心理学向生活世界和生活实践迈进。

解释的现象学心理学发展于美国。20世纪70年代,在美国形成了本土意义上的现象学心理学,即经验的现象学心理学。经验的现象学心理学进行了系统的建设,为解释的现象学心理学的产生创造了条件。解释的现象学心理学正是产生于经验的现象学心理学的背景之下,并与经验的现象学心理学一样,都持有人文科学观,都以生活世界为出发点,都倡导质的研究取向。

解释的现象学心理学也有自己的基本主张。(1)哲学基础是解释学。解释的现象学心理学以解释学作为自己的哲学基础。现象学心理学的研究不再像胡塞尔那样认为的是通过意识的描述抵达本质,而是通过此在的理解来彰显存在,发现存在的意义。(2)科学观是人文科学。解释的现象学心理学与经验的现象学心理学一样,都坚持人文科学观。解释的现象学心理

① 崔光辉,郭本禹.论经验现象学心理学[J].华东师范大学学报(教育科学版),2008(2):52-58.

学的人文科学观具有实践的取向。研究过程本身就是研究者身体力行的日常生活实践的一部分。在这种意义上,解释的现象学心理学有着较强的行动倾向。(3)出发点是生活世界。与经验的现象学心理学一样,解释的现象学心理学也将生活世界作为研究的出发点。解释的现象学心理学从生活世界出发,关注人的经验。但是,在如何关注人的经验上,解释的现象学心理学与经验的现象学心理学存在着差异。解释的现象学心理学重视语言在经验中的作用,将语言视作理解经验的媒介。它甚至接受了极端的解释学观点,即语言是存在之家。语言是人的存在方式,能够使经验在时间的流逝中得以保持。正是在这种意义上,解释的现象学心理学是通过文本研究人的经验。(4)研究对象是文本。解释的现象学心理学将文本作为研究对象,通过文本来关注人的经验。文本是书写下来的有关人的存在的记录,它可以指所有的人类活动及其产物,其中包括经验过程、文学作品、艺术品、仪式、制度和神话等。文本主要分为现实生活文本、回忆与文学文本两类。(5)研究取向是质的取向。解释的现象学心理学在研究取向上坚持质的取向。在质的取向上,解释的现象学心理学是从存在的视角,解释文本的意义。这不同于经验的现象学心理学。经验的现象学心理学是从认识的视角,描述经验的本质,侧重的是现象在特定情境中的意义,而不是现象普遍的本质。

解释的现象学心理学有自己的研究方法。它是将研究的过程视作解释的循环过程。研究者开始是对文本产生初步的整体理解,接下来,在对文本各部分的深入理解中,研究者可能会改变自己的整体理解,进一步产生新的整体理解。研究者在对文本的整体理解与部分理解之间循环往复,这个过程是无限的。当研究者获得整体的、没有矛盾的意义,获得"格式塔"时,就可以结束研究。①

人文立场、现象学、质化研究、解释方法是西方心理学的非主流。这强调了心理学的研究应依据人类的本性、关注内心的生活、重视心理的价值、强调心理的创造、彰显生成的历程、朝向生活的未来。这反对的是心理的还原、心理的物化、心理的分解、心理的停滞、心理的抽象、心理的封闭。

---

① 郭本禹,崔光辉.论解释现象学心理学[J].心理研究,2008(1):14-19.

第三节 本土传统的心理学

在中国的文化土壤中并没有生长出科学心理学,但这不等于说中国本土没有心理学。如果按照西方实证心理学的标准来衡量,中国的本土文化中确实没有心理学,只有中国古代思想家有关人的心理的一些散见的片言只语和零思碎想,至多不过是实证心理学的幼稚前身和历史遗迹。但是,如果放弃这样的衡量标准,便会看到,中国本土文化中也生长和发展出了自己的心理学传统。它对人的心理生活的了解、解释和干预是非常有系统和有价值的。

中国的本土心理学与实证心理学的根本区别在于,对心理生活的了解和认识是通过内省直观,对心理生活的解释和理解是通过日常语言的理论建构,对心理生活的影响和干预是通过直觉体悟的精神修养。本土心理学也有着自己独具的长处和短处。长处在于直入人的内心体验,着眼于人的心理生活的完满,构筑了理想的精神境界,并给出了达到这一境界的修养方式。短处则在于诸多的价值歧义、模糊的内心感悟、神秘的迷信色彩。这使中国的本土心理学混杂着哲学的明辨、人生的智慧、神鬼的迷信和江湖的巫术。

中国本土的心理学传统与西方实证的心理学传统并不是发展中直线的更替关系。中国本土心理学并非只具有历史的意义和价值,也并没有随着西方实证心理学的输入而被终结、超越、埋葬和替代。

本土心理学并不是一种超本土的努力,而是根源于特定的文化历史,是对本文化圈的心理生活的独有的理解和构筑。但是,这也不能否认,其中可以蕴含着超越本土界限的、具有普遍意义的启示。下面分别就常识心理学和哲学心理学来看本土心理学的理论启示。

常识心理学是普通人在日常生活中,对自己和他人的心灵活动进行的意向性推论以及与心理内容有关的因果解释。常识心理学使用了大量说明心理生活的日常用语,如信念、欲望、感受、喜欢、害怕、意图、打算、思考、想象等。行为主义排除了人的意识经验,也就把常识心理学扔进了垃圾箱。认知心理学替代行为主义之后,使科学心理学重又探讨人的内在心理。因此,认知心理学家必须面对常识心理学的存在。目前,常识心理学和认知心理学的关系问题,成为许多哲学家和心理学家关注的焦点。

许多研究认为,常识心理学可以有益于认知心理学的理论建构。一种观点主张,常识的理解突出了心理学解释的自主性,可以避免把认知理论还原到认知的装置和硬件上去。另一种观点认为,尽管常识的观念并没有告知心智是怎样运作的,但如果要考察心智的运作,常识的观念则提供了怎样去看待心智。还有一种观点较为彻底,持有这一观点的被称为意向实在论者(intentional realists)。该观点认为,常识心理学的框架从根本上来说是正确的。因此,常识心理学不仅启迪了认知科学,而且终将被吸收和归并于认知科学。正如福多(Jerry Alan Fodor,1935——   )所说:"人们没有理由怀疑,科学心理学有可能证实常识的信念或愿望的解释。"①有持相反观点的人,被称为意向消除论者(intentional eliminativists)。该观点认为,常识的观念是错误的,因而不可能在认知科学中占有一席之地。但即便如此,对常识心理学是否就一无是处,意向消除论者亦认为现在下结论为时尚早。②

哲学心理学是哲学家、宗教家和社会理论家对日常心理生活经验的提升,这对于人的内心或精神活动的揭示要比常识心理学更明晰、深入和透彻。有研究认为,相对于常识心理学而言,哲学心理学反而并没有什么价值。常识心理学与普通人的心理生活融为一体,哲学心理学则仅只是安乐椅中关于心灵的玄想。在此,有必要区分西方的哲学心理学和东方的或中国的哲学心理学。中国本土的哲学心理学融通和贯穿了观念形态的探索与体悟印证的功夫。因此,它对人的心理或精神生活的探索,就不仅仅是哲学思辨的观念体系,同时也是心理生活的践行方式。中国本土的哲学心理学对人的内心生活的探索是极为有价值的。

第四节　后现代心理学

后现代心理学是与所谓的后现代社会、后现代思潮、后现代主义相关联

---

① Fodor, J. A. *Psychosemantics*. Cambridge, MA: The MIT Press, 1987, p. 16.
② Stich, S. P. *From Folk Psychology to Cognitive Science*. Cambridge, MA: The MIT Press, 1983.

的心理学发展和心理学探索。从现代到后现代,从现代主义到后现代主义,这成为社会演进和思想演变的重要进程。后现代主义是指一种与现代主义相对应的文化思潮。这一思潮起始于 20 世纪 60 年代的法国和美国。20 世纪 80 年代则风靡了整个西方,并扩展到全世界,成为当今世界盛行的一种综合性思潮。1979 年,法国哲学家利奥塔德(Jean-François Lyotard,1924—1998)出版了《后现代状态》一书,从认识论角度论述了后现代即当今西方社会的文化特征。[①] 实际上,后现代主义思潮是一种既具有多元性又具有某种一致性的思维方式,是一种企图解构和超越现代哲学和文化理念的思想潮流,这集中体现了西方学者对"现代"哲学的强烈不满情绪。实质上,后现代主要不是指时代性意义上的一个历史时期,而是指一种思维方式。这种思维方式以强调否定性、非中心化、不确定性、非连续性和多元性为特征,大胆的标新立异和彻底的反传统、反权威精神是这种思维方式的灵魂。[②]

　　在有的研究看来,"后现代"是相对于"现代"而言的,其具有两重不同而又彼此相关的含义。一是就社会进程与时代特征而言,现代社会是指西方近代以来发展资本主义造就的工业文明社会,现代性则是其经济、政治、社会机制以及启蒙时代确立的以人为主体和以人为中心的理性主义、个体主义、自由主义等基本价值。相对于现代社会和现代性而言,后现代社会与后现代性是指西方工业文明的生活状态、社会机制与文化价值在当代有重大的变迁和转折。二是就文化样态和文化精神而言,现代主义是 19 世纪末 20 世纪初出现在西方的反抗近代资本主义传统价值的非理性主义文化思潮,如尼采哲学、文学艺术中的达达主义、象征主义、未来主义、先锋主义。后现代主义对这种现代主义的文化既有着传接和承袭,也有批判和更新。后现代主义文化有自己的不同的思想主张,其核心的哲学思想是法国的后结构主义和美国的新实用主义。这种哲学思想的基本倾向是反对传统哲学,放弃了对人的主体性的弘扬;反对历史主义,将人类全部文化创造的历程看作是受无意识支配的文化碎片。当然,也有后现代的一些思想家不满于上述

①　姚介厚."后现代"问题和后现代主义的哲学与文化[J].国外社会科学,2001(5):10-17.
②　刘金平.试论后现代主义思潮与后现代心理学[J].河南大学学报(社会科学版),2003(5):43-47.

的摧毁性的思想立场,而提出了建设性的或建构性的后现代思想。①

有研究指出,"现代的"西方心理学显然具有以现代性为特征的问题,这包括:以实证主义为基础的研究思路;以机械论、还原论和自然主义为基础的人性假设;价值无涉为基础的心理学研究的价值中立观点。后现代心理学的观点主要有放弃追求普适性,承认历史性和具体性;批评唯一性,提倡多元性和差异性;坚持心理学的中间学科地位。②

有研究认为,作为后现代主义文化重要组成部分的后现代心理学,不仅在反思现代主义心理学的基础性前提方面提供了批判性的精神资源,而且在认识论、方法论和应用性等方面提供了建设性的思想资源。后现代主义思潮对当代心理学的贡献,主要表现在对现代科学公共知识的进一步约束和完善上。作为后现代思潮的社会建构主义提供了关于知识构成和知识积累的核心假设。这就为理解心理学的知识演变和发展奠定了知识论和认识论的基础。首先,后现代心理学的批判性精神资源能够促进心理学科自身的不断反思与进步。其次,后现代心理学中的建构主义思想在理论上丰富了科学认识论的实质性内容。最后,后现代主义有助于推动心理学界科学知识公共程序的进一步完善。③

有研究认为,倡导心理学后现代转向的心理学研究,都对科学主义心理学的研究法则和理论设定深感不满。这些研究主张用整体论、建构论、或然论、去客观化和定性研究,来取代心理学研究中因袭已久的原子论、还原论、决定论、客观论和定量研究等。这在一定程度上开启了心理学研究多元化、系统化的局面,为心理科学在后现代境遇中真切、多样和系统地研究人的心理与行为提供了可能。后现代的主张与现代的主张的区别和对立在于整体论对原子论,建构论对还原论,或然论对决定论,去客观对客观论,定性研究对定量分析。④

有研究主张,当代西方心理学中存在着现代主义取向与后现代主义取

① 姚介厚."后现代"问题和后现代主义的哲学与文化[J].国外社会科学,2001(5):10-17.
② 刘金平.试论后现代主义思潮与后现代心理学[J].河南大学学报(社会科学版),2003(5):43-47.
③ 霍涌泉.后现代主义能否为心理学提供新的精神资源?[J].南京师大学报(社会科学版),2004(2):86-91.
④ 高峰强.论后现代视界对科学主义心理学研究法则的超越[J].山东师范大学学报(人文社会科学版),2000(4):66-70,76.

向的对立和冲突。冯特以来的西方心理学流派大多属于现代主义的范畴。现代主义体现出来的特征：重视科学价值,强调科学方法;信奉经验主义,强调经验证实;主张个体主义,确立个体地位。后现代主义取向的核心是社会建构主义,其主要特征在于：对现代心理学的理论基础进行批判和解构;把社会建构论当作是自己的认识论基础;促进心理学研究实践的转变,即从重视语言形式向语言的意义和作用的转变,从重视个体中心向关系模型的转变,从重视经验实证向话语分析的转变。尽管现代主义和后现代主义形成了鲜明的对照,但两者也存在着一些共同方面,从而构成超越两者的基础。两种取向的超越需要以科学实在论作为元理论的基础,并需要双方的互补、合作和开放的态度。超越两种取向的对立的关键,就在于双方能够采取合作的态度。事实上,持有两种不同取向的心理学家已经意识到彼此相互理解、相互沟通和相互合作的重要意义,认识到相互吸收、坦诚合作对双方都有益。两种取向的超越需要在方法论上持开放的观点。①

有研究指出,后现代心理学包含着许多十分不同的理论体系,如社会建构论心理学、话语心理学、叙事心理学、女性主义心理学、多元文化心理学,等等。其中,社会建构论心理学是处于中心的地位。这些理论观点以对西方现代主义心理学的解构和重构为特征而维系在一起,共同构成了西方心理学中的后现代主义取向。后现代心理学主张心理的社会建构性,强调互动的基础作用,关注话语的建构中介意义,坚持问题中心主义的多元方法论。②

后现代心理学破除了心理学封闭的边界,开放了心理学研究的空间,容纳了心理学丰富的资源,形成了心理学多元的探索。当然,这也给心理学带来了相对主义的知识论、"怎么都行"的无原则、价值尺度的模糊、科学理性的矮化、怀疑主义的盛行和语言游戏的摆弄。

① 叶浩生.西方心理学中的现代主义、后现代主义及其超越[J].心理学报,2004(2):212-218.
② 况志华,叶浩生.当代西方心理学的三种新取向及其比较[J].心理学报,2005(5):702-709.

第七章　心理学的科学观问题

在心理学的学术研究和学科发展中,存在着不统一的危机和多元化的现实。面对文化潮的兴起和后现代的氛围,心理学需要去扩展自己的研究视野,变革自己的科学理念,界定自己的科学含义,以及定位自己的研究路径。这就是心理学的科学观问题。心理学的科学观涉及心理学的科学身份、学科角色、科学定位、学科追求、科学联袂和学科组合。

第一节　心理学的分裂

科学形态的心理学从诞生起就不是统一的科学门类。心理学能否成为统一的科学,是心理学发展面对的重大问题。心理学并没有放弃过统一的努力,但至今这仍然是个无法实现的梦想,因为没有从心理学的科学观上去追究不统一的根源。心理学从近代自然科学中直接继承了一种科学观——实证科学观,可将其称为心理学的封闭的科学观。心理学的新科学观应该是开放的科学观,心理学走向成熟也在于能够拥有自己的开放的科学观。心理学的开放的科学观会带给心理学一个大视野。这不是要铲除而是要超越封闭的心理学观,从而使心理学全面改进自己的研究目标和研究策略,重新构造自己的研究方式和理论内核,以全面深入地揭示人类心理,以有力有效地参与到社会发展和人类进步的事业中。心理学统一的努力应是建立统一的科学观。

科学形态的心理学自起点始就流派众多,观点纷杂,一直处于四分五裂和内争不断之中。心理学的不统一体现在学科发展的许多方面。理论的不统一涉及心理学拥有互不相容的理论框架、理论假设、理论建构、理论思想、理论主张、理论学说、理论观点，等等。方法的不统一涉及心理学的研究采纳了各种各样的研究方法，而且方法与方法之间有相当大的差异和分歧。技术的不统一涉及心理学进入现实社会、干预心理行为、引领生活方式、提供实用手段的途径和方式的多样化。其实，心理学的不统一不在于多样化，而在于多样化形态和方式之间的相互排斥与倾轧。这使得心理学内部争斗不断。随着心理科学的进步、发展和成熟，促进心理学的统一就成为重大的问题。①②③④

任何的研究都是有立场的。研究总是从特定的起点出发，从特定的视角入手，从特定的思考开始，所以心理学研究也是有立场。心理学的理论、方法和技术都会由于立场的区别而千差万别。心理学的研究立场有时被描述为心理学的研究取向，这决定了关于研究对象和研究方式的理解。心理学最根本的分裂是研究取向分裂为科学主义的和人文主义的，或是实证论的和现象学的。这两种取向相互对立、相互竞争，构成现代心理学发展和演变的独特景观。⑤ 西方科学心理学的发展并不是统一的历程，而一直处于四分五裂的境地。最根本的就是实证立场与人文立场的分歧。⑥ 关于研究对象的理解，实证立场的心理学持有的是物理主义的世界图景。关于研究方式的理解，实证立场的心理学运用的是实证论的研究方式。实证取向的心理学走的是自然科学的道路，这也是西方心理学的主流。主流心理学家力图把心理学建成自然科学的一个分支。这采纳的是传统自然科学得以立足的理论基础，即物理主义和实证主义。物理主义是有关世界图景的一种基本理解，实证主义则是有关知识获取的一种基本立场。这形成了主流心理学对研究对象的理解，以及对研究方式的主张。关于研究对象的理解，人文立场的心理学持有的是人本主义的世界图景。关于研究方式的理解，人文立场的心理学运用的是现象学的研究方式。人文取向的心理学走的是人文科学的道路，是西方心理学的非主流。非主流的心理学家力图使心理

① 叶浩生. 论心理学的分裂与整合[J]. 陕西师范大学学报(哲学社会科学版),2002(6)：105-112.
② 叶浩生. 心理学的分裂与心理学的统一[J]. 心理科学,1997(5)：469-470.
③ 徐冬英. 心理学的分裂与统一研究述评[J]. 徐州师范大学学报(哲学社会科学版),2005(5)：124-128.
④ 韩立敏. 心理学分裂的危机及整合的道路[J]. 河北师范大学学报(教育科学版),2001(4)：57-62.
⑤ 葛鲁嘉. 新心性心理学宣言——中国本土心理学原创性理论建构[M]. 北京：人民出版社,2008.
⑥ 叶浩生. 西方心理学中两种文化的分裂及其整合[J]. 心理学报,1999(3)：349-356.

学摆脱自然科学的专制,使心理学的发展立足人道主义和现象学的理论基础。人道主义是有关人的基本理解,现象学则是获取有关人的知识的一种基本立场。这形成了非主流心理学对心理学研究对象的理解,以及对心理学研究方式的主张。

目前,心理学发展的最重要的努力就是科学化和统一化,以使心理学成为一门统一的科学门类。心理学成为独立的科学门类之后,统一心理学就成为一个重大的学术目标。关于如何才能统一心理学,心理学家之间存在重大的分歧。在心理学的发展史上,出现过各种不同的统一尝试。①②③其实,心理学统一的核心问题是心理学的科学观问题。正是心理学科学观的差异导致对什么是科学心理学的不同认识和理解。心理学的科学观涉及心理学科学性质的范围和边界,心理学研究方法的可信和有效,心理学理论构造的合理和合法,心理学技术手段的适当和限度等。心理学科学观的建构关系到研究目标和研究策略的制定和实施。心理学的发展应该确立起大心理学观,或心理学的大科学观。④ 这可以使心理学从实证主义的小科学观中解脱出来,从而容纳不同的心理学探索。所以,心理学统一的努力应是建立统一的科学观。⑤

显然,心理学的分裂限制了心理学的发展,心理学的统一则促进了心理学的进步。统一的方案可以各有不同,但统一的努力却是共同的。关键在于心理学能够容纳不同性质、类型和形态的探索,同时还保证心理学能够拥有解说、阐释、干预和创造的功能。

第二节　多元化的研究

心理学中的多元文化论认为,心理学就其本质来讲是西方主流文化的

---

①　冯大彪,刘国权. 从类哲学看心理学的分裂与统一[J]. 山西师大学报(社会科学版),2007(3):23-27.
②　叶浩生. 思维方式的转变与心理学的整合[J]. 南京师大学报(社会科学版),1999(1):78-82.
③　彭运石. 心理学的整合视野[J]. 湖南师范大学教育科学学报,2002(1):107-112.
④　葛鲁嘉. 大心理学观——心理学发展的新契机与新视野[J]. 自然辩证法研究,1995(9):18-24.
⑤　葛鲁嘉. 心理学的科学观与统一观[J]. 吉林大学社会科学学报,1996(3):1-6.

产物,因此,应该摆脱心理学对西方主流文化的单一依赖性,把心理学的理论和实践建立在多元文化论的基础上,建立一种多元文化的心理学。① 西方心理学中的多元文化论思潮被称为继行为主义、精神分析和人本主义心理学之后心理学中的第四力量,或心理学的第四个解释维度。②

在心理学的研究中,有所谓的普适主义,也可称之为通用主义。这是主张在心理学的研究中,寻求单一的研究原则和研究标准,追求普遍适用的方法和技术,强调对心理行为的唯一描述和解说。这成为心理学研究的支配性的与核心性的通则。那么,从反对心理学的普适主义出发,多元文化论的持有者和传播者也对西方心理学中的民族中心主义的一元文化论(ethnocentric monoculturalism)提出了强烈的批评。民族中心主义的一元文化论显然是从自己的民族或种族的文化背景出发,以自身的标准衡量和判断来自其他文化条件下的人。这种文化霸权主义必然会扼杀本应丰富多彩的世界心理学。多元文化论以文化为中心的观点,促进了心理学家对行为与产生这种行为的文化环境之间的关系的认识,促使心理学家重视行为与本土文化关系的研究,强调心理学研究要紧密联系本土文化的实际,考虑本土文化的特殊需要,研究本土特殊文化条件下的人的心理特征等。这就有助于心理学与社会文化建立紧密联系,对于心理学在世界范围内的发展有着积极的意义。③

有研究认为,无论是单一的西方文化还是单一的东方文化,都无法独立地解决目前心理学面临的问题,必须在全球化与本土化互动之间重新建构一种多元文化的现代心理学观。一是西方科学心理学已经面临重重危机,从其文化自身内部无法根本地加以解决,一些西方心理学家也已明显地意识到这一问题,并开始关注文化的影响。二是心理学本土化运动的兴起既是对西方科学心理学的反叛,更是一种心理学基础和心理学研究多元化的启示和补充。三是全球化时代的到来使不同文化之间的交流成为可能,为建构多元文化的现代心理学观提供了历史的契机。但是,与此同时也出现

① 叶浩生.关于西方心理学中的多元文化论思潮[J].心理科学,2001(6):680-682.
② Pedersen, P. (Ed.). *Multiculturalism as a Fourth Force*. Washington, DC: Taylor Francis, 1999.
③ 叶浩生.关于西方心理学中的多元文化论思潮[J].心理科学,2001(6):680-682.

了一些新的问题,这些问题用单一文化已经很难解释(如有关移民的文化适应问题),因此就非常迫切地需要一种多元文化的心理学观。四是后现代思潮和多元文化论的影响。后现代心理学秉承后现代的思想精神和理论精髓,试图解构现代科学心理学的中心化地位和合法性身份,倡导从文化、历史、社会和环境诸方面考察人的心理和行为,提倡研究视角的多样化和研究方法的多元化,反对把西方白人的主流文化看成是唯一合理和正确的,强调所有的文化群体和各种类型的文化价值观的平等性。这些观点为建构一种多元文化的心理学观提供了理论上的支持。①

在有的研究看来,多元文化论与本土心理学是完全可以在人类心理学的理论前景中相遇的。这种相遇至少包含三种历史的和逻辑的根源。第一,多元文化论与本土心理学都是心理学文化转向的组成部分。第二,本土心理学尚缺乏坚实的理论基础,多元文化论则缺乏现实的知识支撑。第三,文化的特殊性与文化的多样性之间的内在逻辑关联,将多元文化论与本土心理学变成一个问题。两者不得不面对根本上相同的问题。这一问题表达为互相牵制的两个方面:一方面,心理学必须同时考虑多元化、多样化的文化现实,因而不能陷入任何形式的文化中心主义;另一方面,心理学必须面对和表达文化的特殊性,即必须能够居于特定文化的主位立场。这两个方面的辩证统一,逻辑地要求某种"去文化"的多元文化论立场。对于本土心理学来说,这种立场意味着元理论的文化基础;对于多元文化论来说,这种立场则是知识学的具体途径。正是在这个意义上,"去文化"的多元文化论,可能意味着心理学中某种研究范式或知识类型的转移。②

其实,在心理学的研究中,多元文化主义心理学的出现,给了心理学发展演变一个重要的转机。心理学的发展不再具有唯一的标准和尺度,也不再具有唯一的根源和基础。多元文化纳入心理学的研究视野,多元文化成为心理学的研究基础,多元文化汇入心理学的研究内容,这都在各个层面上改变了心理学的研究进程。这凸显了文化的存在、文化的价值、文化的功能

---

① 陈英敏,邹丕振.在全球化与本土化之间:建构一种多元文化的现代心理学观[J].山东师范大学学报(人文社会科学版),2005(3):132-135.
② 宋晓东,叶浩生.本土心理学与多元文化论——在人类心理学理论前景中的相遇[J].徐州师范大学学报(哲学社会科学版),2008(1):112-116.

和文化的作用。

第三节　心理学的视野

　　心理学的科学观是对如何建设和发展心理科学的基本认识,这决定着心理学家所确定的研究目标,以及为达成目标而采取的研究策略。这体现在这样一些问题的解决上:什么是心理科学? 什么是心理学的研究对象? 怎样确定心理学的研究方法? 怎样构造心理学的理论知识? 怎样干预人的心理现象或心理生活? 正是心理学的科学观构成了心理学家的视野,决定了心理学家的胸怀。

　　在心理科学的开创和发展中,占主导和支配地位的科学观是小心理学观。这是从近代自然科学传统中沿袭而来的,并广泛渗透到了心理学家的科学研究之中。小心理学观在实证的(即科学的)与非实证的(即非科学的)心理学之间划定了截然分明的边界,心理学要想成为科学,就必须把自己限制在边界之内。实证的心理学是以实证方法为核心建立起来的,把客观观察和实验作为有效产生心理学知识的程序。实证研究强调完全中立地、不承担价值地对心理或行为事实的描述和说明。实证心理学的理论设定是从近代自然科学承继的物理主义和机械主义的世界观。这都大大缩小了心理学的视野。

　　科学心理学以小心理学观来确立和约束自己,就在于其发展还处于幼稚期。这与其说是为了保证心理学的科学性质,不如说是为了抵御对心理学不是一门严格意义上的实证科学的恐惧。但是,这种小心理学观正在衰落和瓦解,重构心理学的科学观已经成为心理科学十分重要的基础性工作。心理学的发展已经进入迷乱的青春期,并正在经历寻找自己道路的成长的痛苦。

　　心理学的新科学观应该是大心理学观,心理学走向成熟也在于能够拥有自己的大心理学观。所谓大心理学观,不是要否定心理学的实证性质,而是要开放实证心理学自我封闭的边界。大心理学观不是要放弃实证方法,而是要消除实证方法的核心地位,使心理学从仅仅重视受方法驱使的实证资料的积累,转向也重视支配方法的使用和体现文化的价值的大理论建树。大心理学观也将改造深植于实证心理学研究中的物理主义和机械主义的理论内核,使心理学从盲目排斥转向广泛吸收其他心理学传统的理论营养。大心理学观无疑会拓展心理学的视野。①

大心理学观已经在一些心理学理论探索中得到了体现。行为主义是小心理学观的典型代表。行为主义者斯金纳(Burrhus Frederic Skinner, 1904—1990)曾认为,相比较于人对外部世界的了解和控制,人对自身的了解和控制是微乎其微和微不足道的,主要的原因就在于那种心理主义的推测和臆断。② 然而,脑科学家斯佩里却认为,心理学新的心理主义范式使心理学改变了对内在心理意识的因果决定的解释。传统的解释是还原论的观点,即通过物理的、化学的和生理的过程来说明人的心理行为。新的心理主义范式则是突现论的观点,即人的内在心理意识是低级的过程相互作用突现的性质,它反过来对于低级的过程具有制约或决定作用。斯佩里十分乐观地认为,心理主义范式在于试图统一微观决定论与宏观决定论、物理与心理、客观与主观、事实与价值、实证论与现象学。③

在心理学研究对象方面,小心理学观未能带来对研究对象的完整认识,从而未能提供对人类心理的全面理解。大心理学观则有助于克服那种切割、分离和遗弃,有助于提供人类心理的全貌。在心理学研究方法方面,小心理学观强调方法的客观性和精致化,强调以方法为标尺和核心。大心理学观倡导方法与对象的统一,鼓励方法的多样化;倡导方法与思想的统一,突出科学思想的地位。在心理学理论建设方面,小心理学观导致十分严重的理论贫弱和难以弥补的理论分歧。大心理学观则有助于推动心理学的理论建设,从而容纳多元化的理论探讨,强化对各种理论框架的哲学反思,以促进不同理论基础间的沟通。在心理学应用方面,小心理学观使心理学与日常生活相分离和有距离,并通过技术应用来跨越这一距离。大心理学观则在此基础上倡导缩小和消除心理学与日常生活的距离,使心理学透入人

---

① 葛鲁嘉. 大心理学观——心理学发展的新契机与新视野[J]. 自然辩证法研究,1995(9). 18 - 24.
② 斯金纳. 超越自由与尊严[M]. 王映桥,等,译. 贵阳:贵州人民出版社,1988:3.
③ Sperry, R. W. Psychology's mentalist paradigm and the religion/science tention. *American Psychologist*, 1988(8), 607 - 613.

的内心的应用方式,以扩展心理学的应用范围。

关于心理学观或者关于心理学科学观的转换,也引起了争论和分歧。有学者并不理解和认可这种心理学观的理念,也有学者反对这种关于心理学的科学观的认识和理解。有学者宁可从西方文化传统和西方哲学流派中去寻求心理学统一的解决方案。例如,就有学者不赞同大心理学观的主张,认为所谓的大心理学观,"此说一则失之笼统含糊,如何才是'大科学观'?令人费解;二则亦未能妥善解决心理学中主观与客观的争执,人文主义与科学主义的对立"。该研究提出的关于心理学统一的观点在于,所谓统一的心理学,应当包括三个层次的研究模式。一是传统的、狭义的诠释研究,着重个案的、质化的分析,其目的是达到对具体的、个人的、临时的对话事件的理解;二是实证的诠释研究,重在抽象、定量的分析,以求作出具有普遍意义的推论和预测;三是广义的诠释研究,则综合了以上两种研究策略,即针对同一或同样的心理现象,同时采取个案的、质化的和抽样的、量化的研究策略,既要具体的、个人的现象的丰富性和生动性,又要科学的抽象、量化、推论与预测;既要避免个案研究的局限,又要防止实证的抽象推论造成对人类经验的割裂和肢解。①

其实,该研究并没有真正理解和确切把握小心理学观的"小"的含义或者大心理学观的"大"的含义。有部分学者根本就不赞同小心理学观和大心理学观的划分。其实,"小"与"大"的划分,"封闭"与"开放"的划分,都是为了开放心理学学科的门户。大心理学观就是开放的心理学观,是为了破除西方实证心理学的自我封闭的边界,是为了解决心理学的不统一的问题,是为了克服西方心理学的主客分离,是为了能够在心道或心性一体的基础上,实现中国本土心理学的理论创新,进而实现心理学在新的基础上的统一。

总之,心理学开放的科学观会带给心理学一个更开放的视野。这不是要否认西方实证主义心理学的科学贡献,不是要推翻现有的心理学的科学建构,不是要铲除现有的实证主义心理学的学术积累,而是要超越自我封闭的心理学观,开放心理学的学科边界,从而使心理学全面改进自己的研究目标和研究策略,重新构造自己的研究方式和理论内核,以系统深入地揭示人

---

① 童辉杰. 广义的诠释论与统一的心理学[J]. 南京师大学报(社会科学版),2000(4):69-75.

类心理和行为的本性,以大力有效地参与社会发展和人类进步的事业。

第四节　科学观的变革

　　心理科学在一百多年的发展中一直患有较为严重的"体虚症",其主要原因在于缺乏必要的理论建设。这不仅影响到心理学自身的迅速成长,而且影响到心理学在人类生活中所能发挥的作用。但是,在近一段时期里,心理学迎来了一个有利于其理论突飞猛进的发展契机,关键是心理学家必须相应地改变自己的封闭的心理学观,而拥有一种开放的心理学观。

　　心理学从来就没有摆脱危机的困扰,而心理学最严重的危机就在于,心理学从来没有成为一门统一的学科或学问。当代心理科学的发展同样面临这种不统一的危机,而且这种不统一在心理学的发展和成长的进程中正在变本加厉和不断恶化。

　　一些心理学家对当代心理学的支离破碎和形同散沙深感忧虑。斯塔茨曾经痛陈心理学的这种"不统一的危机"。他认为,除非统一整个心理学,否则心理学就不可能被认为是一门真正的科学。[①] 正如斯塔茨所说的,心理学具有现代科学的多产的特征,却没有能力去整合自己的研究发现。结果是越来越严重的分歧,形成了越来越多的毫无关联的问题、方法、发现、理论语言、思想观点和哲学立场。心理学拥有如此之多的知识要素,以及如此之多的相互怀疑、对立争执和彼此嫌弃,使得心理学面临的最大问题就是得出一般的理论。混乱的知识,也就是没有关联、没有一致、没有协同、没有组织的知识,并不是真正有效的科学知识。心理学作为一门科学的地位,在很大程度上便取决于心理学统一的程度。或者,心理学要想被当成是一门真正的科学,就必须成就严密的、关联的、一致的知识。显然,不统一的危机已经带来对心理学的科学性质的怀疑。

　　实际上,心理学并没有放弃过统一的努力,但至今这仍然是个无法实现

---

① Staats, A. W. Unified positivism and unification psychology. *American Psychologist*, 1991, 46(9), 899–912.

的梦想。问题在于,这没有从心理学的科学观上去追究不统一的根源。心理学从哲学怀抱中脱离出来成为独立的实证科学之后,就一直以成熟的自然科学学科为偶像。它从近代自然科学中直接继承了实证科学观,可将其称为心理学封闭的科学观。封闭的心理学观力求把心理学建设成为一门纯粹的自然科学,并以此来划定科学心理学与非科学心理学的界线,从而把心理学限定在了一个非常狭小的边界里。封闭的心理学观与其说是统一心理学的保障,不如说是心理学不统一的隐患。甚至可以说,心理学以封闭的科学观来统一自己,统一就永远是个梦幻。心理学不放弃自己的封闭的心理学观,就不会成为统一的科学门类。

封闭的心理学观体现为崇拜实证方法或实验方法,把实证方法看作心理学研究的核心。心理学的理论知识来自实证方法,并接受实证方法的检验。科学心理学的诞生,通常是以德国心理学家冯特 1879 年在莱比锡大学建立心理学实验室为标志。这反映了以实证方法为核心的主张,结果使心理学的研究方法不断地精致,但研究问题的水平却不断地下降。封闭的心理学观还体现为反哲学的倾向,这割断了心理学与哲学的天然联系,使心理学失去了对自己的理论基础的关注和研讨。然而,封闭的心理学观本身却从近代自然科学中继承了物理主义和实证主义的理论框架。只不过,这一理论框架是隐含的,而不是明确的。

正因为封闭的心理学观重方法和轻理论,心理学家重视实证资料的积累,贬低理论构想的创造,导致了心理学极度膨胀的实证资料与极度虚弱的理论建设之间的反差日益增大。应该说,心理学发现的支离破碎与心理学缺乏理论建设是两个相关联的问题。自从美国科学哲学家库恩指出,成为科学在于形成科学共同体所共有的统一的理论范式,许多心理学家才开始意识到理论基础的重要性。① 从心理学发展史来看,以物理学为样板,以封闭的心理学观为引导,去建立统一的心理科学的努力是不成功的。行为主义心理学是个典型的例子,其不仅无力涉及人类心理的广阔领域,也无法容纳关于人类心理的已有研究成果。实证心理学由于自己的科学观的狭隘,而给其他的心理学探索留下了余地,使之保留了独特的生机。不同的心理

---

① 叶浩生.西方心理学研究新进展[M].北京:人民教育出版社,2003:87-90.

学探索涉及人类心理的不同方面和侧面,共同提供了人类心理的更完整的图景。问题在于,如何才能在一个新的基础上消除心理学四分五裂和科学性质的危机。目前,已经有了关于西方心理学的分裂与整合主义困境的考察,①有了关于西方心理学的分裂与整合的思考,②有了针对心理学的分裂与整合的探讨。③ 无论是西方心理学的分裂与整合,还是整个心理学的分裂与整合,都需要去追踪导致这种分裂和消除这种分裂的根源。心理学的科学观就会进入理论心理学研究的视野。心理学科学观的偏差和问题就是导致西方心理学或整个心理学分裂的根源,心理学科学观的反思和重构也是最终能够消除分裂和寻求统一的出路。

① 叶浩生.西方心理学的分裂与整合主义的困境[J].南京师大学报(社会科学版),2002(4):102 - 109.
② 叶浩生.有关西方心理学分裂与整合问题的再思考[J].心理学报,2002(4):431 - 436.
③ 叶浩生.再论心理学的分裂与整合[J].心理学探新,2000(2):3 - 7.

第八章　心理学的核心课题

　　心理学在发展和演变过程中,在变革和完善进程中,都会面对一系列的核心课题。可以说,对这些课题的研究和探索能够为心理学带来新的局面,也能够给心理学注入新的动力,还能够给心理学提供新的思路。这些核心课题包括心理学的问题中心、心理学的方法中心、心理学的技术中心、心理学的统一问题、心理学的价值问题和心理学的资源问题。

第一节　心理学的问题中心

　　心理学的研究应该以问题为中心,还是应该以方法为中心,这是决定心理学发展的非常重要的理论问题,也是心理学发展面临的非常重要的现实问题。问题中心和方法中心一直就是衡量或评判心理学研究的重要尺度。

　　在心理学发展和演变的过程中,有过问题中心主义占有支配地位的时期。在这样的时期,衡量心理学研究是否具有价值和意义的最根本的尺度,就是看心理学研究着眼的问题和解决的问题。心理学的研究就是为了发现和解决心理行为的问题。能够确定心理的问题,能够解决心理的问题,是心理学存在的价值。相对于心理学要考察的问题来说,方法和技术都是附属性的,都是为解决问题服务的,心理学的研究应该以问题为中心。

　　心理学的研究以问题为中心和心理学研究的问题中心主义是有区别的。心理学研究以问题为中心指的是心理学研究的主要目的是针对问题的,是为了解决人的心理行为问题,是从问题出发的。心理学研究持有的问题中心主义则是指心理学的研究以问题或以解决问题替代了方法的重要性,取消了方法的规范性,忽视了方法的科学性。心理学的研究应该强调问题中心,但是应该反对问题中心主义。而且,心理学的研究更应该警惕以反对问题中心主义来取消问题中心。

心理学的研究以问题为中心,说明心理学研究最重要的是发现、提出和确定最有意义、最有价值、最具重要性、最具合理性的问题。能否做到还取决于心理学研究者的研究修养、研究素质和研究积累,也取决于心理学研究者的学术视野、学术鉴别力和学术定位。所以,心理学的理论修养、理论造诣是心理学家非常重要的基本功。这是学术研究的起点,也是学术研究的定向,也是学术研究的核心。甚至,心理学研究提出好的问题会决定心理学的长期发展。因此,提出理论假设的能力,进行理论建构的能力,决定了心理学研究者的学术命运和学术前途。

心理学家提出研究的问题可以表现在两个重要方面。一个是发现人的心理行为的重要方面、核心方面和关键方面,从而带动对人的心理行为一系列更全面更深入的理解;一个是发现心理学知识体系和理论构成中的重大问题、核心问题和关键问题,从而提供新的理论设想、理论建构和理论概念。其实,无论是心理行为的问题还是学科研究的问题,其解决都是心理学的学术研究的任务。

尽管在心理学的研究中,心理学重视过问题的提出和解决,但是在心理学研究方法成为研究者关注的焦点之后,心理学的问题意识曾出现过弱化。问题意识的弱化导致的严重后果就在于,心理学的研究提不出重要的研究问题,而是纠缠在方法和技术的细节之中,迷失在工具和手段的迷宫之中。

第二节　心理学的方法中心

在心理学的研究中,问题中心与方法中心是相互对立的、彼此对应的。有的研究主张心理学的研究应该以方法为中心,有的研究主张心理学的研究应该以问题为中心。这成为心理学发展中延续了很长时间的论争。

美国人本主义心理学家马斯洛曾经考察了科学研究中的问题中心与方

法中心。在他看来,方法中心就是认为科学的本质在于仪器、技术、程序、设备和方法,而不在于疑处、问题、难点、功能和目的。持方法中心论的科学家往往不由自主地使自己的问题适合自己的技术,而不是相反。方法中心论的另一个强烈倾向是将科学分成等级。在这个等级中,物理学被认为比生物学更科学,生物学又比心理学更科学,心理学则又比社会学更科学。只有依据技术的完美、精确和成功,才可能设想这样一个等级。其实,分离不同的科学等级是非常有害的。方法中心论往往过于刻板地划分科学的各个部门,并在门类之间筑起高墙,使其分属彼此分离的疆域。科学中的方法中心论在科学家与其他寻求真理的人之间,在理解问题和寻求真理各种不同方法之间制造了巨大的分裂。方法中心通常不可避免地产生一种科学上的正统,并因此而划分和制造出异端。①

在心理学的研究或发展历程中,方法中心和问题中心是两种不同的立场和主张。所谓的方法中心是指,在心理学的研究中能够起决定作用的、能够引导研究的是方法。心理学研究是不是科学的,要看是否采用了科学的方法。方法的性质决定了心理学研究的性质。所谓的问题中心是指,在心理学的研究中能够起决定作用的、能够引导研究的是问题。问题的确定和解决决定了心理学研究的性质。心理学研究是不是科学的,要看提出问题和解决问题的科学性。

在科学心理学诞生和发展的过程中,方法中心主义曾占有支配的地位。在此期间,心理学研究的性质就以运用了什么方法作为衡量的标准,就以是否运用了科学的方法来决定。例如,在科学心理学发展史的研究中,就有这样的主张和观点。通常认为,德国心理学家冯特在德国莱比锡大学建立了世界上第一个心理学实验室,这是科学心理学诞生的标志。心理学运用实验的方法,使心理学摆脱了哲学的思辨,成为了现代意义上的科学。在心理学的研究中是否运用了科学的方法,就成为心理学研究是否科学的根本标准。

心理学的研究以方法为中心和方法中心主义也是有所不同、有所区别的。以方法为中心强调心理学的研究应该把方法的合理性、科学性和适用

---

① 马斯洛.科学中的问题中心与方法中心[M]//动机与人格.北京:华夏出版社,1987:14-22.

性放在重要位置上,保证心理学研究可以通过科学的方法来有效地揭示和解释人的心理行为。方法中心主义则是在心理学研究中把方法放置在决定性的位置上,方法的合理性和科学性决定了心理学研究的合理性和科学性,进而在心理学研究中,研究的中心和重心就放置在了方法的规范化和精致化上,而忽视了问题的重要性和合理性,忽视了理论建构的核心性和创造性。应该说,方法中心主义给心理学的研究和发展带来了严重的负面影响,使心理学的研究长期排斥和脱离理论的根基和理论的建构。这使心理学重视的是对心理的描述,而轻视对心理的解释。问题中心主义与方法中心主义的对立和对抗,使得心理学研究一直处在分庭抗礼和残缺不全的状态之下。

第三节　心理学的技术中心

关于现代科学心理学的不同研究类别和研究类别的不同排列顺序,可以有不同的设想和设计,这决定了心理学研究的定位和发展。在科学心理学的研究中,原有的关于研究顺序的理解和认识曾经给心理学带来了促进,但也一直给心理学带来了阻碍。所以,重要的是了解原有的研究顺序,并且给出应有的研究顺序。

在心理学的研究和演变中,心理学的理论研究、方法研究和技术研究的顺序,曾经有过不同的变化。首先是理论、方法和技术的顺序。在这个顺序中,理论占有首要的位置或支配的地位。理论的范式、理论的框架、理论的假设、理论的主张、理论的观点等,成为心理学研究的核心部分。其次是方法、理论和技术的顺序。在这个顺序中,方法占有首要的位置或支配的地位。方法的性质、方法的构成、方法的设计、方法的运用、方法的评判等,成为心理学研究的支配部分。在这样两个不同甚至对立的心理学研究类别的顺序排列中,技术都处在最末的位置上。显然,技术被认为具有附属的性质,具有从属的地位。这在心理学的当代发展中是应该受到颠覆的。

心理学研究应有的顺序是技术、理论和方法。这是技术优先的思考。心理学研究的技术优先,重视的是心理学研究中的价值定位、需求拉动、问题中心、效益为本。价值定位是指在心理学的研究中,研究者和研究者的研究都应该拥有其非常明确的价值取向。在原有的实证主义心理学的研究中,是主张价值中立的,或者是价值无涉的。研究者必须在研究中持有客观中立的立场。但是,技术中心则必然要有价值的取向。需求拉动是指心理学的研究是人的现实生活的需要拉动的。其实,越是发达的社会,越是高质量的生活,就越是重视人的心理生活,就越是重视人的心理生活的质量。满足人的需求,满足人的心理需求,是心理学研究的根本目的。问题中心是指,心理学的研究必须以确定问题、研究问题、解决问题作为自己的核心。效益为本则是指,心理学的研究必须考虑自己的投入和产出,即怎么样以最少的投入获得最大的收益。在技术、理论和方法的顺序中,技术是由理论支撑的,理论是由方法支撑的。因此,所谓的技术优先也并不是脱离了理论和方法的单纯的技术研究。

心理学研究关于心理学研究对象的理解或定位,应该有一个重大的或根本的转变。这就是从以心理现象作为心理学的研究对象转向以心理生活作为心理学的研究对象。心理现象是已成的存在,心理生活则是生成的存在。人的心理生活是创造性生成的过程,是人建构出来的结果。关于心理现象的研究是建立于心理学研究中研究对象与研究者的绝对分离。研究者通过自己的感官观察而得到的就是心理现象。关于心理生活的研究则是建立于心理学研究中研究对象与研究者的相对统一。研究者就是生活者。生活者通过自己的心灵自觉来把握、体验和创造自己的内心生活。[1] 对于心理生活来说,最重要的就是生活规划、规划实施和实施评估。人的心理生活是以创造为前提的,或者人的心理生活是人自主创造出来的。

人的心理不是自然天生的,不是遗传决定的,也不是固定不变的;人的心理是后天形成的,是创造出来的,也是生成变化的。把人的心理看作是已成的存在与看作是生成的存在,这有着根本的不同或区别。所以,心理学的研究不应该着重于已成的存在,而应该着重于生成的存在。或者,人的心理意识不仅是已成的存在,而且更重要的是生成的存在。心理学的研究不应该仅仅着重于已经存在的心理行为,而更应该着重于创造生成的心理行为。

---

[1] 葛鲁嘉.心理生活论纲——关于心理学研究对象的另类考察[J].陕西师范大学学报(哲学社会科学版),2005(2):112-117.

心理科学通过生成或创造心理生活而揭示和阐释心理生活。心理科学促使生成的和创造的心理生活，才会是合理的和优质的心理生活。

第四节　心理学的统一问题

科学形态的心理学从诞生起就不是统一的科学门类。从哲学中独立出来的心理学流派众多，观点纷杂，一直处于四分五裂和内争不断之中。心理学能否成为统一的科学，是心理学发展面对的重大问题。心理学的不统一体现在学科发展的许多方面。理论的不统一涉及心理学拥有互不相容的理论的框架、假设、建构、思想、主张、学说、观点等。方法的不统一涉及心理学的研究采纳了各种各样的研究方法，而且方法与方法之间有相当大的差异和分歧。技术的不统一涉及心理学进入现实社会、干预心理行为、引领生活方式、提供实用手段的途径和方式的多样化。其实，心理学的不统一不在于多样化，而在于多样化形态和方式之间的相互排斥和倾轧，这使得心理学内部争斗不断。随着心理科学的进步、发展和成熟，促进心理学的统一就成为重大问题。

任何的研究都是有立场的，研究总是从特定的起点出发，从特定的视角入手，从特定的思考开始，所以心理学研究也是有立场的。心理学的理论、方法和技术都会因立场的区别而千差万别。心理学的研究立场有时被描述为心理学的研究取向。这决定关于研究对象和研究方式的理解。心理学最根本的分裂是研究取向分裂为科学主义的和人文主义的，或是实证主义的和现象学的。这两种取向相互对立、相互竞争，构成现代心理学发展和演变的独特景观。① 西方科学心理学的发展并不是统一的历程，而一直处于四分五裂的境地。最根本的分裂或最核心的不统一，就是实证与人本的分歧。②③④⑤ 关于研究对象的理解，实证立场的心理学持有物理主义的世界

① 葛鲁嘉. 心理文化论要——中西心理学传统跨文化解析[M]. 大连：辽宁师范大学出版社,1995：51.
② 车文博. 西方心理学史[M]. 台北：东华书局,1996：643.
③ 叶浩生. 西方心理学的历史与体系[M]. 北京：人民教育出版社,1998：622-623.
④ 郭本禹. 当代心理学的新进展[M]. 济南：山东教育出版社,2003：180-181.
⑤ 叶浩生. 西方心理学研究新进展[M]. 北京：人民教育出版社,2003：113-116.

图景。关于研究方式的理解,实证立场的心理学运用实证主义的研究方式。实证取向的心理学走的是自然科学的道路,这也是西方心理学的主流。主流心理学家力图把心理学建成自然科学的一个分支。研究采纳的是传统自然科学得以立足的理论基础,即物理主义和实证主义。物理主义是有关世界图景的一种基本理解,实证主义则是有关知识获取的一种基本立场。这形成了主流心理学对研究对象的理解,以及对研究方式的主张。关于研究对象的理解,人文立场的心理学持有人本主义的世界图景。关于研究方式的理解,人文立场的心理学运用现象学的研究方式。人文取向的心理学走的是人文科学的道路,是西方心理学的非主流。非主流的心理学家力图使心理学摆脱自然科学的专制,使心理学的发展立足人本主义和现象学的理论基础。人本主义是有关人的基本理解,现象学则是获取有关人的知识的一种基本立场。这形成了非主流心理学对心理学研究对象的理解,以及对心理学研究方式的主张。

目前,心理学发展的最重要的努力就是科学化和统一化,以使心理学成为一门统一的科学门类。心理学成为独立的科学门类之后,统一心理学就成为一个重大的学术目标。在心理学发展史上,出现过各种统一的尝试。如何才能统一心理学,心理学家之间有着重大的分歧。其实,心理学统一的核心问题是心理学的科学观问题。正是科学观的差异导致了对什么是科学心理学的不同认识和理解。心理学的科学观涉及心理学科学性质的范围和边界,心理学研究方法的可信和有效,心理学理论构造的合理和合法,心理学技术手段的适当和限度等。心理学科学观的建构关系到研究目标和研究策略的制定和实施。心理学的发展应该确立起大心理学观,或心理学的大科学观。[①] 这可以使心理学从实证主义的小科学观中解脱出来,从而容纳不同的心理学探索,所以心理学统一的努力应是建立统一的科学观。[②]

西方文化本身就存在着科学与人文、客观与主观、客体与主体的分裂,这也导致了西方心理学根基的分裂和内在的分裂。东方文化则强调统一,这给心理学的统一提供了文化的根基和文化的启示。当然,重要的是从中

① 葛鲁嘉.大心理学观——心理学发展的新契机与新视野[J].自然辩证法研究,1995(9):18-23.
② 葛鲁嘉.心理学的科学观与统一观[J].吉林大学社会科学学报,1996(3):1-6.

开发出心理学统一的框架、原则和预设。

第五节 心理学的价值问题

心理学成为独立科学门类之后,就力图以自然科学的研究规范来约束自己。自然科学面对的对象是自然事物。自然事物没有价值选择的目的,没有价值评判的限制,没有价值定位的自觉。但是,人的心理生活却完全不同。人会有自己的价值生活、价值取向、价值评判和价值取舍。因此,心理学的研究无法回避人的价值问题,必须有价值的涉入和引导。在科学心理学的历史发展进程中,实证主义的心理学就否弃了价值的问题,而把科学心理学定义为价值无涉的科学。相反,人本主义的心理学则力主心理学是价值涉入的科学,认为不应该回避价值的问题。科学心理学的发展必须面对价值问题,并通过价值的研究来创造和引导人的现实生活。

当代心理学是否有价值的取向和定位,或者心理学是价值无涉的科学,还是价值涉入的科学,这是心理学研究必须面对的一个重大问题。心理学作为一门科学的出现,受到传统自然科学的影响,所以心理学力求在研究中确立价值的无涉,避免价值的涉入。无疑,这给心理学带来了巨大的进步,使心理学的研究力求避免主观性和思辨性。但是,心理学在涉及心理行为时必然要有价值的涉入。价值无涉的立场限制了心理学的影响力,甚至限制了心理学研究的科学性。心理学如何和怎样才能成为价值涉入的科学,就成为心理学发展一个至关重要的问题。其实,所谓的价值无涉是指一种中立的立场和客观的立场,这要求研究者不能在研究中把自己的偏见、好恶、情感、主张等强加给研究对象。相反,所谓的价值涉入是指一种价值的导向和引领,这强调研究者和研究对象的一体化,突出了人的意向性和主观性,注重了人的自主性和主动性。心理学的研究要涉及人的价值取向,就要涉及人的意向问题。人的意向在科学心理学的研究中得到了回避。意向、意向性成为心理学研究中难以逾越的障碍,许多心理学家选择了放弃。因此,怎样面对价值的问题,怎样解决价值的问题,是心理学未来发展的核心问题。

第六节　心理学的资源问题

　　心理学的研究或发展是需要自己的资源的。心理学的资源可以提供给心理学的研究者,作为自己研究的基础和前提,作为自己研究的内核和内容,作为自己研究的骨架和构架。心理学的研究重视过自己的理论、自己的方法、自己的工具、自己的技术,但进一步还应该重视自己的资源、自己的传统、自己的养分、自己的根基。

　　任何心理学的发展都需要文化与社会的资源。其实,心理学本土化的一个非常重要的目的,就是建立起心理学与文化历史和社会资源的关联,或者就是为了使心理学植根于本土文化与社会生活的土壤之中。其实,心理学的研究常常是处于资源短缺的状态之中。这并不是说心理学没有或者缺乏相应的社会文化资源,而是说心理学并没有意识到或自觉到自己的社会文化资源,或者并没有去挖掘和提取自己的社会文化资源。中国的文化传统中蕴藏着丰富的心理学资源,问题是并没有得到充分的挖掘和利用。心理学的发展需要学术资源或文化资源。西方心理学就是植根于西方的文化传统,从本土的文化资源中获取了心理学发展的动力和研究的方式。中国心理学的创新和发展也同样应植根于中国的文化传统,从本土文化资源中获取心理学发展的动力和研究的启示。

　　正是通过深入挖掘中国本土的心理学传统,才使中国心理学的发展拥有自己的资源。问题在于,如何去开发和利用心理学的学术资源。心理学的研究者常常会把自己的学科资源看作是没有任何用途的垃圾。其实,任何的垃圾都是放错了地方的资源。获得资源,就等于是获得了未来。

　　中国是一个历史悠久的文明古国,有着博大精深的文化传统。但是,在现代文明的进程中,中国一度落在了后边。在中国本土传统文化的框架中并没有诞生出现代意义上的科学,中国的现代科学是从西方传入的。同样,中国本土文化中也没有诞生出西方现代意义上的科学心理学,中国现代的科学心理学也是从西方传入的,也带有西方文化传统的印记。

　　在中国发展自己的科学心理学时面临的一个非常重要的问题就是,中国的本土文化中有没有自己的心理学传统。如果有,那么这种本土的心理学传统具有什么性质,包含什么内容。如果有,那么应该如何去理解、解说、阐释和对待这种本土的心理学传统。可以肯定的是,中国本土的文化传统中也有自己独特的心理学传统。最重要的问题就在于,中国本土的心理学传统能否成为中国科学心理学发展和创新的有益资源。所以,如何理解中国本土的心理学传统,就成为决定中国心理学未来发展的一项基础性和发展性的研究任务。

中国在发展自己的心理科学的过程中,走的是一条十分曲折的发展道路。如果去除 20 世纪 50 年代初期的苏联化过程,去除"文化大革命"时期的政治化过程,就其根本方面和主流发展来说,中国的现代心理学一直都是在引进和模仿西方的科学心理学。可以说,中国的现代科学心理学就是外来的。伴随着这个进程,尽管有本土的研究曾经试图去发掘、提取和阐释中国文化传统中的心理学思想,但是实际持有的框架、衡量的标准、评价的尺度、提取的内容等,仍然还是西方科学心理学提供的。实际上,这些研究就是在按照西方科学心理学的筛子去筛淘中国本土文化传统中的心理学内容。正是按照西方科学心理学的标准或尺度来看,关于中国本土传统心理学的研究至少得出了如下几个相关的结论。

一是认为在中国的文化传统中并没有诞生出所谓现代意义上的心理学,所以也就谈不上什么中国的心理学传统。或者,在中国的文化传统中只有一些孤立的、零碎的和片段的心理学猜测和心理学思想,而并没有出现现代意义上的心理科学。或者,在中国的文化传统中,就根本没有或并不存在什么心理学的东西。例如,占主导的有关中国心理学史的研究就提到,在西方的科学心理学传入中国之前,中国根本就没有什么心理学,有的只是某种关于人的心理的思想猜测。

二是认为在中国的文化传统中存在和具有的是一些思辨猜测的、主观臆断的心理学思想。这些心理学的思辨猜测缺乏科学的依据和科学的证明,所以此类的心理学思想只具有历史的意义而不具备现实的意义,只具有哲学的意义而不具备科学的意义。在这样的主张和观点看来,中国古代的思想家提供的心理学猜测,至多不过是安乐椅中的玄想,根本就是无法确证的或无法证实的推论。这些所谓的心理学思想是应该被科学心理学抛弃或取代的。

三是认为在中国的文化传统中,那些心理学思想完全可以按照西方科学心理学的尺度来进行挖掘、分类和梳理。在对中国本土传统心理学思想的研究中可以看到,从中国古代思想家的所谓心理学思想中分离出来的,是所谓的普通心理学思想、教育心理学思想、社会心理学思想、生理心理学思想、发展心理学思想、管理心理学思想,等等。因此,充斥在中国心理学思想史研究中的都是贴标签式的方法,得出的都是一些十分费解的、特别奇怪的结果,如孔子的普通心理学思想,等等。

可以肯定地说,在中国本土的文化传统中并没有产生出西方意义上的科学心理学,也不应该按照西方心理学的理论框架来理解中国本土文化中的心理学。如果完全放弃西方科学心理学的框架,而是从中国本土文化传统出发去理解,或者如果重新确立一个更合理更适用的参考系,就可以得出完全不同的研究结果和研究结论。其实,中国本土的文化传统中也有一套自己独特的心理学。这实际上也是系统的心理学探索,而不仅仅是一些零碎的、片段的心理学思想。在特定的文化传统中,有没有或者是不是系统的心理学,可以按照三个标准来衡量:一是有没有一套独特的心理学术语、概念和理论,可以用来描述、说明和解释人的心理行为;二是有没有一套独特的心理学研究方式和研究方法,可以用来考察和揭示人的心理行为;三是有没有干预人的心理行为的手段和技术,可以用来影响和改变人的心理行为。那么,按照这样三个标准来衡量,中国文化传统中也同样具有系统的心理学。这种心理学传统有自己的理论建树,有自己的探索方式,有自己的干预技术,只不过这种心理学不是西方文化中所谓科学心理学意义上的。

中国本土文化传统中的心理学有自己独特的理论概念和理论解说,但这套概念和解说不同于西方科学心理学提供的概念和解说。例如,中国本土的思想家或理论家所说的"心、心性、心理",所说的"行、践行、实行",所说的"知、觉知、知道",所说的"情、心情、性情",所说的"意、意见、意识",所说的"思考、思想、思索",所说的"体察、体验、体会",所说的"人格、性格、人品、品性",所说的"道理、道德、道义、道统"等,都有其独特的心理学含义。对这些独特心理学术语的探讨,可以为中国心理学的发展提供十分重要的学术资源。把中国本土的心理学术语和概念与西方外来的心理学术语和概念进行比较的话,就可以得出对心理学全新的和不同的理解。

中国文化传统中的心理学也有自己独特的验证理论假说的方式和方法,而不仅仅就是思辨和猜测。在中国的本土文化中并没有产生出西方科学意义上的实证方法或实验方法,但是中国古代的思想家却提出了知行合一的原则,就是践行或实践的原则,也就是体验或体证的方法。任何的理论解说或理论说明,包括心理学的理论解说和理论说明,其合理性要看能否在生活实践中获得预期的结果,或者行动实现的是否就是理论的推论。这形成的是另外一套验证理论的途径。如果把西方科学心理学的研究方法与中国传统心理学的验证方法相对比,那就是实验与体验的对应,实证与体证的对应。体验的方法或体证的方法就是中国本土心理学独特的方式和方法。

中国文化传统中的心理学也有自己独特的干预心理行为的手段和技术,并形成了对人的心理生活的引导、扩展和提升。人的心理就有了横向扩展和纵向提升的可能。心理的横向扩展就在于能够包容更多的内容和内涵,如包容天地,包容他人,包容社会,包容自己等。心理的纵向提升就在于能够提高心灵的境界。这是一种纵向比较的心性心理学。人与人不是等值的,而是有心灵境界的高下之分,境界最高尚的就是圣人。因此,中国本土的心性心理学是境界等差的学说,是境界高下的学说,是境界升降的学说。心理的差异实际上就成为德行的差异、品德的差异、人品的差异、为人的差异、境界的差异,反思、反省就成为重要的手段和技术,就成为人对自己的心理生活的实际的引导和引领的过程。这种引领和引导就是人对自己的心理生活和精神境界的改变、扩展、提高、充实和丰富的过程。

第七节 心理学的思想基础

在心理学与哲学这两个学科之间,完全可以打破人为的隔绝和相互的排斥,从而形成彼此的连接和相互的贯通。这能够使各自成为对方的重要的学术资源。从心理学的学科视角,哲学形态的心理学仍然还是一种特殊形态的心理学。需要去梳理这些不同形态的心理学。

在哲学和心理学的研究中,有许多著名的、重要的学者身兼多重身份,既是心理学家也是哲学家。这并没有削弱他们的学术地位和学术影响,反而使得他们在跨界的研究中游刃有余。心理学与哲学研究的贯通可以体现在不同的方面,也可以体现为不同的方式。这包括以哲学的方式吸纳心理学的研究内容,也包括以心理学的方式吸取哲学的研究内容。

在心理学的研究中,研究者实际上会以隐含的方式或明确的方式,来运用自己的研究的理论基础、理论预设、理论根源、理论框架和理论思想。在隐含的方式中,心理学的研究者并没有明确意识到或自觉运用到特定的理论预设,但是他们仍然会在自己的研究中去立足特定的思想理论预设,不过这样的运用会带有很大的盲目性。在明确的方式中,心理学的研究者则会明确地意识到和运用着特定的理论预设,使自己的研究尽可能在合理的范围和方式下发展。

在哲学的探索中,有许多的哲学家也会吸纳和采用心理学的研究内容。这就把哲学家关于人类心理行为的理解和反思,建立在现代科学研究的基础之上。哲学反思从立足人类的生活经验转向立足人类的科学知识,这给哲学的反思活动带来了根本性的变化和转折。哲学从来都非常关注人类的心灵,对人类心灵的把握是哲学家非常重要的、十分关键的任务。

在心理学与哲学相贯通的学术探索中,什么基础、什么方面、什么内容、什么方式、什么结果的贯通是最重要的? 这无论是对于心理学的研究者还是对于哲学的研究者来说,都是同样需要明确的。这不仅是在心理学研究中或心理学哲学的研究中去保留哲学反思的空间和地位,也不仅是在哲学探索中或心灵哲学的探索中去保留心理学知识的位置和影响,而更重要和更核心的是能够建立起有效的双方互动的方式和途径。

哲学的探索需要特定领域中的专家,包括心理学的专家。甚至可以说,真正的大哲学家也常常是特定科学研究分支中或学科研究领域中的专家。这成为他们在哲学领域中进行探索的重要的现代知识基础。心理学的探索也需要哲学思想家,这是使心理学的研究能够变得厚重的必要条件。真正的大心理学家也常常就是哲学领域或理论建构中的思想家和理论家。

心理学研究与哲学研究的贯通,并不是要混同两者的研究,而是要达成一种相互的促进和借鉴。这可以给心理学研究带来坚实的思想基础、合理的理论框架、明晰的前提假设、浑厚的思想基础、原创的理论资源、思想的前提反思。这反过来也可以给哲学研究带来心理学的知识支撑、理论背景和学术资源。

心理学研究与哲学研究的贯通并不是一个简单的任务,并不是要以哲学的探索代替心理学的研究,也不是要以心理学的研究代替哲学的探索,不是简单地把心理学研究与哲学研究合并在一起。这实际上对于哲学研究和心理学研究都是一种更难更深的探索。这不仅需要研究者具备两个学科的更好的修养和训练,而且需要寻找到两者之间最佳的结合点,以及需要确定两者之间更好的促进点。这不仅涉及心理学家如何来定位自己的理论基点和理论预设,而且涉及哲学家如何来吸纳和运用心理学研究的基本知识和基本方式。

把心理学归属于哲学,或者把哲学混同于心理学,都不是哲学学科和心理学学科最好的发展方式。建立起两个独立学科之间的贯通通道却能够使两个学科都能够获得自己的益处,因此资源的定位是两个学科都能够接受的最好的研究定位。心理学把哲学的研究,或者哲学把心理学的研究,都看成是自己重要的、关键的学术资源。那么,问题就在于怎么去寻求、挖掘、提取和转用有价值的学术性资源。

传统的中国哲学中就蕴藏着中国本土的心理学。传统的中国哲学并不是有关一般心理现象的客观知识体系,也没有特定的部分描述和解释一般的心理现象,但是实际上拥有丰富的心理学远见卓识,这构成了独特的理论和实践的体系。

中国智慧史中的传统哲学包含着许多学派,每个学派都拥有自己的主题,使用不同的概念和解决不同的问题。显然,流传地域最广、延续时间最长和对社会生活影响最深远的学派主要是儒、道、佛。这三个学派被看作是中国传统思想的主流,是中国文明或中国文化的三个支柱,三者不仅彼此区别和相互批评,而且彼此借鉴和相互吸收。

第八节 心理学的文化基础

对于心理学来说,心理学的考察者是人,心理学的考察对象也是人,所以,心理学研究就是人对自身的了解。更进一步说,去认识的是人的心理,被认识的也是人的心理,所以是心理对自身的探索。人类的心理既是自然创造的自然历史的产物,也是人类创造的文化历史的产物。分开来看,得到考察的心理活动展示的是文化的濡染,进行考察的心理活动透显的则是文化的精神。合起来看,成为对象的心理行为与阐释对象的心理学探索是共生的关系。不仅对特定心理行为的把握就是特定的心理学传统,而且特定的心理学传统构筑的就是特定的心理行为。两者共同形成的就是心理文化(mental cultures)。不同的文化圈产生和延续的是独特的心理文化。特定文化圈拥有的心理文化就会与其他文化圈拥有的心理文化存在着很大的差异。这表现为心理行为上的差异,也表现为探索方式上的差异。

人类的心理行为不仅具有人类共有的性质和特点,而且具有文化特有的性质和特点。冯特在创立科学心理学时,就构想了心理学是由两个部分共同组成的。一是个体心理学,通过对个体心理意识的考察,探讨人类心理行为的共有的性质和特点。二是民族心理学,通过对民族文化历史产物,如语言、神话、风俗等的分析,了解人类心理行为的文化特有的性质和特点。但是,科学心理学后来的发展,只重视和推进了个体心理学,而冷落和忽略了民族心理学。这揭示给人们的,似乎是只有唯一的心理学,那就是实验的个体心理学。实验的个体心理学揭示的是人类心理行为共有的性质和规律。无论是实证科学意义上的心理学家,还是其他意义上的心理学家,都生活在特定的文化圈中。在他们的探索之中隐含着的理论框架或理论设定,无不体现其独特的文化精神。心理学家了解和认识心理行为或心理生活的途径,解释和理解心理行为或心理生活的理论,影响和干预心理行为或心理生活的手段,都属于相应的文化方式,所以可以将心理学看作是文化历史的构成,是文化历史的传统。

文化历史中的心理学与其涉及的心理行为或心理生活是一体的。或者说,人的心理行为或心理生活的存在,与心理学的传统或解说都是一体的。有什么样的心理生活就会有什么样的心理学学说。反过来也是如此,有什么样的心理学传统或学说,就会生成和构筑什么样的心理生活。当然,对心理行为或心理生活的探讨或研讨是心理学家的任务,在此主要是考察心理学的文化蕴意。

　　实证的心理学也就是通常心理学家所说的科学的心理学,其一直就把自己看成是超越本土的、跨越文化的。但是,实证的心理学实际上诞生于西方的智慧传统中,是西方文化历史发展的产物,属于西方科学文化的构成部分。实证的心理学主张客观实证的研究,强调价值中立的立场和持有客观公正的态度。这似乎表明,实证的心理学可以在研究中摆脱所有的文化设定。超个人心理学家塔特把实证心理学称为正统的西方心理学(orthodox Western psychology)。研究揭示了正统的西方心理学正是建立在西方文化的一些基本假定之上,只不过这些假定是隐含的,而不是明确的,没有被心理学研究者清楚地意识到。研究认为,正是这些隐含的假定限制了心理学的发展,只有使之明确化,才能看清其结果,才能对其提出质疑,才能逃脱其控制性的影响。① 在此,可以列举出几条塔特指出的正统的西方心理学持有的假定。

　　一是假定物理学研究的是实在的世界,所以物理学是根本的科学。心理学则是派生的科学,研究的是派生的现象。宇宙是在时空框架中变换的物质和能量,人的经验在某种意义上则是副现象,是不真实的。人的经验成为"主观的",这个术语对心理学家来说是贬义的,这意味着不真实和不科学。要想成为"真正的"科学,心理学就必须最终把心理行为还原为生理的数据,然后还原为更基础性的物理的数据。

　　二是假定能够由感官或物理工具捕捉到的才是真实的,而且能够由感官觉知到,也就能够由物理工具探查到。这导致的是这样的一种态度,如果研究者提出一个主张,那么给出了研究者的证据,其他的研究者也能够以相应的感官观察或物理工具得到这些证据。如果得不到,那这就是不真实的或不确切的。结果对心理学来说,许多在人们的生活中十分重要的内容,如仁爱、慈悲、快乐、智慧等,就都是心理观念,都是思辨推论,而无法直接被感官观察或物理工具探查到。

　　正统的西方心理学是按西方的科学文化建构的。西方的实证心理学立足主客分离,或者说是研究者与研究对象的分离。研究对象是客观实在的,

① Tart, C. T. Some assumptions of orthodox Western psychology. In C. T. Tart(Ed.), *Transpersonal Psychologies*. New York: Harper, 1975, pp. 61-111.

而客观的实在就是物理的实在。由研究者的感官观察或物理工具捕捉到的物理实在就是物理现象。对心理学来说,其研究对象也被看成是客观实在,也就是物理实在。由心理学家的感官观察或物理工具捕捉到的就是心理现象。所以,心理现象可以等观于物理现象,或者可以还原于生理或物理。心理学则被定义为研究心理现象的科学。

正统的西方心理学家通过获得的客观知识来预见和控制人的心理行为,强调通过特定的技术手段来改变乃至改进人的心理行为。行为主义者斯金纳便设想进行文化设计,主张把行为技术运用于文化设计,进而能够去控制和改造人们的习俗行为和生活方式。他指出:"文化非常类似于在行为分析中运用的实验空间,两者都是一套强化性相倚联系。像有机体被置放在实验空间中一样,孩子也出生在一种文化里。设计文化犹如设计一种实验,即安排相倚联系并研究其功效。"①所以,斯金纳一再谈及"文化犹如用来研究行为的实验室"。② 显然,这主张的是一种心理文化,构筑的是与之相应的心理行为。

正统的西方心理学体现了西方科学文化的主旨。西方心理学跻身自然科学之列,强调自己的普遍适用性。这突出的是自己的跨文化性质,并且也的确跨文化地广泛传播到其他的文化圈。所以,可以将实证的心理学传统与其他本土的心理学传统相对照来加以讨论。

西方的心理学并不是一个统一的整体,如人本主义心理学便属于非正统的西方心理学。人本主义心理学反对心理学的自然科学化,批评正统的西方心理学把人降低为物理客体或生物客体等自然物,并按自然科学的方式来研究和控制人。人本主义心理学承继了西方文化中的人道主义传统,强调人的地位和尊严,确信人的自由本质和创造能力,探索人的生活体验和生命意义。人本主义心理学也强调科学研究方法的重要性,却力图将科学研究方法与其实证主义和机械主义的元理论相分离,将科学研究方法与自己的人本主义和人性哲学的元理论相统一。因此,人本主义心理学在方法上更接近科学心理学,而在思想上更接近其他的本土心理学传统。人本主

---

① 斯金纳. 超越自由与尊严[M]. 王映桥,等,译. 贵阳:贵州人民出版社,1988:153.
② 同上:182.

义心理学的两只脚,一只跨在实证心理学之中,一只跨在本土心理学之中。

本土心理学(indigenous psychologies)是由本土文化延续着的对人的内心生活的基本假定和说明。实际上,自从有了人类及其意识,人就有了对自己的心理生活的直观了解和把握,有了对自己的心理生活的主动认定和构筑。这作为心理文化积淀下来和传承下去,成为植根于本土文化的心理学传统。那么,特定文化背景中的社会个体就能够通过掌握本土文化中的心理学传统,来了解、认定和构筑自己的心理生活。本土心理学不仅在不同的文化之间存在着差异,而且在同一文化中的不同历史境况中也存在着差异。

中国的本土文化有其对人的心灵活动或心理生活的基本设定。例如,中国文化的精神是强调普遍的统一性,即强调道。儒家的义理之道、道家的自然之道和佛家的菩提之道均究此理。但是,道不是外在于人的心灵,与之相分离,而是内在于人的心灵,与之相一体。心灵内在地与宇宙本体相贯通。人类个体只有返身内求,把握和体认道,才能够获取人生的真实和永恒。这就必须通过精神修养来不断提升自己的精神境界和完善自己的心理人格,从而相融于天道。这给探求和构筑人的心理生活提供了特定的文化基础。

植根于西方文化历史的现代心理学,长期被当成为世界心理学。随着西方心理学的壮大和成熟,西方的本土心理学也传播到世界各地。但是,西方心理学家创立的心理学是否就是唯一合理的、普遍适用的,近年来则正在受到非西方国家特别是发展中国家心理学者的质疑。针对西方心理学毫无限制的扩张,针对非西方心理学者对西方心理学的十分盲目的模仿,目前兴起了影响深远的两大研究趋势:一是对本土心理学传统资源的挖掘,试图使被西方心理学排斥的心理学探索重放光彩;二是对西方心理学的本土化改造,试图使被非西方心理学家效仿的心理学研究更为适用。本土心理学的研究正是相应于上述最新的发展,并致力于开辟新的研究视角和思路。

对中西心理学传统进行跨文化解析,需要一种宏大的理论视野。这就必须开创性地揭示西方心理学的科学观问题,力图突破西方心理学小心理学观的限制,去设置一个更宏观的文化历史框架,从而将西方实证心理学和中国本土心理学看成具有同等价值的探索。有关西方实证的心理学传统的研究通常总是迷陷于大量文献资料之中。因此,进一步的研究应力图对西方心理学进行深刻的理论透视,以把握西方心理学的发展进程和内在症结。有关中国本土的心理学传统的研究通常总是按西方心理学的标准进行衡量和切割。进一步的研究则应力图将中国本土的心理学传统看成是独立的心理学体系,揭示中国本土心理学传统独具的合理性贡献。涉及中西心理学传统的跨文化交流,目前还缺乏总括性的考察和更深入的理解。进一步的研究则将从心理学的研究对象和研究方式上,对心理学的新发展进行阐述,以推动中国本土心理学的新创造,开辟中国本土心理学的新道路。

第九章　心理学研究的类别

心理学研究包括不同的类别,这些不同类别的研究可以按照不同的尺度和标准进行划分。按照研究目的,可以把心理学研究划分成基础研究、应用研究和开发研究。按照研究内容,可以把心理学研究区分为理论研究、方法研究和技术研究。不同的研究类别有重要性或决定性的排序。心理学研究以什么为中心,以什么为顺序,是心理学研究最为重要的。技术优先的思考是把心理生活的创造性和生成性放在了首位。

第一节　心理学的基础研究、
应用研究和开发研究

心理学研究包含着不同的研究类别或研究方式。对于这些不同的类别和方式,则有着不同的顺序或排序。关于心理学的研究类别或方式,可以有不同的区分或分类。第一种研究的分类是把心理学研究分为基础研究、应用研究和开发研究。

心理学的基础研究、应用研究和开发研究的区分,包括研究目的的区别和评价标准的区别。首先是研究目的有所不同。基础研究的目的是说明和解释对象,形成知识体系。应用研究的目的是确定和解决问题,提高生活质量。开发研究的目的是引导和推进社会服务,学术进入社会。其次是评价标准有所不同。基础研究的评价标准是合理性,即心理学的理论学说、研究方法和应用技术是不是合理的。应用研究的评价标准是有效性,即心理学的理论学说、研究方法和应用技术是不是有效的。开发研究的评价标准是

整合性,即心理学的理论学说、研究方法和应用技术是不是匹配的。

心理学基础研究的目的是说明和解释对象,形成知识体系。任何科学门类或科学学科都有自己独有的研究对象。基础研究就是通过特定的研究方式和方法,来考察、描述、说明和解释本学科的研究对象。正是通过基础研究的开拓和推进,形成关于研究对象的知识体系。正是通过基础研究的扩展和深入,促成相关知识体系的不断积累。所以,没有基础研究,就不可能有关于对象的科学知识。心理学的基础研究在于描述对象,解释对象,透视对象的性质,揭示对象的规律,以形成关于对象的知识体系。心理学的研究对象是心理行为。那么,心理学的基础研究就在于描述心理行为,解释心理行为,透视心理行为的性质,揭示心理行为的规律,以形成关于心理行为的知识体系。

心理学应用研究的目的是确定和解决问题,提高生活质量。应用研究在于干预、改变和影响对象的活动,完善对象的内容,以提高生活的质量。心理学的干预对象是心理行为。那么,心理学的应用研究就在于干预、改变和影响心理行为的过程,完善心理行为的内容,以提高心理生活的质量。心理学应用研究就在于按照心理学的知识原理,通过心理学的技术手段,来干预、改变、塑造和引导心理行为,所以没有应用研究就不可能有合理和合意的心理生活。

心理学的基础研究与应用研究的评价标准是不同的。基础研究的评价标准是合理性。如何评价心理学的基础研究,其标准在于衡量心理学的理论学说、研究方法和应用技术是不是合理的。应用研究的评价标准是有效性。如何评价心理学的应用研究,其标准则在于衡量心理学的理论学说、研究方法和应用技术是不是有效的。[1]

心理学的开发研究是指心理学的应用开发,这包括心理学的现实应用、理论应用、技术应用等方面进行的市场开发、人才开发、工具开发、技术开发、资源开发。这是一系列能够扩展心理学的生活影响和现实功用的活动。开发研究的标准是收益性,注重的是怎么以最小的投入去换取最大的

---

① 葛鲁嘉.心理学研究划分的类别与优先的顺序[J].吉林师范大学学报(人文社会科学版),2005(5):15-19.

收益。

例如,有研究对智力开发的理念与实践进行了考察。① 研究指出,智力研究不仅发现了对智力个体差异有较好解释力的一般智力因素,而且还发现了一般智力因素具有可变化、可提高的特性。正是基于后一点,形成了一系列的智力开发理念。根据对一般智力因素性质和内容的理解以及重点开发内容,可以将智力开发活动划分为神经潜能开发、心理管理与反省经验开发、专家技能开发、多元智力开发、社会分布式认知开发、知识表征重组开发和环境重组开发。

神经潜能开发模式认为,智慧行为的原因在生理层面,智力开发的根本在于提高神经活动效率,促进神经系统成熟。这种理念与一系列从神经层面论述智力和解释智力个体差异的理论有关。神经潜能智力开发模式主张对智力进行早期开发、早期教育,注重关键期内智力的充分发展;提供特定的材料和活动对神经系统活动进行刺激唤醒,形成高效率的神经活动状态,为后续的智力活动提供神经层面的最佳准备状态。

心理管理与反省经验开发模式认为,智力是由基本的认知结构单元加工和可控制的加工构成。基本的认知结构单元加工相当于具有相对稳定性能的硬件加工,硬件加工改变的空间是有限的,而可控制的加工相当于中央控制管理系统下的软件加工过程,中央控制管理系统功能可以通过优化控制管理过程实现。心理管理与反省经验的开发模式主张对元认知策略进行开发,主要是增加元认知知识和元认知体验,提高对认知活动过程的监控和管理能力。

专家技能开发模式认为,智力是由经验和知识组成,智力活动受到知识和经验的调节。专家的知识和经验对于特定智力行为有更重要的意义,专家知识技能系统是智力的基本构成部分,认知成分的基本性能受到特定的知识和经验的调节。智力开发的主要任务是形成专家知识技能系统。

多元智力开发模式认为,每个人都有多种智力,每种智力都有各自的符号表征系统和加工过程,每一个社会活动领域都需要多种智力的参与,任何领域的技能都反映了不同的智力。个体可以通过不同符号系统的智力过程

---

① 钟建军,陈中永.智力开发的基本理念与实践[J].心理科学进展,2006(2):235-240.

取得同等智力水平,一种智力活动过程可以通过其他智力活动的辅助来发展。因此,智力的开发应该关注处理与能力的交互作用,任何领域的智力开发都可以从多项智力入手,凭借不同符号系统的智力活动过程来获得。

社会分布式认知开发模式认为,智力活动是社会性的、情景性的,智力发展是在情景中发展的,特别是在文化情景中发展起来的,维持和实现智力潜能的关键是支持性的社会文化结构,认知结构的社会性建构是知识技能发展的重要原因。社会分布式智力开发模式主张建立个体与文化环境良性互动关系,以此来开发和提高智力。

知识表征重组开发模式认为,知识成分在智力活动中起到的是模式性调节作用,适应不良的智力管理模式与阻碍智力行为的陈述性知识和程序性知识,以及对环境的错误认识等关系密切。对这些知识进行重组和改造,形成良好的适应性模式,是智力开发的主要内容。

环境重组开发模式认为,智力是适应环境的主要机制,环境会给适应机制提供不同的挑战和机遇,要求复杂程度和方式不同的智力活动,其结果导致智力水平和典型智力活动方式的差异。通过改变环境和对智力的认识,也可以提高智力。环境重组开发模式一方面通过直接改变环境特征来实现,另一方面也可以通过改变个体与环境的关系状态来实现环境的塑造。

有研究对全面开发人脑进行了思考。[1] 研究指出,全面开发人脑是脑科学应用于教育的一个转化工程。全面开发人脑包括三层含义:以人脑为核心的整个身心功能的全面开发,脑的各个部分的全面开发,以及脑的现有水平、潜能水平、自我调控水平的全面开发。20 世纪,脑高级功能理论成果转化为教育应用,大致经历了以下四个阶段。

第一阶段,苏联生理学家巴甫洛夫于 20 世纪 30 年代创立了高级神经活动学说,其核心思想是条件反射学说。这导致在教育心理学领域中盛行学习的联想—反射理论,这种学习理论把学习看作是联想的形式,认为联想的实质就是反射活动,其首创者就是巴甫洛夫。

第二阶段,美国心理学家斯金纳于 20 世纪 30 年代创立了操作性条件反射学说,其基本观点是:要使个体行为形成,强化必须依随反应而发生。斯

---

[1] 朱法良. 对全面开发人脑的思考[J]. 教育研究,2001(7):35-39.

金纳根据操作性条件反射学说对强化作用的研究,发明了教学机器,并设计出程序教学方案。

第三阶段,美国生理学家斯佩里于 20 世纪 60 年代通过对裂脑人的研究,提出了大脑半球功能一侧化的新理论。研究发现,大脑左右两半球功能是高度专门化的,既有明显的分工又相互配合,许多高级的功能属于右半球等。右脑主管形象思维的观点,在大众中广泛流行,掀起了一股"右脑开发"的热潮。

第四阶段,美国生理学家加扎尼加(Michael S. Gazzaniga)于 20 世纪 70 年代提出了脑认知功能的模块说。研究认为,脑是由在神经系统的各个水平进行活动的子系统以模块的形式组织在一起的,脑功能模块是一种动态变化的组装。

对心理学的基础研究、应用研究和开发研究的划分和定位,能够合理有效地挖掘和配置心理学的学科资源,能够清晰明确地分类和处理心理学的研究合作。心理学已经开始成为具有复杂构成和有机组合的大科学门类。

第二节　心理学的理论研究、
方法研究和技术研究

关于心理学研究的类别,第二种研究的分类是区分为理论研究、方法研究和技术研究。作为一门科学,心理学研究运用的理论、方法和技术,都有着自己的形成过程和建构方式。这就要涉及关于心理学理论、方法和技术类别的考察,其中包括心理学概念的产生方式和定义方式,也包括心理学理论的构成方式和检验方式。任何的心理学的概念或理论,都有产生和定义、构成和检验的问题。

心理学的理论研究、方法研究和技术研究的区分则涉及不同的研究内容。理论研究涉及的是哲学反思或前提批判的层面,以及理论构想或理论假设的层面。哲学反思探讨的是心理学研究中的理论前提,包括关于心理学研究对象的理论前提和关于心理学研究方式的理论前提。在理论构想或理论假设的层面,探讨的则是心理学研究中的框架、假说、模型、学派、学说、理论、概念等。方法研究涉及的是心理学研究中的方式和方法。这包括心理学研究的方法论与方法,涉及三个层面,即哲学思想方法、一般科学方法和具体研究方法。技术研究涉及的则是心理学应用中的问题,包括技术设计或技术思想的层面,也包括技术手段或技术工具的层面。

心理学在成为独立的科学门类之前,就有哲学家指出,人的心理意识只有时间的维度,而没有空间的维度。人的心理意识只随时间的流逝而变化,此一时不同于彼一时,所以无法测定和量化。因此,心理学只能是内省的研究,而不能成为实验的科学。这个结论对心理学具有的含义在于,心理是独特的,不同于物理的存在。在心理学研究中,实验的方法是有限度的。该结论也导致在心理学研究中还原论的盛行,把心理行为还原为实现心理行为的基础。这包括物理的还原,把心理行为还原为物理实在或物理规律;也包括生理的还原,把心理行为还原为神经系统或遗传基因。心理学独立之后,其研究就面临以什么为中心的问题。心理学研究中出现过以理论为中心,也出现过以方法为中心。以理论为中心突出了心理学研究的哲学思辨、理论构想、理论假设和问题中心,以方法为中心则主张方法决定理论、方法优先问题。心理学原有的优先顺序是理论、方法和技术,或是方法、理论和技术。心理学应有的优先顺序应是技术、理论和方法。技术优先的思考包括价值定位、需求拉动、问题中心、效益为本。技术是由理论支撑的,理论是由方法支撑的。

心理学的理论有自己的传统和演变,也有自己的更替和创新。对心理学的理论传统、理论演变、理论更替、理论创新进行考察和探索,也是理论心理学的重要任务。心理学的理论发展涉及心理学的理论资源及其获取,涉及心理学的理论范式及其构成,涉及心理学的理论更替及其演进,涉及心理学的理论创新及其实施。心理学理论的发展和壮大必然会带来心理学学科的发展和壮大。

心理学已经成为独立的学科门类。理论心理学是心理学研究中的基本构成部分和重要分支学科。理论心理学的研究主要涉及两个方面的内容:一是对心理学研究对象和研究方式的理论预设或前提假设的哲学反思;二是对心理学研究对象的理论描述、理论解说和理论建构。这是心理学作为科学门类的基本理论框架、基本理论原则、基本理论建构、基本理论内涵。

理论心理学的研究包括理论心理学的研究内容、研究方式和研究历史。任何一门科学分支的确立、发展和成熟，都取决于理论和方法的成熟。心理学也同样是如此。理论心理学作为心理学的学科分支，就是心理学的理论框架和理论内容。

心理学的方法是实验还是内省，或应如何对待实验方法和内省方法的地位和作用？这在心理学的方法研究中，是非常重要和核心的问题。实验与内省是心理学不同的研究方式。在心理学发展和演变的历史进程中，实验的和内省的方式曾有过彼此的争执和相互的排斥。研究可能采取的是不同的方式和方法。心理学成为独立学科门类之后，就把实验确立为基本的研究方式和方法。德国心理学家冯特在莱比锡大学建立的世界上第一个心理学实验室，被看成是心理科学诞生的标志。这是把实验的方式确立为科学的尺度。实验的一个最基本的特性就是客观性。这种客观性摒弃了有可能被带入心理学研究的主观的臆测或推论。在心理学的历史演变过程中，内省的方法曾被当成是最基本的方法。因为心理的存在是内隐的存在，或是无法直接观察的观念存在，所以只有内省才可以捕捉到观念的活动。但是，内省的一个最基本特性就是主观性。这种主观性有可能带入研究者的偏见或造成先入为主的主观臆测，所以在科学心理学诞生之后不久，这种方法就受到了诸多的质疑。如果把实验的方法和内省的方法推向极端，排斥其他可能或合理的方法，那就是实验主义和内省主义。实验主义把实验当成是科学的唯一尺度。这不仅大大限制了科学的范围，也大大限制了科学的途径。内省主义则把内省当成是了解和把握意识对象的唯一方法。这甚至限制了心理学成为现代意义上的科学。在实验方法的运用中，最重要的问题是定量与定性的问题。心理学的研究中存在定量研究和定性研究哪一方占主导的争议。在内省方法的运用中，最重要的问题是私有与普遍的问题。心理学成为科学门类之后，就逐渐放弃了内省的方法。心理学家普遍认为内省是个体私有化的，而无法达到科学研究追求的普遍确定性。

科学心理学的研究运用的方法就是科学方法。但是，在特定科学观的限定下，所谓的科学就是实证的科学。实证的科学运用的是实证的方法。心理学成为独立科学门类之后，就力图以实证主义的科学观来衡量自己的科学性，是否运用实证方法就成为心理学研究是否科学的根本尺度。但是，中国本土传统心理学运用的方法不是实验的方法而是体验的方法,不是实证的方法而是体证的方法。体验或体证的方法就是通过心性自觉的方式,直接确立起自身的目标,直接体验到自身的活动,直接构筑了自身的心理。所以,体验或体证至少有两个重要特点:一是心性的自我觉知;二是心性的自我构筑。中国本土的心理学传统都强调知行合一的原则,主张内在对道的体认和外在对道的践行。这就是内圣与外王。内修要成为圣人,体道于自己的内心。外王要成为王者,行道于公有的天下。这就是修性与修命。因为人心与天道内在相通,所以个体的修为就是对天道的体认。天道贯注给个体就是人的性命。对天道的体认就是修性与修命。这就是渐修与顿悟。渐修指修道的过程是逐渐的、积累的。顿悟指道不可分割,只能整体把握,突然觉悟到。这是体道的不同途径和方式。

心理学的技术研究是心理学研究的一个重要组成部分。心理学的技术干预与其他自然科学的技术干预有所不同,即必须关注人的尊严和价值,必须关注人的自由和自主。心理学的技术研究涉及的核心问题包括附属与中心;干预与引导;问题与目标;工具与程序;规划与实施;评估与修正;投入与效益;科学与常识。心理学的应用方案或应用程序的制定涉及四个确定:一是确定应用的问题和目标;二是确定理论的原理和原则;三是确定研究的方式和方法;四是确定干预的技术和手段。

心理学的技术研究涉及技术设计或技术思想的层面和技术手段或技术工具的层面。第一是技术设计或技术思想的层面。任何科学门类都有对研究对象的技术干预。这可以使研究对象按照研究者的认识和理解加以改变。在心理学的研究中,也有对自己的研究对象的技术干预,使之按照研究的预想加以改变。其实,在技术的研究中,最核心的是技术思想的研究。第二是技术手段或技术工具的层面。对于研究对象的干预,需要通过一定的技术手段或技术工具。因此,技术研究最重要的就是技术的设计和工具的发明。在心理学的发展历史中,就有通过技术手段的改变和更新而导致的心理学的突破性发展。①

----

① 葛鲁嘉.心理学研究划分的类别与优先的顺序[J].吉林师范大学学报(人文社会科学版),
　　2005(5):15-19.

对心理学的理论研究、方法研究和技术研究进行划分和定位,就能够确立心理学研究内在的基本分工与合作,就能够把心理学的研究在不同的侧重中有机有效地聚合起来,避免相互之间的排斥和对立,强化相互之间的支撑和促进。

第三节 心理学研究的中心

早在 18 世纪,德国思想家和哲学家康德就曾经在自己的研究中指出,心理学只能是对心灵的内省研究或哲学研究,而不可能成为实验的或实证的科学。在康德看来,人的心理意识只有时间的维度,会随着时间而流变。人的心理意识不具有空间的维度,不占有空间,所以无法在时空中对人的心理意识加以测定和量化。因此,心理学就只能是内省的研究,而不能成为实验的科学。心理学就只能是哲学的思辨,而不能成为实证的科学。

康德对心理学的认识和理解有其十分明确的含义。这种含义给心理学带来了重大的影响。首先,康德结论的含义就在于,人的心理意识是十分独特的,心理意识的存在完全不同于物理事实的存在。物理的存在不但具有时间的维度,随着时间的流逝而变化,而且具有空间的维度,占有一定的空间,所以物理学可以成为科学,物理学家可以对物理对象进行时空的定位。心理意识的存在则只有时间的维度,根本无法进行时空的定位,所以心理意识只能成为哲学思辨的对象,而根本不可能成为实验科学的对象。其次,康德结论的含义就在于,实验的方法是有限度的。科学实验只能对时空定位的事物进行定量的研究。但是,对于心理学的研究对象来说,科学实验就无法对随着时间流变的人的心理意识进行定量的研究。因此,按照康德的结论,心理学只能是哲学反思的学科,是哲学的一个研究分支,心理学必然就从属于哲学。

康德的结论并没有阻挡住心理学成为一门实验科学的脚步,但是在心理学的研究中却导致了还原论的盛行。在心理学成为独立的科学门类之后,康德结论的阴影就一直笼罩在心理学的研究之中。许多心理学家为了使心理学成为一门现代意义上的实验科学,而在理论上采取了还原论的研究立场。所谓的还原论就是把人的心理行为还原到更原始的基础上。这在心理学的研究中就体现为物理的还原、生物的还原、社会的还原、历史的还原,等等。物理的还原表现为把人的心理意识看成是物理的实在,与物理的规律相一致。生物的还原表现为把人的心理意识看成是实现其活动的生物的基础,例如人的大脑、神经系统,构成神经系统的神经元,人的生物细胞中的遗传基因,等等,所以在心理学的研究中就曾经盛行过生物决定论、生理决定论、遗传决定论。社会的还原则表现为把人的心理行为还原为社会的性质、社会的结构、社会的演变,等等。历史的还原则表现为把人的心理行为还原为历史的条件、历史的背景、历史的过程,等等。

在心理学研究中,曾经一直存在着以研究的什么类别为中心的问题。心理学的演变和发展中就曾经出现过以理论为中心的研究,也曾经出现过以方法为中心的研究。以理论为中心的研究和以方法为中心的研究曾经相互排斥。

心理学中以理论为中心的研究十分重视哲学思辨。在心理学成为实证科学之前,心理学就存身在哲学之中。这时的心理学是以哲学思辨的方式考察和探讨人的心理行为。所谓的哲学思辨,首先是立足日常生活的经验,其次是依据理性思维的推论。这种立足哲学思辨的心理学也可称之为哲学心理学。哲学心理学有两个重要的缺失或致命的缺陷。第一,哲学心理学缺乏验证的手段,无法证实自己阐释人类心理的理论所揭示的就是对象本身的特性和规律。第二,哲学心理学缺乏干预的手段,无法使自己阐释人类心理的理论控制和改变对象本身的属性和活动。后来的西方科学心理学的建立,就在于突破了哲学心理学的这两个缺陷。一方面科学心理学采用了实证的方法来验证理论的假设,另一方面科学心理学采用了技术的手段来干预心理的活动。心理学中以理论为中心的研究十分重视问题中心。在心理学的研究中,是以方法为中心,还是以问题为中心,这成为完全不同的研究立场。以问题为中心的研究,强调心理学研究是以发现问题、探讨问题、解释问题、解决问题等作为最重要的工作。心理学中以理论为中心的研究十分重视理论构想,强调关于心理行为的理论解说。那么,理论的构想就成为心理学研究的最根本性的工作。所谓的理论构想就是建立涉及研究的思想基础,建立关于对象的理论解说,建立彼此连贯的思想体系。最后,心理学中以理论为中心的研究十分重视研究假设。因此,在心理学的研究中,最重要的工作就是提出理论假设。心理学的研究假设可以是关于研究对象的性质、构成、功能、活动、演变等方面的理论解释。

在心理学成为实证的科学门类之后,曾推翻了心理学研究以理论为中心的方式,而是把实证的研究方法放在了核心的地位。这就是以方法为中心的心理学研究。科学心理学诞生的标志就在于,德国心理学家冯特1879年在莱比锡大学建立了世界上第一个心理学实验室。实验方法的运用,实验工具的发明,实验程序的确立,成为心理学独立的象征,成为心理学发展的起点。这也开了心理学研究中以方法为中心的先河。心理学以方法为中心的研究十分重视方法优先问题。研究认为,心理学中最为重要的、起决定作用的是确立和运用的方法。从事心理学的研究,优先考虑的就是研究的方法。心理学研究中的问题是从属于方法的。心理学中以方法为中心的研究十分重视方法决定理论。研究认为,有什么样的研究方法就会有什么样的理论构造。方法决定了理论的假设、理论的性质、理论的内容、理论的探索。这也被称为方法中心主义。

第四节 心理学研究的顺序

伴随着心理学的研究进步,有关心理学研究基本构成的研究顺序应该有新的设想。原有的研究顺序是理论、方法和技术,也就是理论优先。原有的研究顺序是方法、理论和技术,也就是方法优先。其实,心理学现在的研究顺序应该有一个重要的变化,那就是技术、理论和方法。技术优先的思考涉及价值定位、需求拉动、问题中心、效益为本。技术、理论和方法的顺序也表明,技术应该由理论支撑,理论应该由方法支撑。对于人的心理生活来说,重要的是生活的规划、规划的实施和实施的评估。

心理学的基础研究与应用研究都涉及理论、方法和技术。基础研究要依赖理论、方法和技术,应用研究也同样要依赖理论、方法和技术。问题在于,基础研究的次序是理论——方法——技术,而应用研究的次序则是技术——方法——理论。

　　心理学的理论研究涉及心理学研究中的哲学反思或思想前提的层面，涉及心理学研究中的理论构想或理论假设的层面。心理学的方法研究涉及心理学的方法论、心理学的方法学、心理学的方法。心理学的方法论要更宽泛，涉及关于心理学研究对象的理解，关于心理学研究方法的考察，关于心理学应用技术的思考。心理学的方法学则是关于心理学具体研究方法的考察和探索。因此，可以说心理学的方法论包含了心理学的方法学，而心理学的方法学包含了心理学的方法。方法学涉及哲学思想方法和一般科学方法。在任何科学门类的研究中，都可以有共同的科学方法，如系统论、信息论、控制论。心理学的技术研究涉及技术设计或技术思想的层面和技术手段或技术工具的层面。

　　关于现代科学心理学的不同研究类别和研究类别的不同顺序，可以有不同的设想和设计，这决定了心理学研究的定位和发展。在科学心理学的研究中，原有的关于研究顺序的理解和认识曾经给心理学带来了影响和促进，但也给心理学带来了不利和阻碍。所以，重要的是了解原有的研究顺序，并且给出应有的研究顺序。

　　在心理学的研究和演变中，理论研究、方法研究和技术研究的顺序曾经有过不同的变化。首先是理论、方法和技术的顺序。在这个顺序中，理论占有首要的位置或支配的地位。理论的范式、理论的框架、理论的假设、理论的主张、理论的观点等，成为心理学研究的核心部分。其次是方法、理论和技术的顺序。在这个顺序中，方法占有首要的位置或支配的地位。方法的性质、方法的构成、方法的设计、方法的运用、方法的评判等，成为心理学研究的支配部分。

　　心理学研究应有的顺序是技术、理论和方法，这是技术优先的思考。技术优先重视的是价值定位、需求拉动、问题中心、效益为本。价值定位是指在心理学的研究中，研究者和研究者的研究都应该有其价值取向。在原有的实证心理学的研究中，是主张价值中立或价值无涉的。研究者必须在研究中持有客观的立场。需求拉动是指心理学的研究是人的现实生活的需要拉动的。越是发达的社会，越是高质量的生活，就越是重视人的心理生活，就越是重视人的心理生活的质量。问题中心是指心理学的研究必须以确定问题、研究问题、解决问题作为自己的核心。效益为本是指心理学的研究还必须考虑自己的投入和产出,即怎么样以最少的投入获得最大的收益。在技术、理论和方法的顺序中,技术是由理论支撑的,理论是由方法支撑的。因此,技术优先也并不是脱离了理论和方法的单纯的技术研究。①

心理学的研究顺序意味着心理学的中心和重心,任何的偏重都会带来心理学不同的发展。这也会造成心理学特定方面的优先和突出的进展。当然,不合理的偏重也会导致心理学研究的畸形发展。

第五节　技术优先的新思考

心理学的应用技术并不是对心理学研究对象的任意的改变和塑造。那么,这就使心理学的应用技术与其他科学分支的改造自然物的应用技术,既有着特别相同和相近之处,也有着十分重要的区别和不同之处。在心理学的历史发展中,出现过不同形态的心理学传统。不同的心理学传统有着不同的应用技术。心理学的应用技术包括硬技术和软技术两大类。硬技术是指通过实际的或有形的技术工具和技术手段对人的心理行为的改变。心理学的应用就是技术工具和技术手段的发明创造。在科学心理学的发展过程中,大量心理学技术工具的发明有效地促进了心理学的社会应用。软技术是指心理意念、心理观念、心理理念等无形的技术方式,对内在心理的改变和引导。软技术也可以称之为体证与体验的方式方法。体验与体证是值得心理学研究重视的内容,是人构建自己的心理生活的重要方式和手段。体证与体验有着七个重要的特点或特征。

其一,体证与体验是主体与客体的统一。体证与体验就是人类的自觉活动或心性的自觉活动,这没有分离研究主体与研究客体,没有分离研究者与研究对象。体证与体验不同于西方心理学早期研究中所说的内省。严格说来,内省仅仅是对内在心理的觉知活动。这是分离开的心理主体对分离开的心理客体的所谓客观把握。这只不过是把对外部世界的观察活动转换

----

① 葛鲁嘉. 心理学研究划分的类别与优先的顺序[J]. 吉林师范大学学报(人文社会科学版),2005(5):15-19.

成为对心理世界的观察活动。因此,体证与体验实际上就是心理的自觉活动。通过体证与体验把握的是心理自身的活动。

其二,体证与体验是客观性与真实性的统一。实证的科学心理学一直强调研究的客观性,强调把心理学的研究对象当作客观的对象。为了做到这一点,甚至不惜把人的心理物化。这种所谓的客观性常常歪曲或扭曲人的心理。体证与体验实际上强调的不是客观,而是真实。真实性在于反对以客观性来物化人的心理行为。体证与体验应该是客观性与真实性的统一。客观性是对虚构性和虚拟性的排斥,而真实性是对还原性和物化性的排斥。体证与体验通过超越个体的方式来达到普遍性。

其三,体证与体验是已成与生成的统一。原有的实证心理学的研究把人的心理看作已成的存在,或者已经如此的存在。心理学的研究不过就是描述、揭示和解说这种已成的存在。但是,实际上人的心理也是生成的存在,是在创造和创新中变化的存在。体证与体验不仅是对已成的心理进行的把握,而且是促进创造性生成的活动过程。正是通过体证与体验,人能够创造性生成自己的心理生活。

其四,体证与体验是个体与道体的统一。人的心理存在是直接以个体化的方式存在的。个体的心理是相对独立和完整的。但是,在心理学的研究中,这种个体化或个体性变成了一种基本的原则,即个体主义的原则。这在很长的时段中支配了心理学的研究,包括支配了对人的群体心理和社会心理的研究。实际上,人的心理的存在就内含着整体的存在。这在中国本土的心性心理学看来,道就隐含在个体的心中,这就是心道一体的学说,这就是心性的学说。

其五,体证与体验是理论与方法的统一。体证与体验是建立在特定理论的基础之上,是由特定的理论提供的关于心理的性质和活动的解说。同时,这种特定的理论又是一种特定的改变或转换心灵活动的方法,理论与方法是统一的。人的心理对理论的掌握,实际上就是心理对自身的改变。心理学理论的功能就在于能够在被人掌握后,实际上改变人的心理活动的内容和方式。

其六,体证与体验是理论与技术的统一。技术活动是发明、创造和使用工具的活动。对于心理学来说,人的心理生活作为观念的活动,理论观念就变成了一种塑造的技术。体证与体验本身就是理论的活动。或者,体证与体验就是建立在理论的基础之上。所以,这样的理论就不是纯粹的认知产物,也不是纯粹的认知把握。心理学的理论包含着认知、情感和意向的方面,包含着对心理的形成、改变和发展的影响力。

其七,体证与体验是方法与技术的统一。体证与体验本身就是一种验证性的活动,就是一种验证性的方法。体证与体验带来的就是对理论的验证。通过体证与体验,可以验证理论的性质、功能和价值。同时,体证与体验又是一种技术,而且是一种软技术。通过特定的体证与体验方式,就可以内在地改变人的心理活动的性质、内容、方式和结果。这就决定了体证与体验实际上也是创造的活动,通过心理的创造性生成就可以证明理论的性质和功能。体证与体验也是心理活动的基本方式,可以构建、改变和生成人的心理生活。

技术优先的思考,心理学研究中技术优先的定位,实际上是把心理行为的生成性或创生性的性质和特征突显出来。技术优先就是心理的"无中生有"的历程。心理学的技术优先是以心理学的理论研究和方法研究为支撑的。人的心性、人的心理,都属于人的本性和本心,都是道的存在,道的创生性就是人类本性或本心的创生性。创造性的生成就是通过一系列的方式方法、技术手段来实现的。

第十章　心理学研究的方式

　　心理学已经进入规范科学的轨道,心理学的研究有自己的基本方式,这涉及心理学研究的方法论和具体方法。心理学研究的方法论是心理学研究方式中最重要的部分,应该得到系统化的探索,也应该得到全方位的扩展,它会直接影响到心理学的具体研究和知识构成。心理学研究的方式体现在理论、方法和技术等不同方面,它包括心理学的理论建构、方法革新和技术发明。

第一节　心理学研究的方法论

　　心理学的研究都有特定的方法论和方法。心理学关于自己的研究方法论和研究方法也有着特定的考察和探讨。心理学的方法论不同于心理学的方法学,方法论与方法学应该有着特定的区分或区别。心理学的方法论涉及关于心理学研究方式的预设,关于心理学研究对象的立场,关于心理学研究方法的认识,以及关于心理学应用技术的思考。心理学的方法学则是关于心理学的具体研究方法和研究工具的考察。关于心理学研究方式和研究方法的考察包括体证与体验的方法,也包括定性与定量的研究。

　　方法论是任何一门学科进行科学研究的基础。方法论既是理论的基础,也是方法的基础,也是技术的基础,因此心理学的方法论也就是心理学研究的基础。方法论的探索是关系到心理学学科发展的核心问题。原有的心理学方法论的研究仅仅涉及关于心理学研究方法的探索,这可以称之为心理学方法学的研究。方法论与方法学具有非常重要的区别。心理学研究的方法学是关于心理学具体研究方法的考察。心理学研究的方法论则涉及更广泛的内容。心理学方法论的探索包括关于心理学研究对象的理解,关于心理学理论构造的把握,关于心理学研究方法的认识,关于心理学技术工具的思考。

一、关于心理学研究对象的理解

心理学关于研究对象的考察和研究,是建立在对心理学研究对象的理论预设的基础之上,或者是取决于心理学对研究对象的基本性质的预先理解。心理学关于研究对象的理论预设可以是隐含的,也可以是明确的,可以是合理的,也可以是不合理的。但是,无论是隐含的还是明确的,无论是合理的还是不合理的,心理学的理论预设都决定着心理学家对心理学研究对象的理解。有什么样的关于研究对象的理论预设,就会有什么样的对研究对象的理解。心理学家关于心理学研究对象的理论预设可以有两个来源:一是心理学家提供的研究传统。在后的心理学家可以把在先的心理学家的学说理论作为自己的理论前提或理论预设。例如,后弗洛伊德的学者都把精神分析创始人弗洛伊德的某些理论观点,当作自己的关于研究对象的理论预设。二是哲学家提供的理论基础。哲学家对人类心灵的探索也可以成为心理学家理解心理学研究对象的理论前提或理论预设。这包括哲学心理学和心灵哲学的探索。① 关于对象的理解会涉及如下一些重要方面。

一是自然与自主。人是自然演化过程的产物,人的心理也是自然历史的产物。同时,人的心理也是自主的存在,是自主的活动,是自主的创造。所以,人又是自我创造的产物,人的心理也就是自我构筑或自主创造的结果。这就是自然与自主的内涵。在心理学的研究中,既有心理学家把人的心理设定为自然历史的产物,也有心理学家把人的心理设定为自主创造的结果。这就导致对人的心理行为的完全不同的理解和解释,也导致对人的心理行为的完全不同的引导和干预。这也就是心理学研究中的自然决定论和自主决定论的区别。

---

① 葛鲁嘉,陈若莉. 论心理学哲学的探索——心理科学走向成熟的标志[J]. 自然辩证法研究,1999
(8):35-40.

二是物理与心理。西方科学心理学的诞生,直接采纳了近代自然科学得以立足的理论基础。在涉及对心理学研究对象的理解方面,西方科学心理学借用的是近代自然科学中的物理主义的世界观。物理主义在这里主要泛指传统自然科学有关世界图景的一种基本理解。物理主义的世界观把世界看作是由物理事实构成的,物理事实能为研究者的感官或作为感官延长的物理工具把握到。相对于研究者的感官经验,物理事实也可以称之为物理现象或自然现象。按照自然进化的阶梯,自然现象可以有从简单到复杂的排列,而正是简单的构成了复杂的,或者复杂的可以还原为简单的。西方心理学的主流采纳了物理主义的观点,把人的心理现象类同于其他的物理现象。尽管心理现象具有高度的复杂性,但却可以还原为构成心理现象的更简单性的基础。在自然科学贯彻物理主义的过程中,物理学中有过反幽灵论的运动,生物学中有过反活力论的运动,心理学中也相应地有过反心灵论或反目的论的运动。这就使得西方心理学对研究对象的理解存在着客观化的倾向,而客观化甚至导致对研究对象的物化。实际上,人类的心理与自然的物理既有彼此的关联,又有彼此的区别。最根本的关联在于,人类的心理也是自然的存在,也是自然发生和变化的历程。最根本的区别在于,人类的心理具有自觉的性质,这种自觉的心理历程也是文化创生的历程。① 正是人类心理的特殊性质导致了人类心理的多样性和复杂性,也导致了心理学研究在理解人类心理时的困难、局限、分歧、争执、对立和冲突。

三是人性与人心。心理学研究的主要是人的心理,心理学家有关人性的主张就会成为理解人的心理的理论前提。或者,心理学家对人性有什么样的看法,就会对人的心理有什么样的理解。涉及有关人性的主张,可以体现在两个维度上。第一个维度是有关人性的本质属性。这基本上有三种不同的主张:人性的自然属性、人性的社会属性、人性的超越属性。以人性的自然属性为理论前提,在心理学的研究中就有心理学家通过生物本能或神经系统来理解人的心理行为。以人性的社会属性为理论前提,在心理学的研究中就有心理学家通过社会环境或人际关系来理解人的心理行为。以人

① 葛鲁嘉.中国本土传统心理学的内省方式及其现代启示[J].吉林大学社会科学学报,1997(6):25-30,94.

性的超越属性为理论前提,在心理学的研究中就有心理学家通过心理建构或自主创造来理解人的心理行为。第二个维度是有关人性的价值定位。这基本上也有三种不同的主张:人性本善、人性本恶、人性不善不恶或可善可恶。以人性本善作为理论前提,在心理学的研究中就有心理学家把人的心理理解为向善的追求。以人性本恶作为理论前提,在心理学的研究中就有心理学家把人的心理理解为向恶的追求。以人性不善不恶或可善可恶作为理论前提,在心理学的研究中就有心理学家把人的心理理解为受后天环境的制约。

四是客观与主观。人的心理意识和心理行为都是可以成为客观的研究对象。在心理学的研究中,在心理学追求客观化的进程中,心理学的研究对象被看作是客观的存在,甚至被看作是物化的存在。物理的还原或生理的还原就是心理学研究对象物化的结果。但是,与此相对立的是,心理学的研究也有把人的心理意识和心理行为看成是主观的存在,是一种主观的自觉。所谓的客观与主观也是在心理学的研究中对研究对象与研究者之间关系的确立。所谓客观的研究,在于从研究对象出发,不加入研究者主观的看法、见解、观点,等等。所谓主观的研究,则是从研究者出发,主张和强调心理的承载者、表现者、运作者也可以同时成为心理的体察者、体认者、体验者。其实,这是人的心理与物的存在的一个非常重要的区别。

五是被动与主动。人的心理行为可以是被动的,也可以是主动的。或者,人的心理既可以是由外在推动的,也可以是由内在发动的。在心理学的研究进程中,有的研究把人的心理看成是被动的,是受外界的条件决定的。环境决定论就是这样的主张。人的心理的基本特性和发展变化,是由人所处的环境条件决定的。有什么样的环境条件,也就有什么样的心理行为。有的研究把人的心理看成是主动的,是人的心理自己推动的。心理决定论就是这样的主张。人可以通过自身的努力来创造和改变环境的条件。人的被动与主动,或者人的心理的被动与主动,已经成为心理学研究和应用中的对立两极。

六是生理与社会。人的心理行为有其实现的生理基础,那就是人的神经系统。神经生理的活动是人的心理活动的基础。人的心理行为也有其实现的社会基础,那就是人的社会生活。涉及心理与生理的关系,人的心理不仅是为人类个体所拥有,而且是与个体的身体相关联。心身关系或心理与生理的关系一直是困扰着心理学研究的重大问题。在西方心理学的发展历史中,流行着心身一元论和心身二元论的观点,包括唯物的心身一元论、唯心的心身一元论、平行的心身二元论、交互作用的心身二元论,等等。这无疑制约着心理学家关于研究对象的理解。涉及心理与社会的关系,人的心理就不仅为个体所单独具有,而且为人类社会所共同拥有。

七是动物与人类。人是地球的生物种群中的一种,或者人也是动物。但是,人又是超越动物的特殊物种。这也就是说,人既有动物的属性或本性,也有超越动物的属性或本性。在心理学的发展历程中,既有过把动物的心理拟人化的研究,或者按照对人的心理的理解来说明动物的心理;也有过把人的心理还原为动物心理的研究,或者按照对动物心理的理解来说明人的心理。无论是哪一种理解,都是对动物与人类的心理发展和演变的关联和界线的忽视。心理学的研究怎样把握动物的心理与人类的心理的区别和联系,也是决定着心理学研究的合理性的重要方面。

八是个体与群体。对于人来说,人首先是个体的存在,是在身体上彼此分离的独立个体。同时,人又是种群中的个体,是群体的存在。人的心理非常独特的方面就在于,每一个人都拥有完整的心理,或者是没有脱离开个体的所谓人类群体的心理。但反过来,人类群体又拥有共同的心理,或者是不存在彼此隔绝的、截然不同的个体心理。这给理解心理学的研究对象带来了分歧。在西方心理学的研究中,个体主义的观点就十分盛行。这种观点强调通过个体的心理来揭示整体的心理,而否定了从整体的心理来揭示个体的心理。这无疑限制了心理学从更大的视野入手去进行科学研究。整体的心理、群体的心理、社会的心理,都与个人的心理、个体的心理、自我的心理有着重要的区别和特殊的联系。

九是内容与机制。人的心理可以内含其他事物于自身,可以指向心理内在的对象。这就是人的心理活动的基本内容。但是,人的心理又有对内容的运作过程,可以通过特定的内在方式来转换或操作对象。这就是人的心理活动的内在机制。人的心理活动是内容与机制的统一体。但是,如何对待人的心理的内容和机制,却有着不同的观点。在心理学的研究中,就曾经有过研究人的心理内容与研究人的心理机制的对立。例如,在西方实证心理学诞生之初,就有内容心理学与意动心理学的对立和争执。相比较而言,心理活动的内容是复杂多样的、表面浮现的。因此,科学心理学的研究常常倾向于抛开内容而去探索心理的机制。这成为心理学研究中一个似乎是定论的研究倾向。但是,实际上心理活动的内容是心理学研究必须面对的十分重要的方面。

十是元素与整体。人的心理是由许多要素构成的,但又是一个相互关联、不可分割的整体。在对心理学研究对象的理解中,有着相互对立的元素主义的观点和整体主义的观点。心理学研究中的元素主义要揭示心理的最基本的构成元素,以及这些基本元素的组合规律,从而认识人的复杂的心理活动。或者,元素主义试图确定心理的基本构成单位,这些基本的构成单位是最小的、不变的。心理学通过分离和把握心理的基本元素,来解说整体的、复杂的心理现象。心理学研究中的整体主义则认为,人的心理是完整的、不可分割的,如果加以分解或分割,就会失去人的心理的原貌,从而主张应揭示人类心理的整体。元素主义与整体主义在心理学的研究发展中都有过体现。两者也曾经有过彼此的对立和相互的排斥。但是,人的心理行为,对人的心理行为的揭示,都不会是脱离了整体的元素,也不会是脱离了元素的整体。

十一是结构与机能。人的心理是依照特定原则组成的结构,而心理的结构也具有特定的功能。在心理学的研究中,关于人的心理行为的研究,就有过对心理行为的结构的关注和考察,也有过对心理行为的机能的关注和考察。在西方心理学的历史演变中,就有过构造主义心理学与机能主义心理学的对立和争执。构造主义心理学强调,心理学是研究人的心理结构,包括心理结构的构成要素和构成规律。机能主义心理学则强调,心理学是研究人的心理机能,包括心理适应环境和应对生活的机能或功用。问题在于,人的心理行为的结构与功能,并不是彼此分离的,而是相互整合的。有研究指出,在心理学关于结构的研究中,有从结构组成出发的结构研究,有从结构特性出发的结构研究,有从结构功能出发的结构研究。①

十二是意识与行为。人的心理有内在的意识活动,也有外在的行为表

① 阳泽. 论结构思想及其在心理学中的应用[J]. 西南大学学报(社会科学版),2008(4):166-170.

现。在心理学的发展历程中,心理学的探索和研究曾经偏重过对意识的揭示,着眼于说明和解释人的内在意识活动。但是,心理学的研究后来也曾经抛弃过意识,把意识驱逐出心理学的研究领域,而把人的行为当作心理学唯一的研究对象。行为主义心理学曾经一度支配了整个心理学的研究。这导致心理学成为没有心理的心理学,或者是没有心理的行为学。在心理学的研究中,意识与行为曾经彼此分离和相互排斥。心理学的研究要么成为没有意识的纯粹外在的过程,要么成为没有行为的纯粹内在的过程。人的意识和人的行为都属于人的心理,都应该成为心理学研究的对象。人的意识与人的行为也是一个统一体的不同侧面。如何避免割裂或人为分离人的意识与人的行为,怎样去整合人的心理或整合考察人的心理,是心理学研究的重要任务。

二、关于心理学理论构造的把握

心理学研究是对研究对象的理论解说。心理学的理论构成、理论传统、理论假说、理论递进、理论演变、理论更替等,都属于心理学的核心。心理学研究中关于心理学理论构造的把握,包括一系列重要的方面。

一是思想与前提。心理学的研究会有自己的思想基础或理论前提。这是心理学的思想根源或理论根基。心理学的发展会受到自身的思想根源或理论根基的影响。这决定了心理学研究的思想取向、研究立场、理论构想、方法设置、技术运用等。心理学哲学的研究或探索,可以有助于构建心理学的理论基础,强化心理学的理论根基,挖掘心理学的理论资源。其实,任何学科的科学研究都有自己的理论核心或理论内核,心理学的研究也不例外。心理学哲学的研究理应成为心理学研究的理论核心或理论内核。

二是预设与假设。在心理学研究中,关于心理学的研究对象有着特定的理论预设前提。这成为心理学理解研究对象的基点、出发点和立足点。有关心理学研究方式的理解则涉及心理学作为一门科学的预先设定。这个预先的理论设定无论是隐含的还是明确的,都决定着对心理学研究方式的理解和运用。有关心理学研究方式的理论前提有两个主要来源:一是心理学家对自己从事的科学事业持有的立场或依据。当心理学研究者接受了一套心理学科学研究的训练,实际上也就确立了关于什么是心理学科学研的理论设定。二是科学哲学家以科学为对象的哲学探讨,这提供了什么是科学的研究、什么是科学研究的方法论等的基本认识。

三是范式与框架。范式就是对认识活动起指导和支配作用的理论框架和基本模式。理论范式的基本要素包括特定时代科学家的共同信念、共同传统,以及理论范式规定的基本理论、基本方法和解决问题的基本范例,还包括科学实验遵循的基本操作规范和时代影响形成的科学心理特征。框架是人的认识形成和依赖的基本结构、核心原则和思想设定。心理学的研究有许多隐含的理论预设,这必须通过理论反思和批判来理清和矫正。如此,心理学才能够为自己的发展和研究确立一个思想的基础,开辟一个研究的平台,提供合理的理论预设,建构完整的理论框架。

四是历史与趋势。关于心理学历史演变、现实发展和未来走势的研究,需要有特定的研究基础或思想基础。这通常被称为心理学史论的研究。现代科学心理学的产生和发展可以从不同方面或侧面去加以考察,或者可以依据不同线索或历程去加以追踪,通过这些线索就可以更全面更深入地理解和把握现代科学心理学的产生、演变和发展。对科学心理学的历史发展和未来走向的追踪和考察,应该从笼统的、单一的、模糊的转向精细的、多维的、明确的。这不仅是心理学史研究的扩展和进步,不仅是理论心理学研究的深入和细化,而且是心理学的自我反思和自我觉解,也是心理学的日渐壮大和走向成熟。

五是价值与取向。心理学的价值取向是心理学发展和演变过程中的重大问题。心理学的学术探索与价值取向具有的关联是心理学必须面对的。在心理学的学科发展过程中,心理学的探索是价值无涉的还是价值关联的,心理学的探索应该怎样确立自己的价值取向,这都是心理学家的研究无法回避的核心性理论问题。心理学的价值取向或价值定位,关系到心理学的科学地位、社会地位、历史地位和现实地位。当代心理学的研究是否具有价值的定位和价值的取向,或者心理学是一门价值无涉的科学还是价值涉入的科学,这是心理学研究必须面对的。可以说,当代各种心理学理论的发展和演变,都有着独特的定位或取向,都有着特定的价值定位或价值取向。

六是概念与理论。在心理学的研究中,心理学家在运用心理学的概念和建立心理学的理论时,总是力求坚持合理性的原则。这种原则体现在两个重要方面：一是对概念进行操作性定义；二是强调理论构造符合逻辑规则。心理学中的许多概念常常来自经验常识或日常语言，那么对于心理学研究来说，就存在如何将日常语言转换成为科学概念的问题。心理学中流行过操作主义，许多心理学家都希望借助操作主义来严格定义心理学的概念。操作主义的长处在于保证了科学概念的有效性，也就是任何科学概念的有效性取决于得出该概念的研究程序的有效性。心理学理论的构成则强调逻辑的一致性。这需要的是科学语言的明晰性和科学理论的形式化。在心理学的研究中，理论的假设、理论的预设、理论的框架、理论的范式，都决定了心理学研究的方向和基础。

七是描述与解释。心理学的科学理论既是对研究对象的描述，也是对研究对象的解说。心理学的科学理论是一般性的说明，而不是形而上学的说明。因此，借助归纳法建立的经验归纳结构的科学理论，是由事实和定律构成的。成熟的或高级的科学理论是由科学公理（基本概念和基本假设）推导出的科学命题、科学定律和科学事实组成的严密逻辑演绎体系。

八是构成与检验。理论心理学的研究具有的一个重要方面，就是关于心理学研究对象的理论建构。这提供的是关于心理学研究对象的理论学说、理论假说和理论解释。心理学的研究是对心理行为的理论探索、理论描述、理论解说和理论阐释，心理科学提供的是关于研究对象的理论知识体系。所以，对于心理学的研究来说，理论建构的能力在某种程度上决定了其学科发展的水平。科学理论或心理学理论的合理性和有效性需要经验或实验的检验。可检验性和可重复性就成了重要的标准。

三、关于心理学研究方法的认识

科学的研究是通过研究方法来进行的，对方法的认识决定方法的制定和运用。这也是心理学中的方法论和方法学的内容。① 有关心理学研究方式的理解涉及心理学作为一门科学的预先设定。这个预先的设定可以是隐含的，也可以是明确的。这个预先的设定可以是合理的，也可以是不合理

---

① 陈宏.科学心理学研究方法论的比较与整合[J].东北师大学报（哲学社会科学版），2002(6)：107-112.

的。无论是隐含的还是明确的,无论是合理的还是不合理的,这都决定着心理学家对心理学研究方式的理解和运用。有关心理学研究方式的理论前提也有两个主要来源。一是心理学家对自己从事的科学事业所持有的立场或依据。当心理学家接受了一套心理学科学研究的训练,他们实际上也就确立了关于什么是心理学科学研究的理论设定。二是科学哲学家以科学为对象的哲学探讨,这提供了什么是科学的研究、什么是科学研究的方法论等的基本认识。例如,实证主义就成为心理学科学研究的基本立场。①

在心理学的研究中,心理学家使用的方法总是依据相应的理论设定。西方主流的心理学家坚持了可验证性的原则。这种原则体现在感官经验的证实和实证方法的检验。心理学研究者是与己分离的研究对象的旁观者,对于研究对象的认识应始于感官经验。研究的科学性是建立在研究者感官经验的普遍性上。这也就是同样作为研究者,涉及同样的对象,其感官经验也应该是同样的。因此,心理学的研究总是力图排斥内省的研究方法,极力推崇实验的研究方法。这就是因为,内省的经验是私有化的,实验的观察则是共有化的。这在某种程度上来说无疑是成功的,但也有不尽如人意的后果。那就是人的心理也是内在的自觉活动,这通过外在观察者的感官是无法直接把握到的。或者,依赖于研究者感官经验的普遍性,使心理学无法把握到人的心理的完整面貌。确立实证方法的中心地位,强调通过实证的方法来确立心理学的科学性质。心理学的研究运用实证方法是一个重大进步。但是,运用实证方法和以实证方法为中心具有不同的含义。发展和完善实证方法是十分必要的,而以实证方法为中心则涉及把实证方法摆放到一个绝对支配性的地位。在心理学中,以实证方法为中心导致研究是从实证方法出发,而不是从对象本身出发,这给心理学的具体研究带来了许多负面的效应。

一是科学与谬误。运用科学方法的一个最重要的问题,就是如何划定或区分科学与谬误。科学的认识如何与非科学或伪科学相区别,这是科学研究要面对的问题。这是关于心理学学科的科学性质的问题,也称为科学划界,即如何在科学与非科学之间作出区分。心理学家正是依据科学的划

---

① 陶宏斌,郭永玉.实证主义方法论与现代西方心理学[J].心理学报,1997(3):312-317.

界而区分出了科学的心理学、前科学的心理学、非科学的心理学和伪科学的心理学。任何解决科学划界问题的方案都要回答四个问题：第一,具体的划界标准是什么？这涉及依据什么对科学进行划界。第二,进行划界的出发点是什么？这涉及从事科学划界是为了达到什么目的。第三,科学划界的单元是什么？这涉及科学划界是针对什么进行的划界。第四,科学划界的元标准是什么？这涉及划界理论的预设或前提。在西方科学哲学的探讨中,科学划界的理论大致经历了四个发展阶段。第一个阶段是逻辑主义的绝对标准。这以逻辑经验主义和证伪主义为代表,强调科学与非科学非此即彼的标准,而划分科学的标准或是可证实性或是可证伪性。第二个阶段是历史主义的相对标准。这以范式演进和更替的理论为代表,强调的不是超历史的标准,而是对科学进行历史的分析。所谓的科学就是指科学共同体在共有范式下的释疑活动,而科学的进步就是科学共同体持有的范式的转换。第三个阶段是无政府主义的取消划界。这以怎么都行的主张为代表。该主张认为没有办法也没有必要划分科学与非科学,科学方法是怎么都行,科学理论是不可通约。第四个阶段是多元标准的重新划界。在这个阶段强调仍要进行科学划界,但提供的是多元的标准。① 心理学从哲学中分离出来之后,就一直存在着确立自己的科学身份的问题。② 所以,心理学的科学性质就一直缠绕着心理学的研究者。在心理学的内部,一直持续的是对彼此研究的科学性的相互指责。例如,科学主义取向的心理学对人本主义取向的心理学的指责,就是否认其研究的科学性质。心理学家总是依据自己对科学的理解来对待心理学的探索。③④

二是方法与问题。在心理学研究或发展中,方法中心和问题中心是两种不同的研究立场和研究主张。方法中心是指在心理学研究中能够起决定作用的、能够去引导研究的是方法。心理学研究是不是科学的,要看是否采用了科学的方法。心理学的研究以方法为中心给心理学带来了研究上的进

① 陈健.科学划界[M].北京:东方出版社,1997:1-2.
② 葛鲁嘉.中国心理学的科学化和本土化——中国心理学发展的跨世纪主题[J].吉林大学社会科学学报,2002(2):5-15.
③ 葛鲁嘉.大心理学观——心理学发展的新契机与新视野[J].自然辩证法研究,1995(9):18-24.
④ 葛鲁嘉.心理文化论要——中西心理学传统跨文化解析[M].大连:辽宁师范大学出版社,1995:54-55.

步,但也使心理学对研究的问题的重要性有所忽视。问题中心则是指在心理学研究中能够起决定作用的、能够去引导研究的是问题。心理学研究是不是科学的,要看提出的问题和解决的问题的关键性和重要性。心理学的研究方法是为心理学研究的问题服务的,或者方法是用来解决问题的。问题与方法都是心理学研究中最重要的方面。脱离方法的问题和脱离问题的方法都是不完整的,也都是片面的。

三是实证与体证。心理学的科学研究有时也被称为实证的研究,所以科学心理学有时也被称为实证的心理学。实证研究,实际上就是指研究者的感官经验的证实,而不是研究者任意的想象、猜测和推论。因此,实证的研究被看成是科学的研究,特别是被看成是具有广义物理科学性质的研究。这曾经被当成是心理学研究科学性的基本保证和保障。但是,心理科学的研究对象有着非常独特的性质,那就是人的心理意识的自觉性的特性。这种心理的自觉导致人的心理包含着自我体察和自我体验。与实证相对应,人的心理的自我觉解、自我引导、自我提升也可以称之为体证。体证也就是通过实行和践行,来生成、改变和改善自己的心理行为,来提升自己的心理境界,来实现自己的心理人生。心理学理论的心理现实性就是通过体证来达到的。

四是实验与内省。在心理学的科学研究中,目前是实验的方法占据着主导的地位。但是,在心理学的历史发展中,内省的方法也曾经占据过主导的地位。或者,在心理学研究的早期,内省的方法曾被当成是主导的研究方法。科学心理学在早期的研究涉及人的意识,科学心理学也被称为意识心理学。人的意识是无法被研究者直接观察到的,却可以被人自己体察、体验或内省到。但是,在心理学成为独立的科学门类之后,由于内省的个体私有性、不可重复性、无法验证性,内省的方法逐渐地被实验的方法替代。实验的方法也在某种程度上会受到实验工具和实验者感官观察的某些限制。内省能否超越个体性,或者通过内省的方法能否达到普遍性,也成为内省方法能否被心理学研究重新启用的重要问题。①

① 葛鲁嘉.中国本土传统心理学的内省方式及其现代启示[J].吉林大学社会科学学报,1997(6):25-30,94.

　　五是定性与定量。无论是在心理学研究的性质上，还是在心理学研究的方式上，都有定性研究和定量研究之分。心理学中的定性研究与定量研究也可以称之为质化研究与量化研究。定性研究是对研究对象的性质的推论或断定。定量研究则是对研究对象的数量关系的确定和计算。在心理学的研究中，既包含着定性研究也包含着定量研究。问题在于对两者优先地位的确定。这也就在于，是定性研究占据决定地位，还是定量研究占据决定地位。①②　在心理学的发展历程中，有过定性研究占主导的时期，也有过定量研究占主导的时期，也有过对两者的特定关系或组合关系的探索和研究。无论是定性研究，还是定量研究，都是心理学研究重要的方式方法。

　　六是思辨与操作。思辨研究与操作研究是心理学研究中两种完全不同的方式，或者是心理学研究中两种特定的考察和说明对象的方式。这两种方式有过彼此的对立和对抗，有过彼此的排斥和否定。在心理学的早期形态中，思辨研究占据着主导的地位。思辨研究是指研究者根据自己的理论立场和经验常识，预先设定了对象的性质，并通过这种预先的设定来进一步推论对象的活动、特征和规律。在心理学的研究中，思辨常常被看作是哲学推论和理论演绎的方法，因而在后来的心理学研究中受到强烈的排斥。在科学心理学的后来发展中，操作研究后来居上，占据了主导的地位。操作研究是指把研究建立在操作程序的合理性和合法性上。

　　七是客位与主位。这是关于心理学研究中研究者与研究对象的关系的问题。西方心理学的主导科学观分离了研究对象与研究者，或者分离了研究客体与研究主体。研究客体是已成的存在，是客观的现象。研究主体则是如实描摹的镜子，是冷漠的、中立的旁观者。在心理学研究中，这是占有支配性的理论预设。这给心理学带来了巨大的研究进步，但也限制了心理学的进一步研究发展。例如，这可以导致对心理学研究对象的客观化，也可以导致价值无涉的研究立场。实际上，研究对象与研究者的分离是基于异己的自然物与人作为认识者的区分。心理学的研究对象与研究者具有共同的性质。这既可以是按研究对象与研究者加以区分，也可以是形成超越这

① 单志艳，孟庆茂.心理学中定量研究的几个问题[J].心理科学，2002(4)：466-467，471.
② Ratner, C. *Cultural Psychology and Qualitative Methodology*. New York：Plenum Press，1997，pp. 27-28.

种区分的特定联系。可以认为,在心理学研究中,研究者与被研究者也是一体化的,那就是心灵的自我超越和自我创造的活动。这不仅是个体化的过程,而且是个体超越自身的过程。这不仅是心灵的自我扩展,而且是心灵与心灵的共同构筑。①

八是证实与证伪。证实是指通过特定的方式方法来确定事物、事情、事件的理论描述和解说的真实性与合理性。在科学研究中,在心理学研究中,关于研究对象的理论描述和理论解释是不是客观的、准确的,需要特定研究方法的证实。证伪则是科学的理论或者命题不可能被经验证实,而只能是被经验证伪。可以被证伪的理论或者命题才是科学的,否则就是非科学的。在科学研究的活动中,证实与证伪并不是对立的,而是可以统一的,并共同构成科学研究的活动。

四、关于心理学技术工具的思考

在心理学研究中,心理学家不仅要揭示、说明和预测人的心理,而且要通过相应的技术手段影响、干预和改变人的心理。要对人的心理进行技术干预,西方主流的心理学家坚持的是有效性原则。这个原则涉及被干预对象的性质和技术干预的限度。心理科学的技术干预对象与其他自然科学门类的技术干预对象有类同的地方,也有很大甚至根本的不同。人对于其他的自然对象的技术干预是为了给人谋福利,那么对象就具有为人所用的性质。然而,心理科学对人的心理的干预则是直接为心理科学的对象谋得福利,技术干预的对象不具有为人所用的性质。这就是人的尊严的问题,或者是人的价值的问题。同样,人作为心理科学的技术干预的对象,人不是被动的,不是可以任意加以改变的。心理科学的技术手段是有限度的。这就是人的自由的问题,或是人的自主的问题。实际上,心理科学的研究对象是人的心理生活,心理生活是人自主引导和自主创造的生活。

一是中心与附属。心理学研究可以区分为基础研究和应用研究,研究的区分主要有研究目的和评价标准两个方面。基础研究的研究目的是说明

---

① 葛鲁嘉,陈若莉.当代心理学发展的文化学转向[J].吉林大学社会科学学报,1999(5):79-87,97.

和解释研究对象,构建和形成知识体系。应用研究的研究目的则是确定和解决现实问题,改进和提高生活质量。基础研究的评价标准是合理性,即心理学的理论学说、研究方法和应用技术是不是合理的。应用研究的评价标准则是有效性,即心理学的理论学说、研究方法和应用技术是不是有效的。心理学研究还可以区分为理论研究、方法研究和技术研究。心理学的理论研究可以是在两个层面上:哲学反思或前提批判的层面;理论构想或理论假设的层面。理论构想或理论假设可以涉及概念、理论、学说和学派,也可以涉及思想、框架、假说和模型。心理学的方法研究则可以是在哲学思想方法、一般科学方法和具体研究方法三个层面上。哲学思想方法涉及方法论与方法。一般科学方法涉及横断科学的方法论探讨,如系统论、信息论、控制论等。具体研究方法涉及心理学研究的各种具体的研究方法,如观察法、实验法、测量法、问卷法,等等。心理学的技术研究则可以是在思想和工具两个层面上。思想层面包括技术设计的思路、技术运用的理念,工具层面包括技术运用的手段、技术实施的步骤,等等。无论心理学的研究按照什么标准进行区分或作出分类,都存在着以什么为中心,以什么为附属的问题。例如,把基础研究作为中心和把应用研究作为附属,把方法研究作为中心,把理论研究或技术研究作为附属。这在很大程度上决定了心理学研究的性质和特征。

二是类别与顺序。在心理学研究中,不同类的研究有一个基本的顺序或次序的问题。德国哲学家康德曾经有一个关于心理科学的研究性质或关于意识的基本性质的结论。那就是心理意识只有时间的维度而没有空间的维度,根本无法进行测定和量化。为此,心理学只能是内省的研究,而不能成为实验的科学。其实,康德关于心理学的结论具有两点含义:一是人的心理是独特的,其完全不同于物理;二是实验的方法是有限度的,不可能无限度地运用。康德的结论给心理学的研究带来了一个难以克服的障碍,这就是导致在心理学研究中还原论的盛行。心理学的还原论涉及把心理的存在还原为物理的、还原为生理的,像还原为脑、神经元、遗传基因等方面。在心理学研究中有一个非常重要的问题,那就是以什么为中心。以理论为中心的心理学研究强调哲学思辨、理论构想、理论假设和问题中心。以方法为中心的心理学研究强调方法决定理论、方法优先问题。对于心理学的研究顺序应该有新的设想。原有的研究顺序有过理论、方法和技术的顺序，也就是理论优先。原有的研究顺序也有过方法、理论和技术，也就是方法优先。其实，心理学现有的研究顺序应该是技术优先，也就是技术、理论和方法。技术优先的思考涉及价值定位、需求拉动、问题中心、效益为本。技术、理论和方法的顺序也表明，技术应由理论支撑，理论应由方法支撑。对于人的心理生活来说，重要的是生活的规划、规划的实施和实施的评估。

三是干预与引导。对人的心理生活，心理科学可以有干预和引导两种方式加以影响。干预是指以研究者为主导的过程，引导则是指以生活者为主导的过程。干预是使生活者按照研究者的预测和方法进行改变或得到改变。引导则是使生活者按照自己的意愿和方式，朝研究者制定的目标和以研究者提供的方式进行改变或产生变化。干预和引导是两种不同的施加影响的方式。干预带有强制性，而引导强调自主性。在某种程度上，干预是外在的，也有强制的性质。引导则是内在的，也有自主的性质。

四是问题与目标。心理学的应用是对现实中具体问题的解决，最重要的是确定问题。但是，应用心理学对现实生活中问题的解决，还必须确立自己的实际目标。问题是从现实出发的，目标是从学科出发的。问题决定了心理学应用的意义，而目标则决定了心理学应用的导向。心理学的应用总是针对问题的过程，又总是实现目标的过程。问题是生活所呈现的，是实际的或现实的。目标则是学科所提供的，是设定的或理想的。问题与目标的匹配，决定了心理学应用的导向和效果。

五是工具与程序。心理学的应用要涉及具体的技术工具。新工具的发明和使用，新手段的确立和运用，是心理学应用的基本方面，也是决定心理学的应用程度和应用效果的一个重要方面。技术思想和技术理念是可以通过技术手段和技术工具加以实现的。任何技术工具的运用还要涉及一套具体的应用程序或实施步骤。正是通过一系列具体的应用程序或实施的程序步骤，来完成对人的心理行为的改变。心理学应用的工具只有在特定的、有效的程序中，才是有价值的、有效用的。程序的合理性也决定了工具的有效性。

六是规划与实施。在心理学的应用过程中，要有对应用方案的规划、设计和制定。在制定规划之后，最重要的就是实施方案。对应用方案或应用程序的制定主要有四个确定：(1)确定研究的问题与目标,包括确定问题情境与实际问题,也包括确定长期目标与短期目标。(2)确定理论的原理与原则,包括确定心理学科的原理和原则,也包括确定其他学科的原理和原则。(3)确定研究的方式与方法,包括需要了解的内容范围,也包括需要采纳的研究方法。(4)确定干预的技术与手段,包括参照其他应用的成功案例,也包括拟定所需的合适手段。

　　七是评估与修正。在心理学应用方案的实施过程中,在应用方案实施完成后,还要对实施结果进行评估,评估过后还要对原方案进行修正。对心理学应用方案的评估有两种：建构性评估,主要评估应用方案的基本构成；总结性评估,主要评估应用方案的实施结果。对心理学应用方案的评估内容涉及四个基本方面：应用方案的目标；应用方案的构造；应用方案的作用；应用方案的效率。任何应用方案的制定,都不可能是完美无缺的。在实际的应用过程中,就要进行不断的修正和改进。

　　八是投入与效益。在心理学应用过程中,还有一个需要关注的非常重要的方面,就是应用的投入与效益。心理学的应用必须考虑的是,怎样以最小的应用投入来获得最大的应用效益。心理学的应用是解决现实生活中人的心理行为问题的过程,或是提升现实生活中人的心理生活品质的过程。然而,任何对心理行为问题的解决都需要投入人力、物力、时间、精力和资金,等等。这也就是投入的问题。与此相对应的是,任何对心理行为问题的干预和解决也都会求取变化、改进、结果、收获和提升,等等。这也就是效益的问题。关键就在于,心理学的应用怎样能够以最小的投入来获取最大的效益。

第二节　心理学的研究方法

　　关于心理学研究方法的探讨,最重要的是关于研究方法的原则。这也属于心理学方法论的问题。方法论的思想原则、理论预设、方法定位和程序设定,都属于关于心理学研究方法的考察和探索。当然,关于心理学研究方法的探讨,还有着方法学的内容。这涉及心理学的具体研究方法,具体是关于心理学的实验方法、观察方法、测验方法、调查方法、统计方法等。

一、实证主义方法论

心理学的研究有自己的研究方法,科学心理学运用的方法是科学的研究方法。在特定科学观的限定下,所谓的科学就是实证的科学,所谓科学的心理学就是实证的心理学。① 实证的科学运用的是实证的方法。心理学在成为独立的科学门类之后,就力图以实证主义的科学观来衡量自己的科学性。这样,是否运用实证方法,就成为心理学研究是否科学的一个根本尺度。② 这就是把实证的方法放在了决定性的位置。这也就是在科学心理学的发展过程中曾经盛行的方法中心主义。心理学的研究是否使用了实证的方法,就成为心理学是不是科学的唯一尺度。③

可以说,心理学正是通过使用实证的研究方法确立了自己的科学性质和科学地位。在心理学发展史的研究中,就把世界上第一个心理学实验室的建立,看作是科学心理学诞生的标志。那么,心理学研究运用了实证的方法或者实验的方法,就成为衡量心理学学科的科学性的基本标尺。这表明了实证方法在心理学研究中的中心地位。④⑤ 许多的心理学家都持有方法中心主义的立场和观点。心理学中的方法中心主义就是把科学方法在心理学研究中的运用与否,当成心理学是不是科学的基本标准。

科学研究中方法中心的主张,就是立足实证主义的方法论。可以说,科学心理学在西方文化中诞生之后,就把自己的研究建立在了实证主义的基础之上。实证主义有两个基本的理论设定。一个是主观与客观的分离,或主体与客体的分离。这体现在科学研究中就是研究对象与研究者的分离。研究者必须客观地或原样地描述和说明对象,而不能够把研究者自己的主观性的东西掺入其中。一个是把主观对客观的把握或主体对客体的把握,建立在感官验证的基础之上。这就是实证的含义。感官的证实就能够去除

---

① 葛鲁嘉. 大心理学观——心理学发展的新契机与新视野[J]. 自然辩证法研究,1995(9):18-24.
② 葛鲁嘉. 心理文化论要——中西心理学传统跨文化解析[M]. 大连:辽宁师范大学出版社,1995:10.
③ 葛鲁嘉. 中国心理学的科学化和本土化——中国心理学发展的跨世纪主题[J]. 吉林大学社会科学学报,2002(2):5-15.
④ 郭本禹. 当代心理学的新进展[M]. 济南:山东教育出版社,2003:166.
⑤ 叶浩生. 西方心理学研究新进展[M]. 北京:人民教育出版社,2003:28-35.

研究者的主观臆断,客观的观察或者严格限定客观观察的实验就成为科学研究的科学性的保障。没有被感官验证的、没有被感官观察证实的存在,就都有可能是虚构的存在。或者,无法被感官把握到的存在就都有可能是受到质疑的存在。为了在科学研究中弃除虚构的东西,就必须贯彻客观主义的原则。科学研究就是证实的活动,就是客观证实的活动,就是感官证实的活动。近代科学的诞生,强调的就是实证主义的原则,进行的就是感官证实的活动。

　　现代科学心理学的一个重要起源就是哲学对心灵的探索。在科学心理学诞生之前,哲学心理学对人的心理的探索是着眼于对观念的考察。观念的活动就是心理的活动。观念的存在无法通过人的感官来把握到,而只有通过心灵的内省来把握,所以在哲学心理学的研究中运用了内省的方法。西方的哲学心理学是西方的科学心理学的前身。在西方科学的或实证的心理学诞生之初,也采纳和运用了内省的方法,或者是把内省的方法与实验的方法进行了结合。这就是在科学心理学诞生时期盛行的实验内省的方法。但是,在心理学的发展过程中,当科学心理学彻底贯彻了客观性原则之后,就把内省的方法从心理学中驱逐了出去。内省的方法从此成为非科学方法的同义语。内省的主观性和私有性使之被认为是不科学的、非科学的。因此,在科学的或实证的心理学研究中,也就彻底清除了内省的方法。在实证的心理学看来,内省不仅是非科学的研究方法,而且是科学无法涉及的对象。在实证心理学的视野中,根本没有内省的位置,也不可能有对内省的探讨,也不可能有对内省的揭示。

二、实验主义方法学

　　心理学研究中的实证主义方法论直接导致的就是实验主义方法学。实验是在实证的基础上建立的具体研究方法。实验是方法,实验主义则是将实验方法推进到了研究原则,是排他性的研究原则。

　　实验的方法被认为是现代科学心理学建立的标志。在心理学研究中,实验的方法是指,对人的心理行为进行定量的考察、分析和研究,也就是通过研究者控制实验条件来观察研究对象的实际变化。这包括实验的技术手段或实验的工具仪器,也包括实验者的感知观察和实际操作。实验的方法对于其他自然科学的发展来说是至关重要的。或者,对于自然的对象来说,实验是客观的、精确的。但是,对于人的心理来说,人的意识自觉的心理活动却是观察者无法直接观察到的。这给心理学的实验研究带来了很多的困难和障碍,也使心理学的实验研究一直在寻求更好的方法和工具。

作为科学心理学的研究方法,实证的方法或实验的方法都是建立在如下两个基本的理论前提或理论假设基础之上的。这两个基本的理论前提或理论假设决定了心理学研究方法的基本性质和功能。这两个理论前提或理论假设可以是明确的,是研究者明确意识到的,也可以是隐含的,是研究者没有意识到的。但是,无论是明确的还是隐含的,这两个理论前提或理论假设都会影响到实际的研究视野、研究方式、研究结果等。心理学哲学和理论心理学的研究,就在于反思、揭示和评判这两个理论前提或理论假设,使之明确化合理化。

一是客体与主体的分离,或者是研究对象与研究者的分离。这是为了保证研究的客观性,是为了消除研究者的主观臆断。心理学的研究者在探讨心理行为的过程中,就必须把心理学的研究对象看作是客观的存在。心理学的研究就必须是对心理行为的客观的描述和说明。问题在于,心理意识与物理客体存在着根本的不同或区别。人的心理意识的根本性质在于觉。无论是感觉、知觉,自觉、觉察、觉悟和觉解,都具有觉的特性。在科学心理学传统的研究中,对感觉的研究是在研究感,对知觉的研究是在研究知,对自觉的研究是在研究自,而不是在研究觉。更不用说觉察、觉悟和觉解,根本就不在心理学的研究范围之中。因此,在心理学的研究中,一直存在着把人的心理物化的倾向。

二是感官和感觉的确证。科学心理学对于人的心理行为的研究,必须是客观的呈现和客观的描述,而不能有虚构的成分和想象的内容。最重要的就是客观的观察或客观的证实。客观的观察或证实就确立于研究者感官的观察或感官的把握。这就是心理学中客观观察的方法。在心理学的研究中,定量研究和定性研究都是建立在客观观察的基础之上。无法直接观察到的意识活动和内省活动,就曾经被排斥在心理学的研究对象之外。这使心理学的研究不得不把人的心理许多重要的部分排除在研究的视野之外。或者,在心理学的研究中,是通过还原论的方式,把人的高级复杂的心理意识都还原为实现的基础,如物理的还原、生物的还原、神经的还原、社会的还原、文化的还原等。

　　正是基于以上两个方面,心理学的研究对象被限定为心理现象,是可以被研究者感官印证的客观存在。但是,如果采取另外的不同研究方式和方法,也就是体证和体验的方法,心理学的研究对象就不是心理现象,而应该是心理生活。心理生活是可以被体验到的心理存在,是可以实际体证的心理存在,也是可以生成、创造和建构的心理存在。其实,心理生活的创造性决定了心理生活就是文化的存在,就是文化的心理,就是文化的创造。因此,心理生活也就可以成为文化心理学的研究对象。这涉及关于文化与自我的关系的探讨,①也涉及文化心理学研究通过文化的思考。②

　　实验方法是心理学研究中最重要的方法。它给心理学带来的是精确化、精致化的定量研究和因果推论。它也使心理学迈入了当代科学的阵营。心理学通过实验研究,不仅能够如实描述心理行为,而且能够证实和证伪理论建构。

第三节　心理学的理论建构

　　方法论的探索是关系到心理学学科发展的核心问题。扎根理论方法论是在社会科学中使用最广却误解最深的研究方法论之一。扎根理论方法论的要素,一是阅读和使用文献,二是自然呈现,三是对现实存在但不容易被注意到的行为模式进行概念化,四是社会过程分析,五是一切皆为数据,六是扎根理论可以不受时间、地点和人物等的限制。扎根理论是一种质化研究的方式或方法,其主要宗旨是从经验资料的基础上建立理论。在心理学的研究中,在心理学本土化的追求中,扎根理论也同样被置于突出的位置上。那么,对扎根理论研究的方法论考察,就成为重要的课题。

---

① Markus, H. R. & Kitayama, S. Culture and the self: Implications for cognition, emotion, and motivation. *Psychological Review*, 1991(2), 224-253.
② Shweder, R. A. *Thinking through Cultures: Expeditions in Cultural Psychology*. Harvard University Press, 1991, p. 31.

一、心理学本土化方法论

心理学的研究方式和研究方法也可以有本土的特性和特征。这就是心理学本土化的方法问题或方法论问题。方法论是任何科学研究的基础,是理论、方法和技术的基础,因此心理学的方法论也是心理学研究的基础,也关系到心理学的理论、方法和技术。

原有的心理学方法论的研究仅仅涉及关于心理学研究方法的探索,心理学研究的方法论应该得到扩展。方法论的探索包括关于理论的反思,关于方法的认识,关于技术的思考。[①] 心理学的研究可以包括三个基本部分:一是关于理论的建构,涉及心理学的研究对象,对心理行为实际的揭示、描述、说明、解释、预测、干预等;二是关于方法的研究,涉及心理学的研究者,探讨心理学研究者持有的研究立场、使用的具体方法;三是关于技术的研究,涉及对研究对象的干预和改变。心理学研究的方法论也应该包括三个基本方面:一是关于心理学研究对象的理论预设和理论建构,即研究内容的确定,是力求突破对人的心理行为的片面理解;二是关于心理学研究方式的探索分析和方法创新,即研究方法的确立,是力图突破和摆脱西方心理学的科学观的限制,为心理学的研究重新建立科学规范;三是关于心理学技术手段的考察,即干预方式的确认,是力争避免把人当作被动接受随意改变的客体。

心理学研究的核心方面就是方法论的探索,但是传统心理学中的方法论的探讨主要考察心理学研究运用的具体研究方法,包括心理学具体研究方法的不同类别、基本构成、使用程序、适用范围、修订步骤等。随着心理学的发展和进步,心理学方法论的探索必须跨越原有的范围,应该包括关于理论的反思,关于对象的立场,关于方法的认识,关于技术的思考。因此,对心理学方法论的新探索,可以说就是反思心理学发展的一些重大的理论问题和方法问题。这些问题的解决不仅关系到中国心理学的发展和前途,而且关系到整个心理学的命运与未来。

心理学本土化,中国心理学的本土化发展,也需要有研究方法论上的考察、探讨、突破和创新。其中,扎根理论的方法论是涉及中国本土心理学的

---

① 葛鲁嘉.对心理学方法论的扩展性探索[J].南京师范大学报(社会科学版),2005(1):84-89.

理论创新发展的核心方面,这也受到许多研究者的关注和探讨。或者,中国心理学的本土化研究应该通过扎根理论,去寻求自己的理论创新的方法论依据和根基。

二、扎根理论方法论研究

扎根理论方法论(grounded theory methodology)是 20 世纪 60 年代由美国社会学家格莱瑟(Barney G. Glaser,1930—   )和斯特劳斯(Anselm Leonard Strauss,1916—1996)提出的质化研究方法,很快就受到不同学科学者的关注。这一方法论属于质化研究的程序,目前是在社会科学研究中使用最广泛,也得到研究者专门的探讨,并已经有了较为深入的考察。[1] 但是,扎根理论方法论也是受到误解最深的研究方法论之一。目前,这一方法论在许多学科领域,特别是在社会科学领域,如在教育学和心理学的研究中,得到研究者较为普遍的青睐。

在现有的研究方法论文献中,存在着不同的扎根理论方法论。格莱瑟和斯特劳斯在《扎根理论的发现:定性研究的策略》著作中,对扎根理论进行了最早的阐述。全书共分成了三个部分:一是通过比较分析生成理论,包括生成理论,理论取样,从实体理论到形式理论,定性分析的不断比较的方法,分类和评估比较研究,阐述和评估比较研究;二是资料的灵活运用,包括定性资料的新来源,定量资料的理论阐释;三是扎根理论的含义,包括扎根理论的可信性,对扎根理论的分析,洞察和理论的发展。[2]

斯特劳斯和科宾(Juliet Corbin)在《定性研究基础:发展扎根理论的技术和程序》一书中,分三个部分系统考察了扎根理论。一是基本的考虑,包括导言,描述、概念序列、理论化,理论化的定性和定量的相互作用,实践的考虑;二是编码的程序,包括对资料的微观考察的分析,基本操作,提出问题和进行比较,涉及分析工具,开放编码,主轴编码,选择编码,加工编码,条件

[1] Charmaz, K. *Constructing Grounded Theory:A Practical Guide through Qualitative Analysis.* London:Sage Publications Ltd,2006,pp. 4 - 8.
[2] Glaser, B. G. & Strauss, A. L. *The Discovery of Grounded Theory:Strategies for Qualitative Research.* New York:Aldine de Gruyter,1967,p. 9.

和序列矩阵,理论取样,备忘录和图表;三是获得的结果,包括写作的论文、著作和关于研究的讨论,评价的标准,学生的问题及回答。①

在目前关于扎根理论的介绍中,有国外学者的系统研究。② 在关于扎根理论具体运用的研究中,有涉及在深度访谈中运用的考察。③ 在国外关于扎根理论的研究中,有研究则把扎根理论方法论看成或当成是方法论的解释学。④

有研究对质性研究中传统的扎根理论方法和新兴的解释现象学分析进行了比较,尤其是考察了两者在研究抽样、资料收集和资料分析等方面的差异。⑤ 扎根理论和解释现象学分析都认为研究应该是一个动态的过程,强调研究者悬搁先定的假设和框架,通过对资料的分析,结合对自身的反省,以深入探讨现象的意义。在操作思路方面,扎根理论的抽样是针对同一个社会过程的现象有不同经验的参与者,而解释现象学分析则由于更关注个体对经验的理解方式,所以抽样主要是经历过同一经验的同质性样本,并且一般来说样本量较小。在资料分析方面,由于扎根理论追求生成适合资料的理论,所以分析是遵守细致的操作程序,并且是限定在资料中的。解释现象学分析则更偏重灵活性,并没有提出分析的具体操作程序,在分析中也允许研究者在一定范围内偏离初始问题,关注资料分析过程中显现的新奇主题,并认为这些被参与者忽略的新奇主题,更可能给人们熟悉的生活经历带来不平常的意义。

有研究从认识论层面比较了实证研究与质性研究的差异,重点介绍了作为质性研究方法的扎根理论的缘起、理论基础和研究程序。⑥ 这表明了扎根理论为质性研究的理论建构、为填平经验研究与理论研究之间的鸿沟,提出了一

---

① Strauss, A. L. & Corbin, J. (1998). *The Basics of Qualitative Research: Techniques and Procedures for Developing Grounded Theory*. Newbury Park, CA: Sage, 1998, pp. 12 - 13.
② 卡麦兹. 建构扎根理论——质性研究实践指南[M]. 边国英,译. 重庆:重庆大学出版社,2009:232 - 234.
③ 孙晓娥. 扎根理论在深度访谈研究中的实例探析[J]. 西安交通大学学报(社会科学版),2011(6):87 - 92.
④ Rennie, D. L. Grounded theory methodology as methodological hermeneutics. *Theory and Psychology*, 2000(10), 481 - 502.
⑤ 潘威. 扎根理论与解释现象学分析的比较研究[J]. 西华大学学报(哲学社会科学版),2010(3):112 - 116.
⑥ 王锡苓. 质性研究如何建构理论? ——扎根理论及其对传播研究的启示[J]. 兰州大学学报(社会科学版),2004(3):76 - 80.

整套程序与技巧。研究着眼于扎根理论的研究方法对于传播研究的方法论和弱势群体研究具有的有益启示。研究指出，由于过分强调经验观察与实验，实证研究受限于经验及理论模式，缩小了研究的范围。对方法的执着及对思辨的避讳，也同样使得实证研究走向了技术化，趋于繁琐性，而难有长足进步。

质性研究有以下特性：一是透过被研究者的视角看待社会，只有掌握被研究者个人的解释，才能明了其行事的动机。但是，这并不意味着可以否决研究者"二度建构"的可能。二是将研究过程的情景描述纳入了研究中，场景描述能够提供深层的发现。三是将研究对象放置在了发生的背景和脉络之中，以对事件的始末做通盘的了解。四是质性研究具有弹性，任何先入为主的或不适当的解释架构都应当避免，而是采用开放或非结构的方式。五是质性研究的资料整理主要依赖分析归纳，先使用一个大致的概念架构而不是确切的假设引领研究，然后再依研究的发现而归纳成主题。在理论形成方面，扎根理论提供了分析、描述和分类的方向。

扎根理论就是为了填平理论研究与经验研究之间存在的令研究者非常尴尬的鸿沟。这为弥补质性研究过去只偏重经验的传授与技巧的训练提供了一套明确而系统的策略，以帮助研究者去思考、分析和整理资料，挖掘根源和建立理论。扎根理论严格遵循归纳与演绎并用的科学原则，同时也运用了推理、比较、假设检验与理论建构。扎根理论是一个一面搜集资料，一面检验假设的连续循环过程，研究过程中蕴涵着检验的步骤。扎根理论的主要目的是在理论研究与经验研究之间架起一座桥梁，其严格的科学逻辑原则、开放的理论思考、研究多组和多变量复杂关系的视野，以及在实际工作中开展研究的过程，都为质性研究的理论建构提供了一个发展的空间。

扎根理论的方法论已经在许多学科的学术成长和理论发展中，得到了越来越广泛的关注和重视。这成为了寻求理论突破的一个重要的选择点或突破口。在心理学的研究中，在心理学本土化的追求中，扎根理论也同样被放在了一个突出的位置上。对扎根理论研究的方法论考察，也就成为了重要的课题。

三、扎根理论方法论要素

在现有的研究方法论文献中，至少存在三个扎根理论研究方法论的版本：一是格莱瑟和斯特劳斯的原始性版本（original version）的扎根理论；二是斯特劳斯和科宾的程序化版本（proceduralised version）的扎根理论；三是查美斯（Kathy Charmaz）的建构论版本（constructivist's approach）的扎根理论。对于采纳和运用不同版本扎根理论的研究者而言，鉴于在社会科学中研究范式、学科背景、探索领域、面对问题等方面的差异，学术界在扎根理论的版本选择问题上还缺乏基本的共识。

扎根理论研究方法论的要素涉及一系列相关的重要方面。这些方面对于理解和运用扎根理论研究方法论都是非常重要的。一是文献的阅读使用。文献回顾可谓是扎根理论研究方法论较之其他研究方法论最具差异性和争议性的研究步骤。避免一个特定的、研究项目之前的文献回顾，其目的是让扎根理论研究者尽量自由开放地去发现概念、研究问题并对数据进行分析。这样做的目的也是为了防止已知的文献对后来数据分析和解读带来的"污染"。在研究开始就把已知文献放在一边，同时也容许研究者进行理论取样并不断进行其他相关数据比较。二是对象的自然呈现。通过对不断涌现的数据保持充分的注意力，以便使研究者保持开放的头脑来对待研究对象关注的问题，而不是研究者本身的专业问题，这是扎根理论研究者要具备的基本条件之一。三是模式的概念把握。这是对现实存在但不容易被注意到的行为模式进行概念化。扎根理论是提出一个自然呈现的、概念化的、互相结合的、由范畴及其特征组成的行为模式。形成这样一个围绕着一个中心范畴的扎根理论的目标，既不是描述也不是验证。目的就在于形成新的概念和理论，而不仅仅是描述研究发现。原则上讲，扎根理论研究分析的社会世界中存在的实证问题，是在最抽象的、最概念化的和最具有结合性的层面。四是现实的过程分析。扎根理论是对抽象问题及其（社会）过程的研究，并不是问卷调查和案例研究等描述性研究那样针对（社会）单元的研究。扎根理论的分析关注重点是社会过程分析（social process analysis），而不是大多数社会学研究中的社会结构单元（social structural units），例如个人、团体、组织等，所以扎根理论研究者形成的是关于社会过程的范畴，而不是社会单元。基本社会过程可以分为基本社会心理过程和基本社会结构过程两种，后者有助于在社会结构中存在的基本社会心理过程的运作。五是数据的核心地位。在扎根理论研究方法论中，所有的一切都是数据。这个要素是极其重要的。在这个研究方法论中,数据包含了一切,可以是现有文献、研究者本身,以及涉及研究对象的思想观点、历史信息、个人经历。无论是什么研究方法论,研究者本身的主观参与都是一直存在的。六是时空的研究跨越。扎根理论可以不受时间、地点和人物等的限制。正如社会单元和社会过程之间的分析比较所指出的,扎根理论因其侧重对社会心理或结构过程的分析,故可以不受时间、地点或人物的限制。扎根理论可以跨场景、跨人物和跨时间加以应用。与其他研究方法论有所不同的是,扎根理论研究的成果应该具有更大的可推广性(generalizability)、全覆盖性(coverage)、可转移性(transferability)和可持久性(durability)。①

　　有研究对扎根理论在科学研究中的运用进行了分析。② 研究指出,扎根理论方法对资料的分析过程可以分为开放性译码、主轴性译码和选择性译码三个主要步骤。这三重译码虽然在形式上体现为三个阶段,但实际的分析过程中,研究者可能需要不断地在各种译码之间来回转移和比较以及建立连接。开放性译码的程序为定义现象(概念化)——挖掘范畴——为范畴命名——发掘范畴的性质和性质的维度。经过以上的第一层译码分析,得出的概念和范畴都逐次暂时替代了大量的一手资料内容,对资料的精炼、缩编和理解也在逐渐深入,继而分析和研究复杂庞大的资料数据的任务转而简化为考察这些概念,尤其是这些范畴之间的各种关系和联结。主轴性译码是指通过运用"因果条件→现象→脉络→中介条件→行动/互动策略→结果"这一典范模型,将开放性译码中得出的各项范畴联结在一起的过程。主轴性译码并不是要把范畴联系起来构建一个全面的理论架构,而只是要发展主范畴和副范畴。换言之,主轴性译码要做的仍然是发展范畴,只不过比发展其性质和维度更进一步而已。选择性译码是指选择核心范畴,将其系统地与其他范畴予以联系,验证其间的关系,并把概念化尚未发展完备的范畴补充整齐的过程。这一过程的主要任务包括识别出能够统领其他所有范畴的核心范畴;用所有资料及由此开发出来的范畴、关系等,扼要说明全部现象,即开发故事线;继续开发范畴使其具有更细微、更完备的特征。选择

---

① 费小冬.扎根理论研究方法论:要素、研究程序和评判标准[J].公共行政评论,2008(3):21-43.
② 李志刚.扎根理论方法在科学研究中的运用分析[J].东方论坛,2007(4):90-94.

性译码中的资料统合与主轴性译码差别不大,只不过所处理的分析层次更抽象。

四、扎根理论方法论评判

有研究详尽考察了扎根理论的思路和方法。① 研究认为,扎根理论是一种质化研究的方式或方法,其主要宗旨是从经验资料的基础上建立理论。研究者在研究开始之前一般没有理论假设,直接从实际观察入手,从原始资料中进行归纳概括,然后上升到理论。这是一种从下往上建立实质理论的方法,即在系统收集资料的基础上,寻找反映社会现象的核心概念,然后通过这些概念之间的联系建构相关的社会理论。扎根理论一定要有经验证据的支持,但扎根理论最主要的特点不在于其经验性,而在于扎根理论是从经验事实中抽象出新的概念和思想。在哲学思想基础上,扎根理论方法基于的是后实证主义的范式,强调对目前已经建构的理论进行证伪。

扎根理论的基本思路主要包括五个方面。一是扎根理论特别强调从资料中提升理论,认为只有通过对资料的深入分析,才能逐步形成理论的框架。这是一个归纳的过程,从下往上将资料不断地进行浓缩。与一般的宏大理论不同的是,扎根理论不对研究者自己事先设定的假设进行逻辑推演,而是从资料入手进行归纳分析。二是扎根理论特别强调对理论保持敏感性。由于扎根理论的主要宗旨是建构理论,扎根理论特别强调研究者对理论的高度关注。不论是在研究设计论证的阶段,还是在收集分析资料的阶段,研究者都应该对自己现有的理论、对前人提供的理论以及对资料呈现的理论保持敏感,注意捕捉新的建构理论的线索。三是不断比较的方法。扎根理论的主要分析思路是比较,在资料与资料之间、理论与理论之间不断进行对比,然后根据资料与理论之间的相关关系提取出有关的类别及属性。四是理论抽样的方法。在对资料进行分析时,可以将从资料中初步生成的理论作为下一步资料抽样的标准。这些理论可以指导下一步的资料收集和分析工作,如选择资料、编码设置、建立编码和归档系统。五是灵活运用文

① 陈向明.扎根理论的思路和方法[J].教育研究与实验,1999(4):58-63.

献。使用有关的文献可以开阔视野,为资料分析提供新的概念和框架,但注意不要过多地使用前人的理论。

扎根理论的操作程序一般包括五个方面。一是从资料中产生概念,对资料进行逐级登录;二是不断地对资料和概念进行比较,系统地考察与概念有关的生成性理论问题;三是发展理论概念,建立概念与概念之间的联系;四是理论性抽样,系统地对资料进行编码;五是建构理论,力求获得理论概念的密集度,也就是理论内部有很多复杂的概念及其意义关系,应该使理论概念坐落在密集的理论性情境之中,力求获得理论概念的变异度,力求获得理论概念的整合性。

应该说,在社会和行为科学的研究中,研究方法是非常重要的。在运用不同研究方法的研究中,理论也同样是不容忽视的。正如有研究所指出的:"在科学中,理论占有极其重要的地位。事实上,经过证实的科学理论就是科学知识的本身。从比较广阔的观点来看,理论至少具有四项重要的功能:一是统合现有的知识,二是解释已有的事项,三是预测未来的事项,四是指导研究的方向。"[1]

心理学的本土化,本土心理学的研究,需要扎根理论的方法论。[2] 可以说,在心理学本土化的历程中,科学的创意、研究的突破、思想的创造、理论的建构等,也同样都是至关重要的。这几乎决定了本土心理学实际的走向和未来的前途。因此,在本土心理学的研究中,扎根理论受到了研究者的极大关注和认真对待。杨中芳就把扎根理论研究方法归类在了本土化心理学的研究方法中,并指出扎根理论方法与其他方法的不同在于,扎根理论方法的主要目的是理论的发展建构,而不是验证已发展完成的理论。同时,运用这一策略得到的理论抽象性及普及性都比较低,是属于解释具体内容之说法型的理论。[3]

心理学本土化的理论研究希望的是,理论的建构能够直接来自关于本土心理行为的资料,而不是从外来的理论中去借用和引申。扎根理论也会

① 杨国枢.社会及行为科学研究法(上册)[M].重庆:重庆大学出版社,2006:26.
② 黄曬莉.科学渴望创意、创意需要科学:扎根理论在本土心理学中的运用与转化[M]//杨中芳.本土心理学研究取径论丛.台北:远流图书公司,2008:233-270.
③ 杨中芳.本土化心理学的研究方法[M]//华人本土心理学(上册).重庆:重庆大学出版社,2008:115-116.

有严重的问题,那就是会在经验资料的基础之上忽视其他的学术性资源。本土的心理学资源会提供基本的理论框架、理论预设、理论前提和理论建构。这是本土心理学的学术性创新或原始性创新的基础。扎根理论希望抛弃原有的学术基础或理论预设,但如果因此而抛弃了自己的学术传统或理论资源,那就会得不偿失。这实际上在本土心理学的研究中已经得到了证明。

第四节　心理学的方法革新

科学研究中方法中心的主张,就是立足实证主义的方法论。可以说,科学心理学在西方文化中诞生之后,就把自己的研究建立在了实证主义的基础之上。实证主义有两个基本的理论设定。一个是主观与客观的分离,或主体与客体的分离。这体现在科学的研究中就是研究对象与研究者的分离。研究者必须客观或原样地描述和说明对象,而不能够把研究者自己的主观性推论掺入其中。一个是把主观对客观的把握或主体对客体的把握,就建立在感官验证的基础之上。这就是所谓实证的含义。感官的证实就能够去除研究者的主观臆断。客观的观察或者严格限定客观观察的实验就成为了科学研究的科学性的保障。没有被感官验证的,没有被感官的观察证实的存在,就都有可能是虚构的存在。或者,无法被感官把握到的存在,就都有可能是受到质疑的存在。为了在科学研究中弃除虚构的推论,就必须贯彻客观主义的原则。所以,科学研究就是证实的活动,就是客观证实的活动,就是感官证实的活动。近代科学诞生之时,强调的就是实证主义的原则,进行的就是感官证实的活动。

在中国的本土文化传统中,存在着不同于西方科学心理学的心理学传统。这是属于东方的心理学传统,是西方心理学必须面对的不同文化中的心理学源流。中国的传统心理学也有自己独特的理论、方法和技术。中国本土的心理学传统确立的方法就不是实证的方法,就不是实验的方法,就不是感官证实的方法,就不是实验验证的方法。中国本土的心理学传统运用的方法是体验的方法或体证的方法。这不是西方科学的心理学或实验的心理学确立和运用的实验的方法或实证的方法,也不是西方科学心理学放弃的内省的方法。这种体证或体验的方法实际上是心灵觉悟的方法,是意识自觉的方法,是境界提升的方法。

实证与体证在心理学具体研究中的体现与实施,就是实验与体验的分别与不同。实验是在实证的基础上建立的具体研究方式方法,体验是在体证的基础上建立的具体研究方式方法。

实验方法的运用被认为是现代科学心理学建立的标志。在心理学的研究中,实验的方法是指对所研究的人的心理行为进行定量的测定、考察和分析。这也就是通过研究者控制实验条件来观察研究对象的实际变化,包括实验的技术手段或实验的工具仪器,也包括实验者的感官感知或实际观察。实验的方法对于其他自然科学的发展来说是至关重要的。或者,对于自然的对象来说是客观的、精确的。但是,对于人的心理来说,人的意识自觉的心理活动却是观察者无法直接观察到的。这给心理学的实验研究带来了很多的困难和障碍,也使心理学的实验研究一直在寻求更好的方法和工具。

体验的方法则有所不同。体验是人的心理具有的一个十分重要的性质。体验是人的有意识心理活动把握心理对象的一种活动。这不仅仅是关于对象的认知和理解,也包含关于对象的感受和意向。体验的历程也是人的心理的自觉活动,也是人的心理的自觉创造,也是人的心理的自主生成。人通过心理体验把握心理自身时,可以是一种没有分离感知者与感知对象,没有分离认识者与认识对象的活动。在这样的心理活动中,人是感受者,是体验者。①

总之,在心理学的研究和发展中,体证和体验都是值得重视的研究方式和研究方法。在现代科学心理学的诞生和演变的过程中,内省的方法曾经有过从占有支配性地位到因科学性而受到排斥的遭遇。可以说,在科学心理学发展的相当长的时段里,就一直对与内省有关的方式方法持有排斥和反对的态度。科学心理学家要么耻于谈论和运用内省方法,要么害怕地

① 葛鲁嘉.体证和体验的方法对心理学研究的价值[J].华南师范大学学报(社会科学版),2006(4):116-121.

回避和躲避内省研究。其实,内省有完全不同的文化根基、学术内涵、方式方法和结果结论。体证和体验就是东方文化中独特的研究方式和研究方法。因此,重视体证和体验的方法,挖掘和开发中国本土文化资源中的心理学传统,创造性和发展性地运用这样的研究方式和研究方法,从而去开辟中国心理学发展的创新道路,这就是探讨体证和体验方法的根本目的。

第五节　心理学的技术发明

心理学的技术应用就是通过具体的技术工具和技术手段,对人的心理行为进行干预或影响,以改变人的心理行为,提高人的心理生活的质量。心理学的技术应用途径是指通过什么方式来引导、影响和改变人的心理行为。这包括消除干预者与被干预者的间隔性,消除被干预者的被动性,确立生活的尺度,进行自主的引导,促进体验的生成。这都会增进心理学在现实生活中的影响和作用。

心理学的应用就是通过心理学的技术和手段对人的心理行为进行实际干预或影响,以改变人的心理行为的现状,提高人的心理生活的质量。[①] 在传统的心理学应用中,常常把心理学的应用对象看作是被动地由心理科学任意干预的,是由心理科学的技术手段实际改变的。其实,人的心理最重要的性质就是主动性和自主性。或者,人的心理是可以自我理解的,是可以自我改变的。因此,应用心理学存在有两种完全不同的应用途径,这两种应用途径有着不同的前提假设、实施方式和现实结果。要使传统的心理学应用途径得到扩展,使心理学的应用更加适合人的本性或人的心理的本性,就必须探索心理学实际应用可能的新途径。这也是中国心理学的科学化和本土化的重要任务。[②]很显然,心理学的技术发明、技术创造、技术工具、技术应用,应该有基础的

① 葛鲁嘉. 心理学应用的理论、方案和领域研究[J]. 河南师范大学学报(哲学社会科学版),2004(6):169 - 172.

② 葛鲁嘉. 中国心理学的科学化和本土化——中国心理学发展的跨世纪主题[J]. 吉林大学社会科学学报,2002(2):5 - 15.

改变、设定的改变、尺度的改变、引导的改变和体验的改变。

一、消除干预者与被干预者的间隔性

起源于西方文化的科学心理学或实证心理学有一个非常重要的研究预设或理论前提，那就是研究主体与研究客体的割裂或分离。[①] 心理学原有的应用研究是以干预者与被干预者的分离为前提的，或者干预者与被干预者是有间隔的。研究者或者应用者是主动的一方，而被研究者或被改变者则是被动的一方。

这种研究主体与研究客体的分离，使两者之间是彼此截然割裂的，是相互明显隔离的。研究者作为研究主体是价值无涉的，是冷漠无关的，是客观描述的，是外在干预的。所谓科学心理学的研究就是客观的描述，就是客观的解说，就是客观的干预。因此，当心理学的研究对象被确定为心理现象时，就是建立在把心理学的研究对象与心理学的研究主体彼此分离的基础之上。心理学的研究者是与心理学的研究对象无关的存在，并只能通过感官的客观观察来旁观把握心理现象，来客观描述心理现象。心理学的应用也不过是研究者通过技术手段的实际外在干预。

如果把心理学的研究对象从心理现象改换成心理生活，心理学的应用就会有根本性的转变。[②] 心理生活的概念最重要的是消除了研究者与被研究者、干预者与被干预者之间的分离或间隔。觉知者与被觉知者、观察者与被观察者、干预者与被干预者，都是一体化的存在，都是实际的生活者，都在现实的生活进程之中。

对于心理生活的体验者来说，重要的是觉知、觉解、觉悟。通过觉知、觉解、觉悟，生活者了解了自己的生活，建构了自己的生活，创造了自己的生活。这是心理学研究和应用中一个非常重要的变化，那就是从把人的心理物化转向把人的心理人化。消除心理学研究和应用中研究者与被研究者之间的间隔性，是心理学的应用研究和应用实践的最根本性改变。

---

① 葛鲁嘉. 心理文化论要——中西心理学传统跨文化解析［M］. 大连：辽宁师范大学出版社，1995：52.
② 葛鲁嘉. 心理生活论纲——关于心理学研究对象的另类考察［J］. 陕西师范大学学报（哲学社会科学版），2005（2）：112－117.

心理学的研究者与被研究者是可以分离开的,但是原有的或传统的分离是绝对的分离。消除间隔性的努力也并不是否认研究者与研究对象之间的区分,而是试图将原有绝对的分离改变成是相对的分离。所谓相对的分离仅仅在于研究的目的与生活的目的有所不同。

二、消除被干预者的被动性

消除心理学研究主体与研究客体之间的间隔性,也就没有了心理学中的研究客体作为被动者与研究主体作为主动者的区分。在原有的心理学应用研究中,在原有的心理学应用实践中,在原有的心理学应用技术中,研究者都是主动的,而被研究者都是被动的。研究者一方是主动的干预者,而被研究者一方是被动的被干预者。对于研究者来说,可以通过自己的科学研究和科学干预来主动地改变人的心理行为。人的心理行为作为被干预的对象,只能是被动地承受或接受外在的干预。

心理生活的概念强调研究者与研究对象的一体化,这就消除了所谓的被动性的一方,实际上也就消除了人的心理行为的所谓被动性。在人的生活中,其心理生活的承受者实际上也就是心理生活的构筑者。人在觉知、觉解和觉悟自己的心理生活时,实际上也就是在主动地构建、构造和构筑自己的心理生活。

对于人的心理生活来说,尽管人也许会失去或者放弃对自己的心理生活的主动权,但是这并不等于人的心理生活就是被动的,就是被动的适应,就是被动的接受,就是被动的改变。消除人的心理生活的被动性,不仅对心理学学科的应用研究来说是非常重要的,而且对生活中的每一个体的现实生活来说也都是非常重要的。

在传统的心理学应用研究中,存在着把人看作是被动的,是被动地接受改变的,是应该按照研究者的方式来存在的。这给心理学的应用研究带来了严重的问题,也给心理学的应用研究带来了严重的障碍。人的心理就如同于物理,人类心理的改变就如同于自然物理的改变。如果消除了人的心理的被动性,那么人的心理也是可以自主改变的。人不仅是可以构筑自己的生活,而且实际上构筑了自己的心理生活。

其实,在传统的心理学研究中,人类心理的存在是现实已成的存在,是自然天成的,是被动呈现的。但是,对于新心性心理学的研究来说,人的心理生活的存在并不是自然已成的存在,而是创造生成的存在。生成的存在是一个演变的过程,是一个构建的过程,是一个具有各种可能的过程,是一个没有最终结局的过程,是一个生活者不断有全新体验的过程,是一个生活者持续性心理成长的过程。

三、确立生活的尺度

如果消除了干预者与被干预者的区分,那么人的生活的改变和提升就在于引领和自觉,而引领者就是生活的榜样。所谓的榜样,就是生活的尺度。榜样可以成为社会现实中每个人模仿、学习和超越的对象。

在西方的科学心理学的研究中,人的存在就是个体的存在,心理学的研究也就是以个体为单位的。个体主义的原则在于,每个个体都是等价的,个人的价值是平等的。个人的存在或心理有着各自不同的特点或特性。这在心理学的研究中就体现为个体差异的研究。这也是心理学的人格研究的起点,或者人是有横向尺度的差异。

中国的文化传统中也有自己独特的心理学资源。这种本土的心理学传统在中国心理学史的研究中,常常只被看成是一些古代的心理学思想或心理学猜想。[1] 这种性质的心理学思想可以体现在心理学的几乎所有现代的课题之中。[2] 但是,可以肯定,这也是独特的心理学传统。对这种独特的心理学传统有着各种不同的学术理解。[3] 在世界心理学学科的发展中,亚洲的心理学也被认为具有自己独特的贡献。[4] 东方的佛教心理学也被认为能够带来西方认知科学的重要革命。[5]

在中国本土的心理学传统中,人的存在并不是等价的存在,而是有着高下的纵向等级差异。中国的文化传统强调纵向的价值等级。在价值层级的

---

[1]　高觉敷. 中国心理学史[M]. 北京:人民教育出版社,1985:1.

[2]　杨鑫辉. 中国心理学思想史[M]. 南昌:江西教育出版社,1994:9－10.

[3]　葛鲁嘉. 对中国本土传统心理学的不同学术理解[J]. 东北师范大学学报(哲学社会科学版),2005(3):133－137.

[4]　Paranjpe, A. C., Ho, D. Y. F., & Rieber, R. W. *Asian Contributions to Psychology*. New York:Praeger, 1988, p. 2.

[5]　Varela, F. J., Thompson, E., & Rosch, E. *The Embodied Mind:Cognitive Science and Human Experience*. Cambridge, MA:The MIT Press,1991, p. 21.

高低排列中,最高级的不是普通的人,而是圣人或神人。人是有不同的价值地位的,或者人是有纵向尺度的差异。[①] 在人的价值等级的排列中,在价值等级高端的就可以成为或应该成为价值等级低端的榜样。榜样的作用就在于处于价值高端的对处于价值低端的有引导、引领、示范、模范的作用。在中国的文化传统中,在中国的社会现实中,树立生活的榜样或树立工作的榜样,就成为基本的社会任务。所谓先进、模范、优秀、尖子、典型、标杆、样板等,都是基于价值等级的高低。

如果从心理学应用的视角去看,心理学的应用就可以通过确立生活的尺度来进行。生活质量高的,心理生活质量高的,就可以成为引领的力量。对生活质量低的,对心理生活质量低的,就可以有引领的作用。生活质量低的,心理生活质量低的,就应该参照和学习高端的榜样,去努力地提升自己的生活质量或心理生活的质量。这也是建构人的心理生活的过程,通过建构出高质量的心理生活,就可以去提升人的实际的心理生活。人的生活、人的心理生活,就是一个不断登高、不断上升的过程,就是心理境界的提升的过程,就是心灵品质的优化的过程。

四、确立自主的引导

人的心理生活的引导者并不应该是外在的。对于每一个生活中的个人来说,从来就没有什么救世主,一切都要靠人自己。这就是自主的引导。这种自主不是为所欲为,不是任意妄为,而是对现实的遵循,是与环境的共生,是与社会的共同成长。

人的心理具有的一个重要特征就是觉的性质,如觉知、觉察、觉悟、觉解,等等。所谓的觉,就是自主的把握,就是自主的决定,就是自主的活动。觉带来的是人的价值取向和价值定位,觉带来的是人的意义寻求和意义创造,觉带来的是人的生活品质的追求和生活品位的提高,觉带来的是人的生活自主的追求和生活自觉的提高。

首先,自主的引导最重要的是价值的定向。什么是重要的,或者什么是

---

① 葛鲁嘉. 中国本土传统心理学术语的新解释和新用途[J]. 山东师范大学学报(人文社会科学版),2004(3):3-8.

不重要的。什么是有价值的，或者什么是没有价值的。什么是值得去追求的，什么是不值得去追求的。这就是人的心理生活的价值定向的过程。个体一旦确立了自己的价值定向，也就确定了自己的生活的性质和内容。所谓的价值定向也就包括人的心理生活中的赋值活动。心理生活可以趋向具有价值意义的一端，也可以趋向放弃具有价值意义的一端。

其次，自主的引导非常重要的是决策的活动。所谓的决策活动是指活动目标、活动程序、活动步骤、活动方式、活动手段、活动结果等的制订的过程。尽管有许多的生活者在自己的生活中是随波逐流的，是听天由命的，是放任自流的，但是他们依然在不同程度上有对自己生活的心理引导。因此，自主的引导有程度上的区别和差异。无论是什么程度上的自主性，都有生活者对生活或对心理生活的创造或建构。

最后，自主的引导同样重要的是行动的执行。自主的引导最终就落实在行动上。人的活动要引起变化的结果。最重要的变化结果就是环境的改变和心理的改变，当然也可以是两者的共同改变。这就是共生的历程，是共同的演变和共同的发展。

五、促进体验的生成

人的心理不是已成的存在，而是生成的存在。已成的存在是指，人的心理就如同是自然天成的产物，是现成如此的存在，是客观不变的对象。生成的存在则与之有所不同。生成的存在是指，人的心理不过是后天建构的结果，是朝向未来的存在，是共同合成的结果，是不断变化的过程。

如果从生成的方面来看，人的心理生活就与人的心理现象有着根本的不同。心理生活是人自主建构的，或者是人自主创造的，所以心理生活是生成的。心理现象则是被动变化的，是生来如此的，是自然天成的，所以心理现象是已成的。生成心理生活的根本方式就是人的心理体悟或心理体验。心理体悟或心理体验不是现成接受的结果，而是心理创造的建构。

实证与体证是相对应的，实验与体验是相对应的。这表明了现代科学心理学中的实证方法是与本土传统心理学中的体证方法相对应的，现代科学心理学中的实验方法是与本土传统心理学中的体验方法相对应的。正是在科学心理学诞生之后，实证的方法和实验的方法就成为了确立和保证心理学科学性的最基本的准则。这成为了西方的实证科学的心理学的小科学观,①成为了实证科学的心理学的重要标志,②也就成为了西方心理学的科学性的证明。③ 这种心理学的实证科学观或小科学观带来的西方文化的霸权和对非西方文化的排斥,也贯彻和体现在了对文化心理的研究和考察之中。例如,在关于文化与自我的探讨中,④在文化心理学的质化研究方法的探讨中,⑤在文化心理学通过文化的思考中。⑥ 除此之外的其他的方法或内省的方法就被抛弃到了非科学的范围之中。受到连带的影响,体验和体证的方法也就没有了存在的根基。因此,发展中国心理学的十分重要的任务是对心理学研究的方法论进行扩展。⑦

中国本土的文化传统倡导的是天人合一、心道一体的基本理论设定。天人合一或心道一体,强调的是不要在人之外或心之外去寻求所谓客观的存在。道就在人本身之中,就在人本心之中。人不是到身外或心外去求取道,而是返身内求,所以人就是通过心灵自觉或意识自觉的方式直接体验到并直接构筑了自身的心理。中国本土文化中的心理学传统确立的是内省的方式。⑧ 这种内省方式强调了一些基本的原则或方面。这成为理解体证或体验方式和方法的最重要和无法忽视的内容。这就是内圣与外王,修性与修命,渐修与顿悟,觉知与自觉,生成与构筑。

体验的方法会有所不同。体验是人的心理具有的一个十分重要的性质。体验是人的有意识心理活动把握心理对象的一种活动。这不仅是关于对象的认知和理解,而且包含关于对象的感受和意向。体验的历程也是人的心理的自觉活动,也是人的心理的自觉创造,也是人的心理的自主生成。人通过心理体验把握心理自身时,可以是一种没有分离感知者与感知对象,

① 葛鲁嘉.大心理学观——心理学发展的新契机与新视野[J].自然辩证法研究,1995(9):18-23.
② 郭本禹.当代心理学的新进展[M].济南:山东教育出版社,2003:176-177.
③ 叶浩生.西方心理学研究新进展[M].北京:人民教育出版社,2003:18.
④ Markus, H. R. & Kitayama, S. Culture and the self: Implications for cognition, emotion, and motivation. *Psychological Review*, 1991(2), 224-253.
⑤ Ratner, C. *Cultural Psychology and Qualitative Methodology*. New York: Plenum Press, 1997, p.9.
⑥ Shweder, R. A. *Thinking through Cultures: Expeditions in Cultural Psychology*. Cambridge, MA: Harvard University Press, 1991, p.35.
⑦ 葛鲁嘉.对心理学方法论的扩展性探索[J].南京师大学报(社会科学版),2005(1):84-89,100.
⑧ 葛鲁嘉.中国本土传统心理学的内省方式及其现代启示[J].吉林大学社会科学学报,1997(6):25-30.

没有分离认识者与认识对象的活动。在这样的心理活动中，人是感受者，也是体验者。

　　体验或心理的体验并不是被动的感受，并不是简单的接受，也并不是简单的情绪，也并不是被动的觉知，而是一种心理生活的主动创造，也是一种心理生活的整合活动，也是心理的"无中生有"的创造。正是在这个意义上，心理体验具有心理本性、心性本体和道性演生的性质及特征。

第十一章　心理学与本土文化

　　心理学的存在、研究和发展与文化有着直接的、紧密的、现实的关联,这涉及心理学的文化根基和文化资源。心理学与本土文化的关联可以直接体现为心理学的本土化潮流、本土化发展和本土化创新。因此,将中国本土心理学的发展或成长植根于中国本土的心理文化,将中国本土心理学的创新和建构转换为中国本土的文化存在,这都是中国心理学的新的性质和新的职能。

第一节　心理学的文化根基

　　心理学的科学性质是心理学本土化的核心问题。立足西方文化传统的"科学的"心理学一直认为自己是唯一合理的心理学,而除此之外的心理学探索,或者是立足不同文化传统的心理学探索,就都可以划归"非科学的"心理学。这就涉及心理学的科学性质问题。关于心理学的科学性质的理解就是心理学的科学观问题。科学观的问题在心理学中国化的历程中体现为本土化的标准问题,这也就是本土性契合的问题。①

　　心理学的文化转向是心理学本土化的方向问题。心理学曾经将自己定位于超越文化的存在,这导致心理学曾经靠摆脱、放弃、回避或越过文化的存在来发展自己。但是,心理学现在将自己定位于依赖文化的存在,这导致心理学必须靠容纳、揭示、探讨或体现文化的存在来发展自己。在心理学成

① 杨国枢.心理学研究的本土契合性及其相关问题[J].本土心理学研究,1997(8):75-120.

为独立的科学门类之后,在心理学追求科学性和科学化的过程中,把科学的客观性和普遍性与文化的建构性和独特性对立了起来。对科学的客观性和普遍性的追求导致对文化的建构性和独特性的放弃,对文化的建构性和独特性的强调则导致对科学的客观性和普遍性的忽视。可以说,心理学早期是排斥文化的存在,以保证自己对所有文化的普遍适用性,而心理学目前则是包容文化的存在,以保证自己对所有文化的普遍适用性。[①] 毫无疑问,这是一个历史性的变化。问题就在于揭示这一变化的历程及其对发展心理科学的意义和价值。[②] 心理学研究中的文化问题主要体现在两个方面:一是涉及心理学的研究对象,即人的心理行为和人格的文化内涵的问题;二是涉及心理学的研究方式,即心理学理论、方法和技术的文化特性的问题。这就要摆脱原有的心理学研究把人的心理行为理解为自然现象,而不是理解为社会和文化生活。这就要摆脱原有的心理学研究把心理学的研究确立为自然科学的研究方式,而不是社会和文化科学的研究方式。心理学的中国化就是要把心理学的研究定向在文化传统、文化资源、文化建构、文化互动、文化融合的方向上。

心理学本土化的发展将把心理学确立为广义的文化心理学。文化心理学是通过文化来考察和研究人的心理行为的一门重要的心理学分支。近些年来,文化心理学有较为迅猛的发展,文化心理学的成果正在受到人们越来越多的关注。文化心理学实际上经历了三个重要的发展时期或阶段。在不同的时期里,文化心理学的知识论立场、方法论主张、研究进路特色和研究方法特征都有重要的变化。在文化心理学发展的第一个时期,文化心理学的研究目标是追求共同和普遍的心理机制。当时的文化心理学假定了人类有统一的心理机制,从而致力于从不同的文化中去追寻这一本有的中枢运作机制的结构和功能。在文化心理学发展的第二个时期,文化心理学开始关注人类心理的社会文化根源,转而重视人的心理行为与文化背景的联系,从社会文化出发去考察和说明人的心理行为。这一方面是指有什么样的社会文化,就有什么样的心理行为模式;另一方面是指运用特定文化的观点和

① 葛鲁嘉,陈若莉.当代心理学发展的文化学转向[J].吉林大学社会科学学报,1999(5):79-87.
② 叶浩生.试析现代西方心理学的文化转向[J].心理学报,2001(3):270-275.

概念来探讨和说明人的心理行为的性质、活动和变化。在文化心理学发展的第三个时期,文化心理学强调人的主观建构。文化不再是决定人的心理行为的外在的存在,而是人的觉知、理解和行动的内在的存在。正是人建构了社会文化,人也正是如此而建构了自己特定的心理行为的方式。[①] 其实,文化心理学不仅是一个心理学的分支,而且可以作为心理学研究和发展的理论范式。这就会实际影响到对心理学研究对象的理解和对心理学研究方式的确立。

心理学本土化的发展将把心理学确立为广义的历史心理学。任何心理学的发展都有自己的历史渊源、历史演变、历史传统和历史延续。心理学的本土化,也是在为心理学确定其历史传统。这种历史传统给定了科学心理学的发展历程、发展道路、发展形态、发展方向和发展可能。其实,历史心理学,并不就是指被掩埋的心理学、被超越的心理学、被扬弃的心理学,而是指心理学的历史根源、历史传统、历史进步和历史道路。最重要的就是心理学应该有自己的历史资源,本土心理学应该成为自身未来发展的历史资源。

心理学本土化的发展将把心理学确立为广义的生活心理学。中国的学理的心理学有着十分清晰的引进国外发达国家的心理学的标签,常常是与中国本土的生活有着十分重要而清晰的界线。这就把生活本身出让给了常人的常识心理学。科学心理学的研究就成为象牙塔中的少数人的特权。然而,中国心理学本土化的一个十分重要的目标,就是能够使科学心理学的研究走入本土文化中的普通人的日常生活。科学的心理学能不能成为生活的心理学,就成为心理学本土化的一个十分重要的定位。中国本土的心理学应该成为生活的心理学。

心理学本土化的发展将把心理学确立为广义的创新心理学。中国心理学的本土化没有现成的道路可走,没有现成的内容可以继承,没有现成的方式可以照搬。中国心理学的本土化历程必须走创新的道路。原始性的创新应该成为中国本土心理学追求的重要学术目标。然而,对于中国现代心理学来说,这是非常薄弱的环节。在许多心理学的研究者看来,引进的才是心理学,创新的却很难被看作是心理学。

---

① 余安邦.文化心理学的历史发展与研究进路[J].本土心理学研究,1996(6):2-60.

心理学本土化的发展将把心理学确立为广义的未来心理学。严格地来说,中国心理学的本土化并不仅仅是为了解决心理学发展的现实问题,也是为了解决心理学发展的未来问题。这种未来的心理学应该代表着中国心理学的发展方向、发展可能、发展潜力和发展定位。中国心理学的本土化不仅要确定自己发展的道路,而且要提供自己发展的可能,这包括创立新的学说理论、研究方法和技术手段。

第二节　心理学的历史资源

心理学的历史资源是心理学本土化的文化根基问题。心理文化的传统是用以考察心理学成长的文化历史资源,探讨心理学发展的文化内涵,挖掘心理学创新的文化资源。中国本土心理学的发展和演变应该立足本土资源,提取本土资源,利用本土资源。在本土文化基础上来建构特定的心理学,也是近些年来许多学者努力的方向。在中国本土文化基础上来建构中国本土的心理学,也是当前中国心理学研究者追求的目标。回到中国本土文化,挖掘中国本土文化中的心理学资源,这已经成为许多中国心理学研究者的自觉行动。当然,不同的研究者着眼点不同,关注的内容也不同,思考的方向也不同。

有研究指出,"心"或"心理"等词语在汉语中有相当长的历史,对这些词语的理解反映了中国人关于"心理"的认识和理解。中文的"心"往往不是指一种身体器官而是指人的思想、意念、情感、性情等,故"心理学"这三个汉字有极大的包容性。任何学科都摆脱不了社会文化的作用,中国心理学亦曾受到意识形态、科学主义和大众常识等方面的影响。近年来中国学者对心理学自身的问题进行了反思。从某种意义上说,中国人对"心理"和"心理学"的理解或许有助于心理学的整合,并与其他国家的心理学一道发展出真正的人类心理学。[1]

中国的文化传统中有自己独特的心理学历史资源,这也是独立的、自成

---

[1] 钟年.中文语境下的"心理"和"心理学"[J].心理学报,2008(6):748-756.

系统的心理学探索。在中国的心理学历史资源中也有着特定的、大量的心理学术语。当然，最重要的是提供对本土的心理学概念的考察和分析，并能够从中找到核心的内涵和价值。①

有研究考察了中国的文化与心理学，认为"东西方心理学"作为心理学的一个术语，基本的内涵就是要把东方的哲学和心理学的思想传统，其中包括中国的儒学、道家、禅宗以及印度佛教和印度哲学、伊斯兰的宗教与哲学思想、日本的神道和禅宗等，与西方的心理学理论及实践结合起来。由于"东西方心理学"的概念主要是西方心理学家提出来的，该概念强调对东方思想传统的学习与理解。②

有研究探讨了《易经》与中国文化心理学。研究认为，中国文化中包含着丰富的心理学思想和独特的心理学体系，这种中国文化的心理学意义也自然会透过《易经》来传达其内涵。研究以《易经》为基础，分"易经中的心字""易传中的心意""易象中的心理"等几个方面阐述了《易经》中包含的"中国文化心理学"，同时也比较和分析了《易经》对西方心理学思想产生的影响，尤其是《易经》与分析心理学建立的关系。例如，汉字"心"的心理学意义可以是在心身、心理和心灵三种不同的层次上，表述不同的心理学的意义，但是以"心"为整体，却又包容或包含着一种整体性的心理学思想体系。在汉字或汉语中，思维、情感和意志都是以心为主体，同时也都包含着"心"的整合性意义。这也正如"思"字具有的象征，既包容心与脑，也包容意识和潜意识。③

应该说，中国文化、中国哲学和中国传统中的心理学是非常值得挖掘和提取的。这不仅是文化、哲学和传统中的心理学思想，而且是特定的心理学资源。问题的关键在于找寻中国本土心理学的核心理论。这就是心性学说，这就是心性心理学。在此基础上的新发展，就是中国本土心理学的当代创新，就是新心性心理学的本土理论创新，就是新心性心理学的核心理论建构。

----

① 葛鲁嘉.中国本土传统心理学术语的新解释和新用途[J].山东师范大学学报（人文社会科学版），2004（3）：3-8.
② 高岚，申荷永.中国文化与心理学[J].学术研究，2008（8）：36-41.
③ 申荷永，高岚.《易经》与中国文化心理学[J].心理学报，2000（3）：348-352.

　　有研究曾试图把中国的新儒学看成是中国的人文主义心理学。但是，这种研究并没有很好地说明西方的人本主义心理学与中国的人本主义心理学之间具有的联系和区别。在该研究看来，与西方心理学以科学主义为主体的由下至上的研究思路不同，中国传统心理学探究采取的是由上至下的研究路线，即从心理及精神层面最高端入手，强调心理的道德与理性层面，故其实质是人文主义的。现代新儒学作为人文主义心理学的研究典范，具有心理学研究"另一种声音"的独特价值与意义。现代新儒学研究的背景和思路的展开，呈现出以传统心理学思想为深厚根基的中国近代心理学的独特个性与自信。这是现代新儒学对中国心理学的最大贡献。中国心理学的发展由于其特殊的历史条件，在进入近代时期开始明显地区分为两条路线：一条是直接从西方引进的科学主义心理学，如果说这一路线是外来的结果，那么另一条则是自生的人文主义心理学。近代时期不仅是中国科学心理学的确立与形成期，更是中国人文主义心理学在与外来文化的对撞和融合中对自身特质的首次自觉、反省与确证，而现代新儒学无疑是担当这一重任的主角。西方心理学中的科学主义和人文主义主要源自心理学学科的双重属性，而且人文主义更多是科学主义的附属与补充。中国近代心理学的科学主义和人文主义，从根本上来看则是由本土文化繁衍的人文主义对西方外来的科学主义的抗衡，相比于西方人文主义的阶段性与工具性，本土的人文主义具有更多的主动性与自觉性。作为中国思想文化组成之一的中国心理学，将以其独步样式影响并带动西方心理学共同实现人性的真实回归——这并非奢望。这也是现代新儒学之于中国心理学的最大贡献所在。①

　　中国的儒学也好，新儒学也好，其最大的心理学贡献应该是儒学的心性学说，是儒学的心性心理学。科学主义和人文主义的分离、分裂和分立是西方文化传统的特产。在中国的文化传统中原本就没有这样的分离、分裂和分立。从中国本土心性心理学，或者从中国儒家的心性心理学传统，可以提取、发展和创新的是心道一体或心性统一的心理学，所以没有必要按照西方的方式来开发中国本土的心理学。

---

① 彭彦琴.另一种声音：现代新儒学与中国人文主义心理学[J].心理学报，2007(4)：754-760.

第三节　心理学的思想传统

中国本土的文化中有着深厚的思想传统,其中就包含心理学的资源,这也就是中国本土的心理学的思想传统。这是非常重要的心理学思想传统。它提供的是关于人的心理行为的不同的思想解说、理论构造、探索方式和影响途径。因此,中国本土文化中的心理学思想传统是具有重要价值的心理学的存在。

有研究指出,中国传统的价值理念,特别是儒、道、释三教中的生活智慧,能提供许多重要的心理学资源。这无疑就给出了理解儒、道、释的思想、学说和理论的一条新途径,或者是一条"心"的途径。

儒家的仁心慈爱的理念,是中国传统儒学的思想核心和基本主张。这就表达为儒家的"仁",所谓"仁者爱人"。孔子的仁学是华夏文化的中心,是最重要的价值,最核心的理念。以"仁"为中心,仁、义、礼、智、信是中国人的基本价值系统。乐天知命,正是具有终极承担的人的一种豪情与放达。

道家的澄心凝思的玄观,是中国传统道学的思想核心和基本主张。这就表达为老子"涤除玄览"的空灵智慧,意在启发人们去超越现实,去透悟无穷,去达到"虚、无、静、寂"的境界,凝敛内在生命的深度,除祛私欲逐物之累。老子倡导的"无为""无欲""无私""无争",可救治生命本能的盲目冲动,目的在于平衡由于人的自然本性和外物追逐引起的精神散乱。庄子则是一任自然,遂性率真;与风情俗世、社会热潮、政权架构、达官显贵保持距离;独善其身,白首松云,超然物外,恬淡怡乐。

佛家的菩提智慧的主张,是中国传统佛学的思想核心和基本主张。这就表达为人生的解脱,是用否定、超拔的方法,破除人们对宇宙人生一切表层世界或似是而非的知识系统的执着,获得某种精神的解脱和自由。禅宗的返本归极、明心见性、自识本心、见性成佛等都是要帮助自己或他人寻找心灵的家园,启发人内在的自觉,培养一种伟大的人格。

佛家的成菩萨成佛陀,与儒家的成圣人成贤人,道家的成至人成真人,都是一种人格意境的追求。三家其实都是相通的。作为一个真正的人,总需要有深度的开悟,超越一切,包括生死的束缚,得到自在的体验。这样的人才有大智大勇承担一切的挑战与痛苦,化烦恼为菩提,既而安身立命。[①]

中国文化中非常独特、极其重要的理论贡献就是心性学说。在中国的文化传统中,不同的思想派别有不同的心性学说,不同的心性学说发展出对人的心理的不同解说。儒家的心性学说是由孔子和孟子创立的。儒家学说的重心在社会,或者在于个体与社会的关系。儒家强调仁道。仁道不是外在于人的存在,而是存在于个体的内心。个体的心灵活动应该是扩展的活动,体认内心的仁道。只有觉悟到仁道,并且按仁道行事,才可以成为圣人。这就是内圣外王的历程。道家的心性学说是由老子和庄子创立的。道家学说的重心在于自然,或者在于个体与自然的关系。道家强调天道。天道也不是外在于人的存在,而是潜在于个体的内心。个体可以通过扩展自己的心灵,而体认天道的存在,并循天道而达于自然而然的境界。佛家的心性学说是由释迦牟尼创立的,是从印度传入中国的。佛家学说的重心在于人心,或者在于个体与心灵的关系。佛家强调心道。心道相对于个体而言是潜在的,是人的本心。个体可以通过扩展自己的心灵而与本心相体认。

在中国的文化传统中,哲学是无所不包的学问,其中包含了关于人的心灵或心性的阐释和解说。正如有学者所指出的那样,从某种意义上来说,中国的哲学就是一种心灵哲学,就是回到心灵,解决心灵自身的问题。中国哲学赋予了心灵特殊的地位和作用,认为心灵是无所不包的、无所不在的绝对主体。[②] 其实,中国本土文化中的心性学说,就是关于人的心灵的重要学说。从中国本土的心性学说中能够展现出关于人的心灵活动的一系列重要阐释。

儒家的心性论是儒学的核心内容。通常认为,儒学就是心性之学。[③] 有研究主张,心性论是儒学的整个系统的理论基石和根本立足点,所以儒学本身也就可以称之为心性之学。[④] 儒家的心性论强调人的道德心和仁义心是人的本心。对本心的体认和践行,就是对道德或仁义的体认和践行。人追

---

① 郭齐勇.儒释道三教中的心理学原理[J].湖北大学学报(哲学社会科学版),2008(3):3-5.
② 蒙培元.心灵的开放与开放的心灵[J].哲学研究,1995(10):57-63.
③ 杨维中.论先秦儒学的心性思想的历史形成及其主题[J].人文杂志,2001(5):60-64.
④ 李景林.教养的本原——哲学突破期的儒家心性论[M].沈阳:辽宁人民出版社,1998:2-3.

求的就是尽心、知性、知天,也就是孟子所说的"尽其心者,知其性也。知其性,则知天矣",①孔子所说的"下学而上达"。儒家所说的性是一个形成的过程,即"成之者性",所以孔孟论"性"是从生成和"成性"的过程上着眼的。②

道家的心性论把道看成是人的本性,也就是人的道心,也就是人的本心。这强调人的自然本性,人的"真性"、人的自然本心、人的本心。道家的心性论把无为视为根本的方式。无为是道的根本存在方式,也是人的心灵的根本的活动方式。无为强调道的虚无状态,强调"致虚守静"的精神境界。无为从否定的方面意味着无知、无欲、无情、无乐,从肯定的方面意味着致虚、守静、澄心、凝神。道家也强调"逍遥"的心性自由境界。③ 老子强调人的心性的本然和自然,庄子强调人的心性的本真和自由。④

佛教的心性论强调佛性就在人的心中,是人的本性或本心。禅宗是佛教的非常重要的派别。参禅的过程就是对自心佛性的觉悟过程。这强调自心的体悟、自心的觉悟的过程。禅宗也区分了人的真心和妄心,区分了人的净心和染心。妄心和染心会使人迷失了真心和污染了净心。⑤ 禅宗的理论和方法可以有两个基本的命题:一是明心见性;二是见性成佛。禅宗的修行强调无念、无相、无住。"无念为宗,无相为体,无住为本。"⑥

因此,儒道释三家的心性论具有的一个相通的地方,就是都有从自己的思想基础上关于人类心理的解说和阐释,都提供了关于人的心性的内涵、结构、构成、功能、活动、演变、发展的理论和学说。这成为一种体现了中国本土文化特色的心理学传统、心理学探索和心理学学说。

第四节　心理学的本土化潮流

本土心理学是在不同的文化土壤中生长的心理学,不同的文化中有不

① 孟子·尽心上[M].
② 李景林. 教养的本原——哲学突破期的儒家心性论[M]. 沈阳:辽宁人民出版社,1998:8.
③ 郑开. 道家心性论研究[J]. 哲学研究,2003(8):80-86.
④ 罗安宪. 中国心性论第三种形态:道家心性论[J]. 人文杂志,2006(1):56-60.
⑤ 方立天. 心性论——禅宗的理论要旨[J]. 中国文化研究,1995(4):13-17,4.
⑥ 汤一介. 禅宗的觉与迷[J]. 中国文化研究,1997(3):5-7.

同的本土心理学。心理学本土化就是为了导向和建构植根于特定文化土壤中的心理学。然而,文化是具有异质性的存在,或者文化是具有多样性的存在,也可以说文化又是具有独特性的存在。这就必须承认,在不同的文化传统中,在不同的文化根基上,在不同的文化环境里,会生长出和存在着不同的心理学。其实,在西方心理学的产生和发展历程中,西方心理学就曾经把自己当成是唯一合理的心理学,而对其他文化传统中的心理学要么视而不见,要么极力排斥。[1] 当代心理学的研究已经意识到这个问题的存在。[2] 现实在于,不同的文化传统和文化历史中确实存在着不同的本土心理学。

其一,本土心理学的隔绝与交流。心理学本土化的进程导致心理学与本土文化建立起密切的联系。但是,不同社会文化之间的差异和区别,也很容易造成不同的本土心理学之间相互隔绝和相互分离,甚至相互对立和相互排斥。不同的本土心理学之间的交流就成为重要的任务。其实,任何的交流都要有共同的基础。如何寻找到共同的基础,就成为本土心理学之间有效交流的重要任务。这就必须开创性地揭示西方心理学的科学观问题,突破小心理学观的限制,设置一个更宏观的文化历史框架,从而将西方实证心理学和中国本土心理学看作具有同等价值的探索。

其二,心理学的文化与社会资源。心理学本土化的一个重要目的,就是建立起心理学同文化与社会资源的关联,或者就是为了使心理学植根于本土文化与社会的土壤。其实,心理学的研究常常处于资源短缺的状态。这并不是说心理学没有或者缺乏相应的社会文化资源,而是说心理学并没有意识到自己的社会文化资源,或者是并没有去挖掘和提取自己的社会文化资源。中国的文化传统中蕴藏着丰富的心理学资源,问题是没有得到充分挖掘和利用。心理学的发展需要资源或文化资源。西方心理学就是植根于西方的文化传统,从本土的文化资源中获取了心理学发展的动力和研究的方式。中国心理学的创新和发展也同样应植根于中国的文化传统,从本土文化资源中获取心理学发展的动力和研究的启示。

其三,心理学发展的传统与更新。任何根源于本土文化的心理学发展

---

[1] 叶浩生.西方心理学研究新进展[M].北京:人民教育出版社,2003:186.
[2] 郭本禹.当代心理学的新进展[M].济南:山东教育出版社,2003:170.

都有自己的历史传统。心理学的生存和演变不可能完全放弃或脱离自己的传统。或者,心理学的发展和变革都是在传统的基础上进行的。但是,心理学的发展又必须是对传统的超越,又必须是基于传统的更新。在中国的文化历史中就有着十分重要的心理学传统,那就是心性心理学。在中国的文化传统中不同的思想派别有不同的心性学说,不同的心性学说发展出对人的心理的不同解说。例如,儒家的心性说实际上就是儒家的心性心理学。儒家强调仁道。仁道不是外在于人的存在,而是存在于个体的内心。个体的心灵活动应该是扩展的活动,体认内心的仁道。只有觉悟到仁道,并按仁道行事,才可以成为圣人。这就是内圣外王的历程。中国心理学在 21 世纪的发展并不是要回复到原有的老路上去,而是在汲取中国本土文化资源基础上的心理学创新。

其四,心理学演变的分裂与融合。科学心理学或者西方的科学心理学从诞生之日起,就处于分裂的状态之中。心理学能否成为统一的学问,能否成为统一的学科,是心理学发展中的重大问题。对心理学本土化的发展来说,不同的本土心理学是否会延续或加重心理学的分裂,是一个重要的问题。心理学能否统一和怎样统一是其发展面对的课题。心理学的不统一体现在价值定位方面,即心理学是价值无涉的还是价值涉入的科学。价值无涉是指中立和客观的立场。这要求研究者不能把自己的取向强加给研究对象。价值涉入是指价值的导向和定位。这强调的是研究者与研究对象的一体化,突出的是人的意向性和主观性,重视的是人的自主性和主动性。心理学的不统一也体现在理论、方法和技术方面。理论的不统一在于心理学拥有不相容的理论框架、假设、建构、思想、主张、学说、观点、概念等。方法的不统一在于心理学容纳了多样化的研究方法,而方法之间有着巨大的差异和分歧。技术的不统一在于心理学进入现实社会、引领生活方式、干预心理行为、提供实用手段的途径和方式多样化。心理学的不统一不在于多样化,而在于多样化形态和方式之间相互排斥和倾轧。随着心理学的进步、发展和成熟,促进心理学统一就成为重大问题和目标。心理学有过各种统一的尝试,包括知识论的统一、价值论的统一和知识与价值的统一。心理学统一的关键是建立共有的科学观。心理学科学观涉及心理科学的边界和容纳性,理论构造的合理性和合法性,研究方法的可信和有效性,技术手段的限度和适当性。

其五,心理学研究的方式与方法。心理学的研究方式和研究方法也可以有本土的特性和特征。这就是心理学本土化的方法问题或方法论问题。方法论的探索是关系到心理学学科发展的核心问题。原有的心理学方法论的研究仅仅涉及关于心理学研究方法的探索。心理学研究的方法论应该得到扩展。方法论的探索包括关于对象的立场,关于方法的认识,关于技术的思考。①　心理学的研究可以包括三个基本部分:一是关于对象的研究,涉及的是心理学的研究对象,是对心理行为实际的揭示、描述、说明、解释、预测、干预等;二是关于方法的研究,涉及的是心理学的研究者,探讨的是心理学研究者持有的研究立场、使用的具体方法;三是关于技术的研究,涉及的是对研究对象的干预和改变。心理学研究的方法论也应该包括三个基本方面:一是关于心理学研究对象的理解,也就是研究内容的确定,力求突破对人的心理行为的片面理解;二是关于心理学研究方法的探索,也就是研究方法的创新,力图突破和摆脱西方心理学的科学观的限制,为心理学的研究重新建立科学规范;三是关于心理学技术手段的考察,也就是干预方式的明确,力争避免把人当作被动接受随意改变的客体。因此,对心理学方法论的新探索就是反思心理学发展的一些重大的理论问题和方法问题。这些问题的解决不仅关系到中国心理学的发展与前途,而且关系到整个心理学的命运与未来。

第五节　心理学的本土化发展

心理学本土化是世界性的潮流。这是以西方心理学为主导的心理学演进中出现的一种心理学的导向,也是心理学关于自身发展进行的反思和创新。在心理学本土化的思潮中,中国心理学的本土化也扮演着非常重要的角色。

中国心理学跨越世纪的主题是科学化和本土化。在中国心理学发展的

---

① 　葛鲁嘉.对心理学方法论的扩展性探索[J].南京师范大学学报(社会科学版),2005(1):84-89.

初期,中国心理学的科学化是通过西方化完成的。但是,在 21 世纪,中国心理学的科学化则应该通过本土化来完成。这是中国心理学发展的一个十分重要的转折。① 心理学的本土化潮流原本也是在西方心理学的研究中被推动起来的。或者,关于本土心理学最早的研究关注,并不是在非西方的文化中起始或发动起来的。不过,这种关于本土心理学的探讨和研究,仅仅是要关注在强势的实证心理学或正统心理学之外的,其他各种不同的或常识的或非正统的心理学。② 最早的本土心理学的含义很快就在迅速升级的心理学本土化的浪潮中得到了大大的扩展。心理学的本土化、本土心理学的探索,都在非西方文化的背景中得到了积极而广泛的响应。③ 在心理学研究中,关于心理行为的理解通常缺失了文化的维度,关于心理科学的理解同样更缺失文化的定位。在心理学的研究中,长期以来一直是缺乏对与文化相关的课题或与跨文化相关的课题的关注。这与心理学研究中漠视文化和缺失文化是相呼应的。伴随着心理学的快速发展和进步,文化的巨大漏洞就显现了出来,并限制和阻碍了心理学的进步。因此,在 20 世纪末 21 世纪初,文化心理学重新回到心理学舞台的核心,成为高热度的研究。文化心理和文化行为变成研究者争相探讨的课题。④ 涉及文化与特定心理行为关系的研究,成为研究者争相关注的课题。如文化与自我关系的研究,在心理学的研究中产生了深远的影响。⑤ 同时,也有许多心理学研究者开始关注不同文化背景和文化传统中的心理学的贡献和作用。⑥ 应该说,在心理学的研究中,与文化相关联的心理行为,与文化相关联的心理学研究方式,与文化相关联的心理学的理论、方法和技术,都开始成为心理学研究的主题。当代心理学的发展已经出现或发生文化学的转向。⑦ 其实,就是西方心理学的当代

---

① 葛鲁嘉. 中国心理学的科学化和本土化——中国心理学发展的跨世纪主题[J]. 吉林大学社会科学学报,2002(2):5-15.

② Heelas, P. & Lock, A. *Indigenous Psychology: The Anthropology of the Self*. New York: Academic Press, 1981, p. 187.

③ Kim, U. & Berry, J. W. (Eds.). *Indigenous Psychologies: Research and Experience in Cultural Context*. Newbury Park, CA: Sage Publications, 1993, pp. 240-259.

④ Cole, M. *Cultural Psychology*. Cambridge, MA: Harvard University Press, 1998, pp. 1-7.

⑤ Markus, H. R. & Kitayama, S. Culture and the self: Implications for cognition, emotion, and motivation. *Psychological Review*, 1991(2), 224-253.

⑥ Paranjpe, A. C., Ho, D. Y. F., & Rieber, R. W. *Asian Contributions to Psychology*. New York: Praeger, 1988, pp. 53-78.

⑦ 葛鲁嘉,陈若莉. 当代心理学发展的文化学转向[J]. 吉林大学社会科学学报,1999(5):79-87.

发展,也在寻求东方的心理学传统资源。① 对西方和东方的心理学的对比也是研究的一个重心。②

中国现代科学心理学的发展历经了诸多磨难。首先,在中国本土的文化中并没有产生出现代意义上的科学心理学。中国现代的科学心理学是从西方引进的。这使中国科学心理学的发展一开始就有了很高的起点,但也使得中国现代心理学的发展一直走的是翻译、照搬、模仿、复制、修补的道路。在中国心理学的文献中,太多看到的是对西方科学心理学的介绍、引证、解说、评述、跟随。其次,中国现代科学心理学的发展缺少自己的立足根基,没有自己的学术立场,常常受政治气候的影响而摇摆。这使得中国现代心理学的发展走了许多弯路。如在20世纪中期,由于当时的思想教条,中国心理学界引进了苏联的巴甫洛夫高级神经活动学说,结果,生理学的或神经生理学的内容充斥心理学的研究,心理学变成"狗流口水"的学说。"文化大革命"中,心理学则被斥为"资产阶级的伪科学"。

中国现代科学心理学的发展经历了非常曲折的过程。这主要可以体现为三个不同阶段的演变,在每个阶段都体现出两个有所不同又彼此相对的中心或重心。③

第一个阶段的演变是在19世纪末期到20世纪中期。这个阶段的两个中心是西方化的模仿和革命化的批判。西方化的模仿在于,当时西方工业文明的昌盛与中国封建王朝的衰落形成了鲜明的对照。因此,许多中国的学人奔赴欧美,去寻找拯救中国的真理。他们中的一些人留学海外,学习的就是西方的科学心理学。他们抱有的目标是改造和建设国人的心理,以推动国家的现代化和民主化。正是他们把西方的科学心理学引入中国,为中国心理学的起步和发展带来了研究方法、理论知识和应用技术。正是他们的努力,中国开始有了科学心理学,包括心理学的教学和科研机构,心理学的实验室,心理学的期刊和著作等文献。革命化的批判就在于进行了批判、

① Varela,F. J. ,Thompson,E. , & Rosch,E. *The Embodied Mind:Cognitive Science and Human Experience*. Cambridge,MA:The MIT Press,1991,pp. 21-33.
② Paranjpe, A. C. *Theoretical Psychology:The Meeting of East and West*. New York:Plenum,1984,pp. 1-31.
③ 葛鲁嘉.新心性心理学宣言——中国本土心理学原创性理论建构[M].北京:人民出版社,2008:2-4.

转折和重建。这是在 20 世纪 50 年代初期和中期的思想改造运动和反右斗争的时候,当时的知识分子必须确立自己的政治立场,反对和批判西方的资产阶级的东西,接受无产阶级思想的改造,这包括对西方心理学的批判。

第二个阶段的演变是在 20 世纪中期到 20 世纪后期。在这个阶段的两个中心是苏联化的模仿和荒漠化的批判。20 世纪 50 年代,中国开始接受苏联的大规模援助,大批苏联专家进入中国,其中包括苏联的心理学家进入中国的大学和研究机构。这时的大学心理学教学开始讲授苏联的所谓唯物主义心理学,特别是巴甫洛夫学说。渐渐地,巴甫洛夫的高级神经活动学说就成为心理学的代名词。20 世纪 60 年代中期,心理学在"文化大革命"中被推翻。当时,心理学被看成是唯心主义的"伪科学",是必须清除的。正因为如此,心理学的教学和研究机构都被解散了,心理学的教学和研究人员被遣散,心理学图书和学术期刊的出版也都停止了。

第三个阶段的演变是在 20 世纪后期到 21 世纪初期。这个阶段的两个中心是开放化的模仿和本土化的追求。开放化的模仿在于,中国又开始了新一轮的对西方发达国家的心理学的翻译、介绍和评价。西方的科学心理学重又被看成为中国现代科学心理学发展的楷模和标准。中国心理学本土化的追求从 20 世纪后期开始。中国心理学开始意识到自身具有的西方心理学的文化印记,以及跟随在西方心理学之后的不足。此时,在中国心理学研究中,心理学本土化的呼声开始高涨,心理学本土化的努力开始兴起。

中国心理学的本土化运动已经从艰难的起步阶段走向茁壮的成长阶段,也就是从探讨是否进行心理学本土化的研究转向探讨如何进行本土化的研究,从探讨如何进行本土化的研究转向进行原创性的研究。本土化的研究课题不断推新和增加,本土化的研究成果也日益积累和丰硕。致力于心理学本土化的中国心理学家已经在积极建立中国人的心理学,已经在积极创造中国本土的心理学理论。当然,目前的所谓中国人的心理学包含各种各样的本土化研究成果,其本土化程度是有所不同的。中国文化圈中的心理文化是由两方面构成的,一是中国人带有文化印记的心理生活,一是中国传统带有独特含义的心理学阐释。目前的本土化研究定向是以中国人的心理和行为作为研究对象,但只是把带有文化印记的心理生活从心理文化中分离出来,放在了科学考察的聚焦点上。目前的本土化研究定向也挖掘中国本土的传统心理学,但只是将其从心理文化中分离出来,看作是已被现代心理学超越和取代的历史古董。不过,新的突破已在酝酿之中,新的创造已在生成之中。中国心理学的本土化研究在一个相当短的时段里,取得了相当数量和相当重要的成果。如果从心理学的科学观上来看,本土化的研究已经从第一个阶段迈向了第二个阶段。

第一个阶段的研究试图扩展西方心理学的研究内容,使中国心理学转而考察中国人独特的心理行为,但是在科学观上并未能超越西方科学心理学,仍然持有西方心理学的实证科学观,没有脱出这种小科学观的限制。这个阶段的研究可以分成两类:一类是以中国人为被试,但研究工具、方法、概念和理论仍然是西方式的,这类研究在本土化努力的初期非常多见;另一类则不但以中国人为被试,而且试图寻找适合考察中国人的心理行为的研究工具、方法、概念和理论。但是,这类研究也只是做到了改变研究工具、方法、概念和理论的内容,而没有改变其基本的实证科学的性质或方式,追求的仍然是西方科学心理学的那种研究方法的有效性和理论解释的合理性。

第二个阶段的研究则试图扩展西方心理学的研究方式。这个阶段与前一阶段并没有明显的分界标志,而只是一种逐渐的变化和过渡,反映出了研究的趋势。这个阶段的研究开始去试图突破西方心理学的实证科学观的限制,寻求更超脱更多样的研究方法和理论思想。例如,在西方心理学中早就被遗弃的内省的方法,在中国本土文化的传统中就有着完全不同的含义,也就具有非常独特的价值。[1] 在中国的心理学传统中,体证和体验具有全新的心理学研究方式的价值。[2] 当然,在这个阶段的心理学研究也可以分成两类:一类是对西方科学心理学的小科学观的带有盲目性的突破,这使多样化变成了杂乱性。现在的一部分研究就缺少必要的规范性,而具有更多的尝试性。[3] 另一类则是试图有意识地清算西方心理学的实证科学观,建立一种大科学观,为中国心理学的本土化研究设置规范。[4]

---

[1]　葛鲁嘉. 中国本土传统心理学的内省方式及其现代启示[J]. 吉林大学社会科学学报,1997(6):25-30.
[2]　葛鲁嘉. 体证和体验的方法对心理学研究的价值[J]. 华南师范大学学报(社会科学版),2006(4):116-121,160.
[3]　杨中芳. 如何研究中国人[M]. 台北:桂冠图书公司,1997:321-322.
[4]　葛鲁嘉. 大心理学观——心理学发展的新契机与新视野[J]. 自然辩证法研究,1995(9):18-23.

在目前阶段,中国心理学的发展最缺少的就是原始性的创新。长期的引进和模仿,使中国的心理学研究者习惯了引经据典,习惯了用别人的语言说别人的研究。当然,再进一步是用别人的语言说自己的研究,更进一步则是用自己的语言说自己的研究。这需要的就是学术创新,而学术的生命就在于创新。没有创新,就没有学术。越是全新的突破,越需要深厚的基础。没有深厚基础的创新,实际上就是胡言乱语,就是痴人说梦。所以,创新需要积累,学术的创新需要学术的积累,心理学的学术创新需要心理学的学术积累。心理学的创新可以是理论上的创新,可以是方法上的创新,也可以是技术上的创新。

第六节　心理学的本土化创新

中国心理学的本土化正在走向原始性创新的阶段。在这个阶段,中国本土心理学将会寻求真正的学科研究的突破,包括理论的创新、方法的创新和技术的创新。中国本土心理学的命运与前途,就在于学术创新。原始性的创新包含理论的创新、方法的创新和技术的创新,是中国本土心理学走向世界的唯一出路。

对本土心理学的关注和心理学的本土化发展,已经成为世界性的潮流和趋势。本土心理学成为特有的专用术语,来表述实证心理学之外的心理学的存在。[1] 本土心理学也成为在特定文化背景下的心理学研究。[2] 从理论心理学的视角,对中西心理学的交汇的探讨,对西方心理学的文化根基的考察,对东方的心理学传统资源的关注,也成为本土心理学研究和理论心理学探讨的热点。这被看成是理论心理学探索中的东方与西方的相遇。[3] 有研究探讨了亚洲对心理学的贡献。[4] 有研究将东方的佛教心理学引入西方

---

[1]　Heelas, P. & Lock, A. *Indigenous Psychologies: The Anthropology of the Self*. New York: Academic Press, 1981, p. 3.

[2]　Kim, U. & Berry, J. W. (Eds.). *Indigenous Psychologies: Research and Experience in Cultural Context*. Newbury Park, CA: Sage Publications, 1993, pp. 1-29.

[3]　Paranjpe, A. C. *Theoretical Psychology: The Meeting of East and West*. New York: Plenum Press, 1984, pp. 315-320.

[4]　Paranjpe, A. C., Ho, D. Y. F., & Rieber, R. W. *Asian Contributions to Psychology*. New York: Praeger, 1988, pp. 79-119.

的认知科学的研究。①

　　中国心理学在 21 世纪的发展面临着一个非常重大的挑战,那就是从对西方或对外国心理学的模仿中解脱出来,转而立足中国本土心理文化的传统。新心性心理学就是一种植根本土文化资源的创新努力,并试图开辟中国心理学自己的新世纪发展之路。新心性心理学有其基本的内涵和主张,对于心理学研究对象的理解和对于心理学研究方式的确立有一个基本的变化。② 新心性心理学有自己核心理论的建构,有自己核心理念的构成。新心性心理学论及六个部分基本的内容,即心理资源论析、心理文化论要、心理生活论纲、心理环境论说、心理成长论本和心理科学论总。这六个部分涉及心理学的学科资源、心理学的文化基础、心理学的研究对象、心理学的环境因素、心理学的对象成长和心理学的学科内涵。心理资源论析是对心理学立足的资源的考察。心理文化论要是对西方的心理学传统和中国的心理学传统的跨文化解析。心理生活论纲是对心理学研究对象的一种新视野、新认识和新理解。心理环境论说是对心理与环境关系的一种新的思考和分析。心理成长论本是对人的心理超越了发展变化的考察和认识。心理科学论总则是对心理学的科学性质和学科发展的理解和探讨。

一、心理资源论析

　　心理学的发展有着自己的文化历史资源。这包括十分不同的历史发展和长期演变的学科形态。所有不同的心理学形态都是心理学的发展可以借用的文化历史资源。心理学资源可以体现为不同的心理学历史形态,也可以体现为不同的心理学现实演变,也可以体现为不同的心理学未来发展。这包括常识形态的心理学、哲学形态的心理学、宗教形态的心理学、类同形态的心理学、科学形态的心理学和资源形态的心理学。当代心理学的发展不应该抛弃各种不同形态的心理学,而应该将其当作自己学术创新的文化历史资源。

---

① Varela, F. J. , Thompson, E. , & Rosch, E. *The Embodied Mind: Cognitive Science and Human Experience*. Cambridge, MA: The MIT Press, 1991, pp. 21 - 23.

② 葛鲁嘉. 新心性心理学宣言——中国本土心理学原创性理论建构[M]. 北京: 人民出版社,2008: 80 - 81.

　　心理资源，是指可以生成和促进心理学发展的基础条件。如心理学的成长要有自己植根的社会文化土壤，这就是心理学的社会文化资源。心理资源既可以成为心理生活的资源，也可以成为心理科学的资源。心理学面临着如何理解、看待、保护、挖掘、提取和转用资源的问题。心理学的发展不应该抛弃自己的文化历史传统，而应该将其当作可以借用的文化历史资源，从而扩大自己的视野，挖掘自己的潜能，丰富自己的研究，完善自己的功能。

　　科学心理学只有很短的一百多年的历史，但是心理学的探索有着久远的过去。通常认为，心理学的发展只是连续的线性更替关系，现代的科学心理学淘汰和取代了原有的传统形态的心理学。但是，实际情况并非如此。科学心理学诞生之后，其他不同形态的心理学仍然与其并存着，仍然各自发挥着自己的功能。心理学出现过前面所述的各种不同的形态。不同形态的心理学并没有随着现代科学心理学的出现而消亡，而是依然存在于现实生活和学术研究中，并在不同的生活领域和学术领域中发挥着重要的作用。解读不同形态的心理学，考察心理学的各种形态之间的关系，对心理学的发展有着至关重要的作用。

　　心理学有着非常重要的当代进展。心理学的未来演变应该把自己建设成为资源合理开发和有效利用的新型学科门类。心理学的未来形态就是资源形态的心理学。这可以称之为心理学的第六种形态，是立足心理资源的开发和利用的心理学。

二、心理文化论要

　　心理文化论要从跨文化的角度，对生长于不同文化根基和相应于不同心理生活的中西心理学传统进行比较和分析，探讨彼此之间沟通的可能性和心理学发展的新道路。起源于西方文化的科学心理学，立足客观的研究方法和客观的知识体系，提供了对心理现象的合理的理论解释和有效的技术干预，但它仅仅揭示了人类心灵和精神生活的一个部分或侧面。起源于中国文化的本土心理学也是自成体系的心理学探索，它揭示了有意义的内心生活和给出了自我超越的精神发展道路。西方的心理学传统是中国现代科学心理学的直接来源，目前则正在经历本土化的历程和改造。中国本土的心理学传统在西方文化中的流传，也使西方的科学心理学得到了启示和受到了影响。两者的沟通将有助于形成一种新的心理学科学观，并推动心理学的新发展。确立心理文化的概念，可以重新审视西方心理学的文化适用性，并推进对其进行全面改造；可以重新审视中国心理学的本土传统性，并推进对其进行深入挖掘。这有利于正确对待从西方引入的心理学，并开创中国自己的心理学发展道路。

心理文化的概念可用于考察心理学成长的文化根基，探讨心理学发展的文化内涵，挖掘心理学创新的文化资源。心理学的产生和发展都是立足特定的文化，或者文化是心理学植根的土壤和养分的来源。在过去，无论是心理学的发展还是对心理学发展的探索，都缺失了文化的维度。文化是考察当代心理学发展和演变的重要视角。当代心理学的发展越来越重视对文化、心理文化和文化心理的探讨。对此的探讨有着历史的观点和理论的分析，[1]有对文化心理学的学科的确立和建构，[2]有从文化、科学和本土心理学的角度进行的综合性分析，[3]有从文化与自我的关系出发进行的关于认知、情感和动机的探索，[4]有研究从跨文化研究方法的进化角度进行的分析。[5] 西方的科学心理学和中国的本土心理学是生长于不同的文化根基，植根于不同的心理生活。心理文化概念的提出有利于探明不同文化传统中蕴藏的心理学资源并进行挖掘，有利于审视西方心理学的文化适用性并进行改造，有利于考察中国本土的心理学传统并进行解析。中国现代科学心理学主要来自西方科学心理学，而中国本土也有自己的心理学资源。探察该资源，就要扩展心理学的视野和设置文化学的框架，将中国本土心理学看成是与西方实证心理学具有同等文化价值的探索。要发展中国的心理学，就有必要追踪中国本土文化中的心理学传统，确定其蕴含的资源、具有的性

---

① Adamopoulos, J. & Lonner, W. J. Culture and psychology at acrossroad: Historical perspective and theoretical analysis. In David Matsumoto (Ed.), *The Handbook of Culture and Psychology*. New York: Oxford University Press, 2001, pp. 15 - 25.

② Cole, M. *Cultural Psychology*. Boston, MA: Harvard University Press, 1998.

③ Kim, U. Culture, science, and indigenous psychologies: An integrated analysis. In David Matsumoto(Ed.), *The Handbook of Culture and Psychology*. New York: Oxford University Press, 2001, pp. 54 - 58.

④ Markus, H. R. & Kitayama, S. Culture and the self: Implications for cognition, emotion, and motivation. *Psychological Review*, 1991(2), 224 - 253.

⑤ Vijver, F. V. D. The evolution of cross-cultural research methods. In David Matsumoto(Ed.), *The Handbook of Culture and Psychology*. New York: Oxford University Press, 2001, pp. 78 - 92.

质、包括的内容、起到的作用。心理文化的探索力图找到和深入挖掘心理学创新的文化根基。中国有自己的文化传统、心理文化、心理学探索和创新性资源。

三、心理生活论纲

西方科学心理学一直将心理学的研究对象确定为心理现象,心理生活的探索则将心理学的研究对象确定为心理生活。这就必须改变研究者与研究对象的绝对分离,改变科学心理学现有关于研究对象的分类标准和分类体系。中国的本土文化传统提供了一种非常独特的解说心理生活的心性学说。心理生活是立足人的心理的觉的性质。觉的活动是一种生成意义的活动,这实际上就是一种创造性生成的活动。心理生活有其基本内涵和体证方法。心理学的研究就在于科学地揭示心理生活,提高心理生活的质量。

现代科学心理学产生于西方的文化传统。心理学在成为独立科学门类之后,就有了自己相对明确的研究对象和研究领域。西方的科学心理学把研究对象确定为心理现象,即心理学是研究心理现象的科学。但是,目前这种关于心理学研究对象的理解是不是唯一正确合理的,还值得进一步去思考。随着心理科学的发展和进步,关于研究对象的理解也在不断深入和趋于全面。心理学成为独立学科的时间很短,对研究对象的认识也并不合理和完善。心理学独立后,就一直在向相对成熟的自然科学特别是物理学靠拢。如同自然科学对自然现象的理解和物理科学对物理现象的理解,心理科学把研究对象理解为心理现象。所谓心理现象是建立在两个基本设定上:一是研究者与研究对象的绝对分离,研究者仅是旁观者,是观察者,是中立的,是客观的;二是研究者必须通过感官来观察对象,而不能加入思想的臆断推测。心理现象的分类则分离了人的心理过程和个性心理,分离了人的智力因素和非智力因素。这种分类标准和分类体系,使得对人的心理的理解和干预、对青少年心理的培养和教育,都产生了严重问题。这必然迫使科学心理学去重新理解关于研究对象的定位和分类。

中国的本土文化给出了对人的心理完全不同的理解,这就是本土的心性学说。这是本土的心性心理学,是文化的心理学资源,是新心性心理学创新的基础。新心性心理学把心理学的研究对象确立为心理生活。所谓的心理生活也是建立在两个基本设定上：一是研究者与研究对象的彼此统一；二是生活者通过心理本性的自觉来创造心理生活。心理生活的性质是觉解，方式为体悟，探索在体证，质量是基本。这说明心理生活就是自觉的活动，就是意识的觉知，就是自我的构筑。人的意识自觉能否成为心理学的研究对象，在心理学发展中一直是有争议的问题。中国本土心理学的创新发展有必要去重新理解和思考心理学的研究对象，以开拓心理学发展的新方向和新道路。心理学的变革在于对研究对象的重新理解和定位，在于对研究方式的重新思考和确立。把心理学的研究对象从心理现象转向心理生活，是根源于本土文化的对研究对象的另类考察。

四、心理环境论说

环境是心理学研究中的重要内容。心理学家常常把环境理解为外在于人的存在，是客观的、独立的、自然的和天成的。对于心理的、意识的、自我的和心性的存在来说，环境不仅是物理意义的、生物意义的、社会意义的，也是心理意义的。这就是人的心理环境。心理环境就是被觉知到、被理解为、被把握成、被创造出的环境。心理环境是对人来说最切近的环境。这种环境超出了物理、生物和社会意义上的环境。环境决定论和心理决定论都无法真正揭示人的心理发展的实际过程。环境对人来说，常被看作自生自灭的过程，是独立于人的存在。如果从心理环境去理解，环境的演变就是属人的过程，是人对环境的把握、人对环境的作为、人对环境的创造。环境与心理是共生的过程。这不仅是环境决定或塑造了人的心理，而且是心理理解或创造了人的环境。心理与环境是共生的关系，这就是中国文化传统中的天人合一。

环境在通常的意义上被理解为物理的环境，或者是物理意义上的环境。物理意义上的环境是把环境看成是物理的存在或物理的刺激。物理的环境是可见的，是直接的。所以，物理环境就成为心理学家最关注的，甚至物理环境成为了环境的唯一含义。在许多心理学的研究中，对环境因素的涉及就是物理的环境。物理的环境仅仅是最基础意义上的环境。涉及心理行为，就必然要涉及有机体，也就是生物意义上的存在。与生物有机体直接相联系的环境并不是物理意义上的环境，而是生物意义上的环境。生物意义上的环境是直接关系到有机体生存和发展的环境,或者是对于生物有机体来说,具有最直接生物学意义的环境。例如,食物对于生物有机体来说,就不仅具有物理的意义,或者是物理的存在,而且具有生物的意义,或者是生物的存在。在心理学中,有许多研究就把人理解成为生物学意义上的存在,进而涉及与生物有机体有关的环境,就是生物的环境。生物的环境是对生物有机体来说的环境。对于心理的存在,对于意识的存在,对于自我的存在,特别是对于心性的存在来说,环境不仅是生物意义上的,而且是社会意义上的和文化意义上的。人是社会中的和文化中的存在,人构建了社会现实和文化历史,社会现实和文化历史又反过来决定着人的心理生活。心理环境也就是被人的心理觉知到的、被人的心理理解到的、被人的心理创造出的、被人的心理把握到的环境。心理环境对人的影响是最直接的。人可以在心理上分离出自己所处的环境,并针对这样的环境调整或调节自己的心理行为。所以,意识觉知到的或自我意识到的环境是人构造出来的环境。当然,心理环境加入了人的创造性活动,这就使得心理环境的含义远远超出了物理、生物和社会环境的界限。人的创造性活动主要体现在两个方面:一是心性的创造性构想,可以突破环境的限制;二是心性的创造性行为,可以实际改变环境的存在。

五、心理成长论本

心理成长的概念是对心理发展的概念的超越。在心理学关于人的心理的研究中,发展心理学是对人的心理发展变化的考察和研究。发展心理学经历了自己的发展,提供了关于人的心理发展的学说,但是发展心理学的研究一直存在着重要的缺失。补足这些缺失是发展心理学的未来发展的重要学术任务。发展心理学关于心理发展的理解曾经非常关注人的早期心理发展,特别是婴幼儿期的心理发展,也曾经主要关注伴随着身体发育和生理成熟的心理发展,也曾经分离地对待人的认知发展、情感发展、意志发展、个性发展等,也曾经关注个体的心理发生和发展,也曾经关注生物本能和社会环境的决定作用等。尽管发展心理学的进步在逐渐地完善自己的研究,但是怎么才能更好地解释人的心理变化和扩展,这成为心理学研究的核心。如何才能突破关于心理发展的现有研究,特别是在理论框架上重构关于人的心理变化的解说,这已经成为心理学研究至关重要的课题。问题就在于,如何才能超越心理发展的概念、理论和研究。核心的方面应该是用成长的概念去替代发展的概念,也就是用心理成长的概念去替代心理发展的概念。这应该成为考察人的心理行为的一个重要的理论转换。

新心性心理学会带来这样的重大转换。这包括把着重于成熟和发展转向着重于成长和提升,把着重于生物和生理转向着重于心理和心性,把强调心理的直线发展转向全面扩展,把强调心理的平面扩展转向纵向提升。心理成长的概念含义涉及心理成长的基础、过程、目标和阻滞。心理成长有着特定的文化内涵、文化创造、文化思想、文化方式和文化源流。心理成长与心理资源的关系就在于挖掘心理资源的含义、构成和价值。心理成长与心理文化的关系就在于心理成长的心理文化资源、心理文化差异、心理文化沟通和心理文化促进。心理成长与心理生活的关系就在于考察人的心理生活的含义、扩展和丰富。心理成长与心理环境的关系就在于探索人的心理环境的含义、建构和影响。心理成长与心理科学的关系,就在于科学的揭示、科学的应用、科学的引导、科学的创造。心理成长实际上就是心理生成的过程,是生成的存在,是创造的生成。心理成长会关系到个体的心理成长,是个体生活的建构,是心理生活的建构。心理成长也关系到群体的心理成长,是群体的共同成长,是群体的心理互动,是群体的心理关系,是群体的成长方式。心理成长也会关系到人类的心理成长,是种族的心理,是民族的成长,是心理的成熟,是生活的质量。

六、心理科学论总

心理科学论总是新心性心理学对心理科学本身的学术反思、学术突破和学术建构。它可以带来关于如何推进心理学的学术进步、如何扩展心理学的学术空间、如何引领心理学的学术未来、如何确立心理学的本土根基、如何激发心理学的学术创新等一系列方面最重要的学术突破。对于心理科学及其发展来说,最重要的是心理学的科学理念。这涉及心理学的科学观,包括科学观的含义、功能、变革和确立。心理学的科学观存在着对立,也就是小科学观与大科学观的对立,封闭的科学观与开放的科学观的对立。心理学的科学观经历了演变和变革,其中包括自然科学的科学观、社会科学的科学观、人文科学的科学观。科学观或者心理学的科学观具有文化的内涵或性质。心理学的科学尺度则彰显着心理学的科学内核和科学标准。这在心理学的研究中有强调和偏重理论中心、方法中心和技术中心的不同。心理学有着自己的科学基础，这包括哲学思想的基础，科学认识的基础，科学技术的基础，科学创造的基础，科学发展的基础。心理学的科学内涵涉及学科的科学性、研究的科学性、应用的科学性。心理学具有自己的学科或科学的资源，这涉及心理资源、资源分类、文化资源、思想资源和历史资源。心理学的科学发展涉及追踪的线索、心理学的起源、科学心理学的起源、心理学的演变、科学心理学的演变和心理学的发展前景。心理学拥有的科学理论涉及心理学的理论建构、理论构造、理论形态、理论演变和理论创新。心理学的科学方法涉及心理学的方法论，心理学的方法中心、心理学的研究方法、研究方法的科学性、研究方法的多样性和研究方法的适用性。心理学的科学技术涉及心理学的技术思想、技术应用、技术手段、技术工具和技术变革。心理学的科学创新则涉及创新的基础、创新的途径、创新的氛围、创新的方法和创新的体现。

中国本土心理学的命运与希望就在于创新性的发展。新心性心理学就是中国本土心理学的理论创新，是原创性的理论建构。中国本土心理学的创新性发展可以体现在理论、方法和技术等各个方面。中国本土心理学的理论创新涉及心理学的理论框架、理论范式、理论探索、理论核心、理论思想、理论内容、理论体系、理论构造、理论发展、理论更替、理论变革、理论演进、理论突破和理论建构。心理资源论析、心理文化论要、心理生活论纲、心理环境论说、心理成长论本和心理科学论总，就是新心性心理学的核心性理论构成。中国本土心理学将告别没有自身系统理论的时期，并迎来理论繁荣的时代。

第十二章　心理学与原始创新

　　涉及心理学研究的原始创新,则需要了解原始创新的含义。心理学的创新包括心理学理论的创新、心理学方法的创新和心理学技术的创新。中国本土的心理学发展尤其需要创新,这就在于中国心理学的发展走了很长一段时间引进、翻译、介绍、模仿、追随、照搬等的道路。这导致中国本土心理学的创新力和创造力的弱化。心理学的原始创新可以带来真正本土的心理学、真正独立的心理学、真正适用的心理学。

第一节　原始创新的含义

　　有研究对相关的原始创新的研究文献进行了综述。[①] 研究指出,国外对于原始创新内涵方面的研究表明,原始创新是由系统内部驱动要素决定的,其自身具有较强的难于预测性和较高的动态变化性等特点。从一般意义来讲,可以将原始创新看成是一种"问题的解决方案"。第一,对于偏重应用研究的领域来讲,这种"问题的解决方案"更多地表现为通过新技术获得新工艺和新产品。第二,对于偏重基础研究的领域来讲,原始创新是通过"问题的解决方案"的引入,构建一种全新的运行规则,进而产生对传统科学实践的挑战,形成新常规科学。

　　从国外已有的文献来看,原始创新的相关研究主要集中在原始创新的内涵、原始创新的能力等方面,整体研究成果数量不多,且多集中在经济发

---

① 苏屹,李柏洲.原始创新研究文献综述[J].科学管理研究,2012(2):5-8.

达的国家。从国内角度,关于原始创新的研究成果相对比较丰富,对原始创新的内涵、原始创新的能力、原始创新的模式等进行了研究。其中,对于原始创新能力的研究比较深入,主要从创新能力评价、创新能力不足的原因和相应的对策进行研究。

有研究对原始创新研究进行了综述,①指出原始创新已经成为科技竞争的制高点。要突破科技发展的瓶颈,获得全面超越的机会,就应从科技发展战略上重视原始创新,实现科技发展从跟踪模仿为主向自主创新为主转变,从而提高我国核心竞争力。该研究从原始创新的形成机制研究、评估体系研究、激励措施研究三个方面,综合论述了当前原始创新的研究成果。

一是形成机制研究。对原始创新的形成过程及其演化机制进行研究,可由此发掘出重要的影响因素。与一般创新机制相比,原始创新过程中存在两个主要的显著特征,即创新源广泛,创新过程漫长。创新理论产生的方式可分为逻辑推论型和高度概括型两大类。前者是根据少量试验结果或仅凭原有理论作出的合乎逻辑的推论;后者是根据大量的试验结果作出的概括性总结,这些结果可能来自在一般人看来互不相干的领域。逻辑推论型又可分为两类:一是根据少量试验结果作出的合乎逻辑的推论;二是仅凭原有理论作出的合乎逻辑的推论。原始创新成果的获得是一个从积累到突破的过程。这个过程往往是相对漫长的。科学创新始于问题,孕于积累。科学积累又是一个广泛的概念,带来成功创新成果的科学积累,往往需要整个社会的积累、科学传统的积累、学术思想的积累、个人经历的积累、知识遗传的积累等。

二是评估体系研究。到目前为止,对原始创新的界定仍没有明确,许多学者的概念都是定性的,而不是定量的。在学术界较为普遍的是对原始创新特征的讨论。典型的观点认为,原始创新主要强调研究活动,特别是研究成果的原创性和对科学进步的重要性。这具有如下特征:首先是一种不连续事件和小概率事件。其次是在基本观念、研究思路、研究方法和研究方向上有根本的转变,其结果是或者实现范式的变革,导致科学革命,或者开辟

① 陈劲,谢靓红.原始性创新研究综述[J].科学学与科学技术管理,2004(2):23-26.

新的研究方向和研究领域,创建新的学科。再次是往往在一段时间内导致与之相关的创新簇群或知识生产的"连锁反应"。最后是其效果通常不是短时段内能够准确估量的。这些特征可以用来描述原始创新,但却难以完全用于评估体系的建立,尤其难以进行量化测评。

三是激励措施研究。第一是重视创新人才。优秀人才是科学创新的根本,创新人才对形成原始创新成果极为重要。原始创新的研究者应该具备这样的素质:必须对科学和真理有执着的追求,必须突破理论禁区和人类习惯的束缚,求真务实,锲而不舍地探索和实践。第二是形成文化氛围。良好适宜的文化氛围对原始创新具有巨大促进作用。由于原始创新成果往往与已有成果不那么相近,因此原始创新更需要容错的、大胆思维的文化氛围。第三是完善评估体系。第四是增强专利意识。第五是推进开放交流。

有研究认为,原创性是心理学研究的理性诉求。[①] 研究指出,心理学研究的原创性问题主要是指,当前国内的心理学在研究问题、方法原则、理论知识等方面,对西方心理学有着强烈依附。如此一来,国内的心理学研究就注定是一种验证性、跟踪型的研究,其研究结论充其量也只是对西方心理学理论或思想的修补或润饰而已,其内在的话语权力的感召力和震撼力与西方心理学相比,自是不可同日而语。一是研究问题缺乏原创性。前沿问题才是具有原创性的问题。综观当前已有的心理学研究文献,对于心理学研究中问题提出的原创性,心理学界似乎并没有过多加以考虑。二是研究方法缺乏原创性。国内当前心理学的研究方法仍旧固守以自然科学为取向的实证主义方法论,即强调对象的可观察性、笃信客观普适性真理,坚持以方法为中心,尊奉价值中立的立场等。三是理论指导缺乏多元化。当前,我国的心理学研究缺乏多元文化思考,表现在进行心理学理论建构时,许多研究者大多自觉或不自觉地凭借实证主义指导自己的心理学理论的建构。

有研究思考了我国心理学研究的原创性问题。[②] 研究指出,心理学研究的原创性是衡量心理学发展的重要指标。从某种意义上说,追求原创性不仅是时代发展对心理学研究的根本要求,而且是心理学未来发展的重要走

① 欧阳常青.原创:心理学研究的理性诉求[J].心理学探新,2005(4):3-6,16.
② 杨伊生.对我国心理学研究原创性的思考[J].内蒙古师范大学学报(哲学社会科学版),2006(2):51-55.

向。原创首先是一种创新，具有创新的特征，但不是所有的创新都可以称为原创，只有那些原始创新，即前所未有的新思想或新发现，才能称得上是原创性。

在研究的思想、内容、手段和方法的模仿和迁移的过程中，中国心理学的研究渐渐失去了自己的学科根基，原创意识、原创能力和原创成果日渐匮乏，具体表现在四个方面。第一是对西方主流心理学的过分追随。第二是本土化心理学研究的非系统性。心理学的本土化研究起步较晚，而且没有形成稳定的概念、理论和方法体系。第三是心理学研究原创性的机制不够健全。我国心理学原创性不足也表现在体制、机制与创新目标不相适应上。第四是心理学研究的学科积累不深厚。学科积累是学科原创的重要前提，没有深厚的学科积累，提升心理学研究的原创性是难以想象的。

第二节　心理学理论的创新

有研究对中国理论心理学的原创性进行了反思。[①] 研究指出，理论心理学已成为一门国际性学科。中国理论心理学在世界理论心理学的发展中具有重要地位。我国心理学工作者对该学科的发展作出了较大贡献。但是，我国理论心理学研究的原创性水平不高，这严重阻碍了中国心理学的发展。要提高中国理论心理学的原创性水平，理论研究必须回归到人本身；研究者要有坚定的理论信念；要提倡批判思维，鼓励建构思维；理论与实证不能走入相互怨恨的歧途；要鼓励多途径理论创新；研究者要相互合作、共同攻关。

心理学的根本问题是研究人的心理与行为的问题，因此无论是理论创新还是实证研究，都要紧紧围绕着人本身进行。但是，理论研究的异化常常在于离开了人本身的心理与行为，而被各种已有的研究资料遮蔽和淹没。理论创新最需要的是坚定的理论信念。坚定的理论信念是创造一个理论、一个学派不可缺少的。纵观心理学研究的历史，包括心理学理论和理论心理学研究的历史，凡是自成一派或一家之言的理论大家，一个基本的素质就

---

① 燕良轼,曾练平.中国理论心理学的原创性反思[J].心理科学,2011(5):1216-1221.

是选择了自己的价值信仰,并且一以贯之地守护自己的价值信仰。这就不会跟风向、赶时髦,原因就是坚信自己的价值信仰。在我国的理论心理学界,在提倡批判思维的同时,尤其要鼓励和提倡建构思维,需要根据中国人的实际提出新概念、建立新体系。这是目前最需要的、最迫切的,也是目前中国理论心理学研究最缺乏的、最关键的。理论的形成是可以多途径的:可以从分析已有的理论入手,创造出属于自己的新理论,这是一种从理论到理论的创造;也可以从实验或实证开始创造出自己的理论;还可以从观察形而下的现实开始逐步提炼成形而上的理论。

无论是西方心理学的研究,还是中国心理学的探讨,理论创新都是心理学发展和进步的最基本方面。心理学的理论创新决定了心理学研究的理论预设,也建构了心理学研究的理论框架,也形成了心理学研究的对象解说,也延续了心理学研究的理论传统。在实证科学的视野中,对实证方法的强调,并不等于把理论建构看成是安乐椅中的思辨和冥想,也并不等于说理论建构是最随意最容易的胡思乱想。

心理学理论的创新实际上是最艰难的探索和最重要的环节。这不仅需要深厚的理论修养,而且需要敏锐的理论眼光、丰富的理论资源、宽广的学科视野、密切的学科合作。心理学的理论框架的构成性和更替性、心理学的理论思路的扩展性和开阔性、心理学的理论解说的建设性和更迭性、心理学的理论概念的明确性和精确性、心理学的理论发展的更替性和延续性,都是在心理学的理论创新中得到实现的。

第三节 心理学方法的创新

有研究对方法创新进行了考察。① 研究指出,方法创新是以人的活动方式和实现程序为对象的创新,它扩大了人生存与活动的世界。方法创新是原有方法从普遍到特殊、从继承到扬弃、从模仿到创造的转化,是对正确的、先进的、高效的、简洁的方法的选择。方法创新的手段主要有方法的发明、

① 颜晓峰. 论方法创新[J]. 科学技术与辩证法,2002(1):25-28.

移植、借鉴与组合。方法创新源于实践创新的要求,依靠对固有方法的突破,是方法博弈的产物。

人在与世界交往的活动中形成了一个复杂多样的方法空间。方法是人进行创新活动的手段,方法本身又成为创新的对象。"工欲善其事,必先利其器。"方法创新是创新的重要内容与形式,是创新发展水平的一个重要尺度。方法是主体把握客体的手段、方式与途径的总和,是主客体相关联、相结合、相统一的中介与条件。方法是由研究目的、主体能力、客体形式、工具手段等因素共同组成的结构,这种结构决定了人的活动方式,即方法样式。

创新有多种表现形式,方法创新是一种特殊的创新形态。方法创新属于以人的活动方式、操作程序为对象的创新,它直接创造出的是新的方法,它所导致的活动结果的改变、活动对象的增值则是派生的。很多的对象化创新都离不开方法创新,是方法创新推动了对象化创新,因为方法创新选择了新的活动方式,开辟了新的活动途径,也就自然进入了新的活动区间,产生了新的活动结果。

方法创新不像物化创新那样具有直观的、凝固的形态,而是一种操作性的、过程性的形态。因此,界定方法创新要在动态中把握,从方法使用与运行的过程中区别出发生的变化;要在结构中把握,从方法要素的改变看引起的整个方法模式的转型;要在样式中把握,从方法类型的整体转变判断方法的根本变革;要在输出端把握,从方法的效果变化由果溯因分析方法的创新。

方法创新是内容本身的创新,也就是方法的核心要素与运行机制的创新。方法创新是活动程序的创新,方法就是由一定的程序构成的,方法创新则改变了原有的程序,确立了新的程序。方法创新是实用工具的创新,工具是方法的核心要素,工具的性质决定了方法的性质,方法创新必然要表现为工具创新。方法创新是活动规则的创新,方法可以由各种各样的规则表述,这些规则限定了人的活动方向与方式,方法创新则是修改或废除了原有的规则,而代之以新的规则。

方法创新是以方法为对象的创新,根据对象的自身特性,可以采取多种手段对方法作出创造或改造,主要有:(1)方法发明。这是方法创新的基本途径,属于开发式创新。方法是人工的产物,需要发明出来。(2)方法移植。

不同领域的各种方法的集合构成了方法群,方法具有开放性,不同的方法可以相互吸收、借鉴以致移植,在方法群中表现出相互渗透、相互包含的趋势。(3)方法借鉴。面对科学的分界不断打破,学科不断重新组合,交叉学科、横断学科不断出现,方法的建构也要跨越学科的鸿沟,以实践本身为基础,以解决问题为目的,运用多学科的成果,依靠方法的系统融合来把握对象。(4)方法组合。对各种方法进行新的组合也是一种创新方式,这是对现有的不同方法进行交叉、融合,组成新的方法。

在心理学的研究中,在心理学研究的方法中,在心理学的科学创造中,描述的方法、证明的方法、探索的方法、合理的方法、有效的方法、契合的方法,都需要在心理学的方法创新中得到落实。心理学方法的创新往往会带来心理学研究的重大改观或重要进步。这在心理学的发展历程中已经得到了证实。

第四节 心理学技术的创新

有学者对有关技术创新内涵的研究进行了述评。[1] 研究指出,技术创新是指技术的新构想经过研究开发或技术组合,到获得实际应用,并产生经济、社会效益的商业化全过程的活动。第一,技术创新是一个技术经济概念,是一种以技术为手段、以实现经济效益为目的的活动。第二,技术创新是一个过程,始自科技新发现,经过技术经济构思、研发、中试、试生产、正式生产、产品销售和售后服务,最终实现其商业利益。第三,技术创新的多要素组合特征决定了技术创新是一个跨越多组织的活动过程。在现代技术经济条件下,技术创新已经突破了原有的组织方式和活动范围,从单一组织的内部走向了社会。这种多组织与网络化的新特征,使技术创新更体现为一种跨组织的社会过程。第四,技术创新的核心是科技与经济的结合,其最终结果不仅是获得研究与开发成果,而且是研发成果的商品化。技术创新的实质是为生产经营系统引入新的要素组合,以获得更多利润。第五,技术创

---

[1] 杜伟.关于技术创新内涵的研究述评[J].西南民族大学学报(人文社科版),2004(2):257-259.

新不仅是一种技术经济现象,而且是一种制度现象。任何技术创新都是在特定的制度环境中进行的活动,技术创新的成败是包括制度因素在内的多重因素综合作用的结果,在很大程度上依赖于一定的制度安排。

有研究区分了经验技术与科学技术。① 研究指出,技术有经验和科学两个来源。可以把来自经验的技术称为经验技术,把来自科学的技术称为科学技术。经验技术是一种知其然的技术,是一种以感性认识为基础的技术;科学技术是一种知其所以然的技术,是一种以理性知识为基础的技术。在古代社会,由于人类的自然知识相当贫乏,科学还远未诞生,因而人类的几乎一切实践活动只能凭经验行事,在这种情况下理所当然地就出现以经验为基础的技术——经验技术。自然科学诞生后,技术又有了另一个来源——科学。科学与经验的最大区别是,科学的本质在于,科学是对自然现象产生原因的一种猜测或解释,而以这种猜测或解释为前提推导出的公式、定律等,可以得到人类经验的证实。

经验技术和科学技术是在不同的基础上创造出来的,因而呈现出各自不同的特点。一是经验技术是模仿技术,科学技术是创造技术。二是经验技术是渐进技术,科学技术是突变技术。经验是人们在长期观察自然现象和与客观世界相互作用的过程中获得的,因而必然要受到客观世界发展水平的制约。由于人类的实践范围是在逐渐扩大、不断深入的,不会在较短的时间内出现显著的飞跃,人类的经验通常是逐渐积累的。这就决定了以经验为基础的技术在整个古代社会也只能以渐进的形式向前发展,不可能在较短的时间内出现飞跃。以科学为基础的技术则完全有可能随着科学假说(或理论)的诞生而作跳跃式的发展。三是经验技术是后生技术,科学技术是前生技术。经验技术以经验为基础,没有经验就没有技术。科学技术之所以被称为前生技术,是因为科学技术是以科学的预见为基础发明的技术。四是经验技术是单生技术,科学技术是多生技术。经验技术是一种经验只能产生一种技术。一种技术的产生与其他技术的产生基本没有什么联系。科学技术由于以科学假说(理论)为基础,因此一种科学假说(理论)可以为多种应用开辟道路,即促使与此相关的多种技术的诞生,从而形成一个技术

---

① 钱兆华. 经验技术和科学技术及其特点[J]. 科学·经济·社会,2001(2):42-46.

群。五是经验技术是技能技术,科学技术是知识技术。这是对于技术的使用和改进而言的。

按照杨鑫辉的理解,德国心理学家斯腾(William Stern,1871—1938)于1903年最早提出了心理技术学(psycho-technology)的名称。侨居美国的德国心理学家闵斯特伯格(Hugo Münsterberg,1863—1916)在1913—1914年间出版的《心理学与工作效率》和《心理技术学原理》两本专著,可视为西方心理技术学的开端。心理技术学在美国的兴起与机能主义学派出现的影响是分不开的。

涉及心理学技术的创新,杨鑫辉对中国现代心理技术学的重建和发展进行了回顾和展望。他认为,必须在中国重建心理技术学,其必要性主要表现在四个方面:一是从科学学理论看,每门科学都有技术科学层次。发展心理技术学及其应用,也将是心理学的一个重点。二是从心理学的理论与应用的关系看,必须发展心理技术学。理论都是以应用为基础,理论是由应用发展而来的。三是从社会生活需要看,要求提供心理技术的帮助与服务。人们不满足于解释和说明心理现象,更在于掌握一些心理技术来解决生活、工作中的实际问题。四是从经典心理技术学的局限性看,需要重建与发展。现代心理技术学应为包括已有各种心理技术的综合学科。

就个体来说,有人员心理素质测评技术,并包括人力资源开发与管理技术。就群体来说,有社会心理测查技术,包括群体心理、社会心理倾向性和民意调查技术。就个体与群体心理是否正常来说,有心理健康、心理咨询与心理治疗技术。就经济是个体和群体的社会活动中心来说,有经济心理技术,包括金融、保险、广告、营销与企业形象策划等技术。此外,从人的社会活动来说,还可以有军事心理技术、司法心理技术、工程心理技术、运动心理技术、艺术心理技术,等等。这些心理技术构成了一个整体,而与心理学各种具体应用问题发生联系。心理技术学的相关学科主要有工业心理学、工程心理学、医学心理学、心理卫生学、社会心理学、管理心理学、经济心理学等。[①]

心理学的技术创新是心理学的现实应用的保证。无论是心理学的技术

---

① 杨鑫辉.中国现代心理技术学的回顾与展望[J].宁波大学学报(教育科学版),2007(2):5-9.

思想和技术构思,还是心理学的技术工具和技术发明,都需要通过心理学的技术创新来实现。把心理学的技术层面提取出来,能够在创新的思路中得到改换,这会给心理学的现实应用带来根本的变革。

心理学的应用价值、现实影响和生活意义,都需要通过心理学的丰富和多样的技术手段来实现和保证。从心理学的基础研究到心理学的现实应用,就是通过心理学的技术创新和技术发明来贯通和完成的。

第五节　心理学的创新本性

心理学的发展,中国本土心理学的发展,需要进行学术创新,需要通过创新去推动自己的理论、方法和技术的进步。心理学学科本身应该内在地具有创新的本性。这也就是把创新贯穿在心理资源的开发、心理文化的开拓、心理生活的创造、心理环境的建构、心理成长的引导、心理科学的发展等之中。

有研究就知识创新与心理学的发展进行了探讨。[①] 研究指出,在知识经济时代,创新能力决定国家的前途命运,建设国家创新体系是提高国家创新能力的重要举措。知识创新是国家创新体系的一个重要组成部分,是提高我国整体创新能力的关键所在。心理学是一门横跨自然科学和社会科学的交叉科学,其成果在人类生活的许多方面有重要影响。根据当前国家需求和心理学的发展前沿,在知识创新活动中,应当将心理健康与创新能力、认知与复杂信息环境、社会经济与心理行为作为重要研究方向。

有研究从中国心理学文化根基论析及当代命运的角度,探讨了心理学的理论创新。[②] 研究指出,对中国心理学文化根基重新评析和释义是心理学理论重建的重要学术资源和创新资源,也是现代心理学建设与发展不可或缺的启示和借鉴之源。从 20 世纪科学心理学与中国心理学传统的关联与互动中,或许能找到心理学文化理论创新的精神与资源。

---

① 杨玉芳.知识创新与心理学的发展[J].心理与行为研究,2003(1):2-4.
② 孟维杰.心理学理论创新——中国心理学文化根基论析及当代命运[J].河北师范大学学报(哲学社会科学版),2011(5):23-27.

　　有研究从心理学研究对象扩展性探索考察了心理学的理论创新。① 研究指出,心理学理论创新离不开心理学研究对象扩展性探索,即心理学研究对象边界与范畴的延伸。从科学意义上,心理学研究对象是可证实的心理现象,是以本体论为前提预设,以可证实性研究方式,以实验方法为技术支持,体现的是研究者价值无涉的研究立场。心理学研究对象扩展性探索的新视野在于心理学研究对象还具有主观性、价值性以及常识性水平,体现的是研究者价值涉入的研究立场。从价值无涉转向价值涉入不仅是心理学研究领域和研究视域的扩张,而且是思维方式的根本性转换,并引领和推动心理学理论创新。

　　有研究从心理学方法论扩展性探索的角度,考察了心理学的理论创新。② 研究指出,心理学理论创新离不开心理学方法论创新。要实现心理学理论的创新,就必须突破传统心理学的方法论局限,实现心理学方法论边界与范畴的扩展。心理学方法论的扩展性探索意味着心理学观由科学主义实证观向多元文化心理观转向、研究对象边界和内涵拓伸、研究方式多元化、研究主体生存方式转换等,继而推动和引领心理学理论不断演变与传承。

　　创新应该成为心理学的基本追求。心理学的研究者应该把创新变成自己的自觉意识和自觉行动。心理学在自己的初期发展中是在追求研究的规范性,但是在自己的后期发展中则应该去追求研究的创新性。心理学的创新本性应该在如下方面得到体现,即创造和建构人的全新的心理生活,创造和建构自己的理论思想、研究方法和技术工具,以及在人的心理生活与心理学的研究之间创造更好的联通和结合。

　　科学形态的心理学在创新性的学科建设和学科发展中,会真正成为独立的学科,成为有科学担当的学科,成为具有带头意义的学科,成为具有生活引导作用的学科。

---

① 孟维杰.心理学理论创新——心理学研究对象扩展性探索[J].心理学探新,2011(1):3-8.
② 孟维杰.心理学理论创新——心理学方法论扩展性探索[J].社会科学战线,2010(11):232-235.

参考文献

一、中文部分

波林.实验心理学史[M].高觉敷,译.北京:商务印书馆,1981.

蔡仁厚.儒家心性之学论要[M].台北:文津出版社,1980.

蔡笑岳,向祖强.人类心理的生物学研究[J].重庆大学学报(社会科学版),1999(1).

蔡笑岳,于龙.心理学:研究人的另类科学——对心理学学科性质的再认识[J].中山大学报(社会科学版),2005(5).

常若松.后现代心理学语境下的经验证实原则[J].心理科学,2002(4).

车文博.西方心理学史[M].台北:东华书局,1996.

陈宏.科学心理学研究方法论的比较与整合[J].东北师大学报(哲学社会科学版),2002(6).

陈健.方法作为科学划界标准的失败[J].自然辩证法通讯,1990(6).

陈健.科学划界[M].北京:东方出版社,1997.

陈金美.论整体主义[J].湖南师范大学社会科学学报,2001(4).

陈劲,谢靓红.原始性创新研究综述[J].科学学与科学技术管理,2004(2).

陈京军,陈功.科学心理学中的实证主义方法论问题[J].科学技术与辩证法,2007(6).

陈京军,陈功.科学主义心理学的危机[J].自然辩证法研究,2002(4).

陈强.西方社会的变迁:从整体主义到个人主义[J].北方论丛,2009(2).

陈芮,叶浩生.来自经济学的启示:关于心理学科的一些思考[J].心理学探新,2004(2).

陈少华.从心理学理论到理论心理学——心理学发展的理论观[J].西南师

范大学学报(人文社会科学版),2000(2).

陈向明.扎根理论的思路和方法[J].教育研究与实验,1999(4).

陈英敏,邹丕振.在全球化与本土化之间:建构一种多元文化的现代心理学观[J].山东师范大学学报(人文社会科学版),2005(3).

丛杭青,戚陈炯.集体意向性:个体主义与整体主义之争[J].哲学研究,2007(6).

崔光辉,郭本禹.论经验现象学心理学[J].华东师范大学学报(教育科学版),2008(2).

崔建华.超个人心理学思想渊源、发展现状与前景探析[J].中国健康心理学杂志,2010(2).

杜伟.关于技术创新内涵的研究述评[J].西南民族大学学报(人文社科版),2004(2).

段海军,霍涌泉.心理学的多元化之路:问题与前景[J].西北师大学报(社会科学版),2010(4).

段培君.方法论个体主义的三种诠释及其合理性[J].自然辩证法研究,2002(9).

段培君.方法论个体主义与分析传统[J].自然辩证法通讯,2002(6).

范燕宁.科学划界标准的三次历史性转折及其方法论意义[J].贵州社会科学,2008(9).

方立天.心性论——禅宗的理论要旨[J].中国文化研究,1995(4).

费小冬.扎根理论研究方法论:要素、研究程序和评判标准[J].公共行政评论,2008(3).

冯大彪,刘国权.从类哲学看心理学的分裂与统一[J].山西师大学报(社会科学版),2007(3).

高峰强.论后现代视界对科学主义心理学研究法则的超越[J].山东师范大学学报(社会科学版),2000(4).

高觉敷.西方心理学史论[M].合肥:安徽教育出版社,1995.

高觉敷.中国心理学史[M].北京:人民教育出版社,1985.

高岚,申荷永.中国文化与心理学[J].学术研究,2008(8).

高新民,汪波.反个体主义及其宽心灵观[J].自然辩证法研究,2009(2).

葛鲁嘉,陈若莉.当代心理学发展的文化学转向[J].吉林大学社会科学学报,1999(5).

葛鲁嘉,陈若莉.论心理学哲学的探索——心理科学走向成熟的标志[J].自然辩证法研究,1999(8).

葛鲁嘉.大心理学观——心理学发展的新契机与新视野[J].自然辩证法研究,1995(9).

葛鲁嘉.对心理学方法论的扩展性探索[J].南京师大学报(社会科学版),2005(1).

葛鲁嘉.对中国本土传统心理学的不同学术理解[J].东北师范大学学报(哲学社会科学版),2005(3).

葛鲁嘉.体证和体验的方法对心理学研究的价值[J].华南师范大学学报(社会科学版),2006(4).

葛鲁嘉.心理成长论本——超越心理发展的新心性心理学主张[M].北京:人民出版社,2012.

葛鲁嘉.心理环境论说——关于心理学对象环境的重新理解[J].陕西师范大学学报(哲学社会科学版),2006(1).

葛鲁嘉.心理生活论纲——关于心理学研究对象的另类考察[J].陕西师范大学学报(哲学社会科学版),2005(2).

葛鲁嘉.心理文化论要——中西心理学传统跨文化解析[M].大连:辽宁师范大学出版社,1995.

葛鲁嘉.心理学的科学观与统一观[J].吉林大学社会科学学报,1996(3).

葛鲁嘉.心理学的五种历史形态及其考评[J].吉林师范大学学报(人文社会科学版),2004(2).

葛鲁嘉.心理学研究划分的类别与优先的顺序[J].吉林师范大学学报(人文社会科学版),2005(5).

葛鲁嘉.心理学应用的理论、方案和领域研究[J].河南师范大学学报(哲学社会科学版),2004(6).

葛鲁嘉.心理学中国化的学术演进与目标[J].陕西师范大学学报(哲学社会科学版),2007(4).

葛鲁嘉.心理资源论——心理学的历史、现实和未来的形态[J].陕西师范大学学报(哲学社会科学版),2008(6).

葛鲁嘉. 新心性心理学的理论建构——中国本土心理学理论创新的一种新世纪的选择[J]. 吉林大学社会科学学报,2005(5).

葛鲁嘉. 新心性心理学宣言——中国本土心理学原创性理论建构[M]. 北京：人民出版社,2008.

葛鲁嘉. 中国本土传统心理学的内省方式及其现代启示[J]. 吉林大学社会科学学报,1997(6).

葛鲁嘉. 中国本土传统心理学术语的新解释和新用途[J]. 山东师范大学学报(人文社会科学版),2004(3).

葛鲁嘉. 中国心理学的科学化和本土化——中国心理学发展的跨世纪主题[J]. 吉林大学社会科学学报,2002(2).

葛鲁嘉. 追踪现代科学心理学发展的十个线索[J]. 心理科学,2004(1).

葛兆光. 历史记忆、思想资源与重新诠释——关于思想史写法的思考之一[J]. 中国哲学史,2001(1).

郭本禹. 当代心理学的新进展[M]. 济南：山东教育出版社,2003.

郭本禹,崔光辉. 论解释现象学心理学[J]. 心理研究,2008(1).

郭本禹,崔光辉. 现象学心理学的两种研究取向初探[J]. 南京师大学报(社会科学版),2004(6).

郭齐勇. 儒释道三教中的心理学原理[J]. 湖北大学学报(哲学社会科学版),2008(3).

郭英. 跨文化心理学研究的历史、现状与趋势[J]. 四川师范大学学报(社会科学版),1997(4).

郭永玉. 超个人心理学的基本理念[J]. 华中师范大学学报(人文社会科学版),2000(5).

郭永玉. 超个人心理学观评析[J]. 南京师大学报(社会科学版),2003(4).

郭永玉. 精神的追寻——超个人心理学及其治疗理论研究[M]. 武汉：华中师范大学出版社,2002.

韩立敏. 心理学分裂的危机及整合的道路[J]. 河北师范大学学报(教育科学版),2001(4).

胡万年. 从个体主义到文化主义——心理学研究范式的转向与整合[J]. 心理学探新,2006(2).

胡中锋. 论心理学的学科划界问题——从科学哲学中关于科学的划界标准

谈起[J].自然辩证法研究,1998(7).

华生.行为主义者所看到的心理学[M]//西方心理学家文选.北京:人民教育出版社,1983.

黄囉莉.科学渴望创意、创意需要科学:扎根理论在本土心理学中的运用与转化[M]//杨中芳.本土心理学研究取径论丛.台北:远流图书公司,2008.

霍涌泉,李林.当前心理学文化转向研究中的方法论困境[J].四川师范大学学报(社会科学版),2005(2).

霍涌泉.后现代主义能否为心理学提供新的精神资源?[J].南京师大学报(社会科学版),2004(2).

霍涌泉.心理学文化转向中的方法论难题及整合策略[J].心理学探新,2004(1).

纪海英.文化与心理学的相互作用关系探析[J].南京师大学报(社会科学版),2007(4).

卡麦兹.建构扎根理论——质性研究实践指南[M].边国英,译.重庆:重庆大学出版社,2009.

况志华,叶浩生.当代西方心理学的三种新取向及其比较[J].心理学报,2005(5).

李炳全,叶浩生.文化心理学的基本内涵辨析[J].心理科学,2004(1).

李炳全,叶浩生.主流心理学的困境与文化心理学的兴起[J].国外社会科学,2005(1).

李炳全.论文化心理学在心理学方法论上的突破[J].自然辩证法通讯,2005(4).

李炳全.文化心理学与跨文化心理学的比较与整合[J].心理科学进展,2006(2).

李景林.教养的本原——哲学突破期的儒家心性论[M].沈阳:辽宁人民出版社,1998.

李敏荣.超个人心理学的发展观述评[J].湖南师范大学教育科学学报,2007(4).

李树军,张鲁宁.庄子"心斋"、"坐忘"思想与超个人心理学比较研究[J].河南社会科学,2011(1).

李志刚.扎根理论方法在科学研究中的运用分析[J].东方论坛,2007(4).

林定夷.论科学与非科学的划界问题——兼论科学与伪科学的界线[J].河南社会科学,2007(5).

刘华.心理学技术人道主义的构建及其途径[J].自然辩证法通讯,2005(6).

刘金平,乐国安.文化心理学的三种研究取向[J].心理科学,2005(6).

刘金平.试论后现代主义思潮与后现代心理学[J].河南大学学报,2003(5).

刘晓虹.从群体原则到整体主义——中国传统价值体系中的群己观探析[J].文史哲,2002(4).

刘晓虹.整体主义与个人主义之争:西方哲学的一条重要线索[J].学术界,1999(6).

刘宗发.心理学是一门意识科学——心理学学科性质新论[J].湖南师范大学教育科学学报,2007(4).

卢风.价值论个体主义与整体主义[J].华中科技大学学报(社会科学版),2007(2).

卢风.西方社会科学方法论中的个人主义与整体主义之争[J].哲学动态,1993(8).

罗安宪.中国心性论第三种形态:道家心性论[J].人文杂志,2006(1).

吕庆燕,王有智,王振宏.个体主义与集体主义文化模式下的情绪差异性[J].兰州大学学报(社会科学版),2010(6).

麻彦坤.当代心理学文化转向的动因及其方法论意义[J].国外社会科学,2004(1).

麻彦坤.文化转向:心理学发展的新契机[J].南京师大学报(社会科学版),2003(3).

马斯洛.科学心理学[M].林方,译.昆明:云南人民出版社,1988.

马斯洛.科学中的问题中心与方法中心[M]//动机与人格.许金声,等,译.北京:华夏出版社,1987.

蒙培元.儒、佛、道的境界说及其异同[J].世界宗教研究,1996(2).

蒙培元.心灵的开放与开放的心灵[J].哲学研究,1995(10).

孟维杰,葛鲁嘉.论心理学文化品性[J].心理科学,2008(1).

孟维杰.从科学划界看心理学划界的深层思考[J].科学技术与辩证法,2007(1).

孟维杰.从文化转向到跨文化对话:心理学发展新思维[J].南通大学学报

（教育科学版），2006(2).

孟维杰.从心理学文化转向到心理学文化品性探寻[J].自然辩证法通讯，2006(1).

孟维杰.从哲学主义到文化主义：心理学时代发展反思与构想[J].河北师范大学学报(教育科学版)，2007(2).

孟维杰.现代心理学自然科学品性探析[J].南京师大学报(社会科学版)，2007(5).

孟维杰.心理学理论创新——心理学方法论扩展性探索[J].社会科学战线，2010(11).

孟维杰.心理学理论创新——心理学研究对象扩展性探索[J].心理学探新，2011(1).

孟维杰.心理学理论创新——中国心理学文化根基论析及当代命运[J].河北师范大学学报(哲学社会科学版)，2011(5).

倪梁康.意识的向度：以胡塞尔为轴心的现象学问题研究[M].北京：北京大学出版社，2007.

欧阳常青.原创性：心理学研究的理性诉求[J].心理学探新，2005(4).

潘威.扎根理论与解释现象学分析的比较研究[J].西华大学学报(哲学社会科学版)，2010(3).

彭启福.社会科学中的整体主义和个体主义[J].安徽师范大学学报(社会科学版)，1995(3).

彭彦琴.另一种声音：现代新儒学与中国人文主义心理学[J].心理学报，2007(4).

彭运石.心理学的整合视野[J].湖南师范大学教育科学学报，2002(1).

钱兆华.经验技术和科学技术及其特点[J].科学·经济·社会，2001(2).

单志艳,孟庆茂.心理学中定量研究的几个问题[J].心理科学，2002(4).

申荷永,高岚.《易经》与中国文化心理学[J].心理学报，2000(3).

沈湘平.马克思对方法论个人主义与整体主义的超越[J].浙江社会科学，2008(1).

石春,贾林祥.论现象学视野下的西方心理学[J].徐州师范大学学报(哲学社会科学版)，2006(4).

舒尔茨.现代心理学史[M].杨立能,等,译.北京：人民教育出版社，1981.

斯金纳.超越自由与尊严[M].王映桥,等,译.贵阳:贵州人民出版社,1988.

宋晓东,叶浩生.本土心理学与多元文化论——"去文化"范式的多元文化论心理学[J].天中学刊,2008(1).

宋晓东,叶浩生.本土心理学与多元文化论——在人类心理学理论前景中的相遇[J].徐州师范大学学报(哲学社会科学版),2008(1).

苏屹,李柏洲.原始创新研究文献综述[J].科学管理研究,2012(2).

孙晓娥.扎根理论在深度访谈研究中的实例探析[J].西安交通大学学报(社会科学版),2011(6).

汤一介.禅宗的觉与迷[J].中国文化研究,1997(3).

陶宏斌,郭永玉.实证主义方法论与现代西方心理学[J].心理学报,1997(3).

田浩,葛鲁嘉.文化心理学的启示意义及其发展趋势[J].心理科学,2005(5).

田浩,刘钊.从文化心理到心理文化:心理学文化意识的拓展[J].西北师大学报(社会科学版),2007(3).

田浩.文化心理学的发展线索[J].内蒙古师范大学学报(哲学社会科学版),2005(6).

田浩.文化心理学的方法论困境与出路[J].心理学探新,2005(4).

田松.唯科学·反科学·伪科学[J].自然辩证法研究,2000(9).

童辉杰.广义的诠释论与统一的心理学[J].南京师大学报(社会科学版),2000(4).

王宁.个体主义与整体主义对立的新思考——社会研究方法论的基本问题之一[J].中山大学学报(社会科学版),2002(2).

王启康.关于超个人心理学几个主要理论问题的辨析[J].华中师范大学学报(人文社会科学版),2002(5).

王锡苓.质性研究如何建构理论?——扎根理论及其对传播研究的启示[J].兰州大学学报(社会科学版),2004(3).

王拥军,俞国良,刘聪慧.社会认知神经科学研究范式述评[J].心理科学,2010(5).

夏代云,何泌章.浅议方法论个体主义与方法论整体主义之争——以沃特金斯与布洛德贝克为例[J].自然辩证法研究,2009(7).

徐冬英.心理学的分裂与统一研究述评[J].徐州师范大学学报(哲学社会科学版),2005(5).

严由伟.我国关于实证主义与现代西方心理学研究的综述[J].心理科学进展,2003(4).

颜晓峰.论方法创新[J].科学技术与辩证法,2002(1).

燕良轼,曾练平.中国理论心理学的原创性反思[J].心理科学,2011(5).

阳泽.论结构思想及其在心理学中的应用[J].西南大学学报(社会科学版),2008(4).

杨国枢.社会及行为科学研究法(上册)[M].重庆:重庆大学出版社,2006.

杨国枢,黄光国,杨中芳.华人本土心理学(上册)[M].重庆:重庆大学出版社,2008.

杨国枢.我们为什么要建立中国人的本土心理学[J].本土心理学研究,1993(1).

杨国枢.心理学研究的本土契合性及其相关问题[J].本土心理学研究,1997(8).

杨莉萍.从跨文化心理学到文化建构主义心理学——心理学中文化意识的衍变[J].心理科学进展,2003(2).

杨明,张伟.个人主义:西方文化的核心价值观[J].哲学研究,2007(4).

杨维中.论先秦儒学的心性思想的历史形成及其主题[J].人文杂志,2001(5).

杨鑫辉.略论现代心理技术学的体系建构[J].心理科学,1999(5).

杨鑫辉.中国现代心理技术学的回顾与展望[J].宁波大学学报(教育科学版),2007(2).

杨鑫辉.中国心理学思想史[M].南昌:江西教育出版社,1994.

杨伊生.对我国心理学研究原创性的思考[J].内蒙古师范大学学报(哲学社会科学版),2006(2).

杨英,郭永玉.后现代心理学与现代心理学的对话[J].心理科学进展,2005(3).

杨玉芳.知识创新与心理学的发展[J].心理与行为研究,2003(1).

杨中芳.本土化心理学的研究方法[M]//华人本土心理学(上册).重庆:重

庆大学出版社,2008.

杨中芳.如何研究中国人:心理学本土化论文集[M].台北:桂冠图书公司,1997.

姚介厚."后现代"问题和后现代主义的哲学与文化[J].国外社会科学,2001(5).

叶浩生.西方心理学的历史与体系[M].北京:人民教育出版社,1998.

叶浩生.西方心理学研究新进展[M].北京:人民教育出版社,2003.

叶浩生.多元文化论与跨文化心理学的发展[J].心理科学进展,2004(1).

叶浩生.关于西方心理学中的多元文化论思潮[J].心理科学,2001(6).

叶浩生.论心理学的分裂与整合[J].陕西师范大学学报(哲学社会科学版),2002(6).

叶浩生.试析现代西方心理学的文化转向[J].心理学报,2001(3).

叶浩生.思维方式的转变与心理学的整合[J].南京师大学报(社会科学版),1999(1).

叶浩生.西方心理学的分裂与整合主义的困境[J].南京师大学报(社会科学版),2002(4).

叶浩生.西方心理学中的现代主义、后现代主义及其超越[J].心理学报,2004(2).

叶浩生.西方心理学中多元文化论运动的意义与问题[J].山东师范大学学报(人文社会科学版),2001(5).

叶浩生.西方心理学中两种文化的分裂及其整合[J].心理学报,1999(3).

叶浩生.心理学的分裂与心理学的统一[J].心理科学,1997(5).

叶浩生.有关西方心理学分裂与整合问题的再思考[J].心理学报,2002(4).

叶浩生.有关西方心理学中生物学化思潮的质疑与思考[J].心理科学,2006(3).

叶浩生.再论心理学的分裂与整合[J].心理学探新,2000(2).

余安邦.文化心理学的历史发展与研究进路[J].本土心理学研究,1996(6).

余德慧.文化心理学的诠释之道[J].本土心理学研究,1996(6).

乐国安,纪海英.文化与心理学关系的三种研究模式及其发展趋势[J].西南大学学报(社会科学版),2007(3).

曾红.生物本体论在西方心理学中的发展[J].心理科学,2001(4).

翟学伟.中国人社会行动的结构——个人主义和集体主义的终结[J].南京大学学报(哲学·人文·社会科学),1998(1).

张侃.心理科学与社会发展[J].中国科学院院刊,2007(3).

张荣明.近百年中国思想史研究方法的变动趋势[J].学术月刊,2007(4).

张文喜.超越个体主义与整体主义的对立[J].安徽师范大学学报(哲学社会科学版),1998(1).

郑开.道家心性论研究[J].哲学研究,2003(8).

钟建军,陈中永.智力开发的基本理念与实践[J].心理科学进展,2006(2).

钟年.反思中国近现代心理学的发展轨迹[J].心理科学,2008(5).

钟年.中文语境下的"心理"和"心理学"[J].心理学报,2008(6).

周宁,葛鲁嘉.常识话语形态的心理学[J].辽宁师范大学学报(社会科学版),2004(1).

周宁,葛鲁嘉.心理学的常识心理学水平[J].心理科学,2003(6).

周宁.本土心理学的两种哲学视野[J].西北师大学报(社会科学版),2003(4).

周宁.独白的心理学与对话的心理学[J].西北师大学报(社会科学版),2002(6).

周宁.独白的心理学与对话的心理学——心理学的两种话语形态[M].昆明:云南大学出版社,2005.

周宁.心理学哲学视野中的主体心理学与存在心理学[J].学习与探索,2003(4).

周晓虹.现代社会心理学的危机——实证主义、实验主义和个体主义批判[J].社会学研究,1993(3).

朱法良.对全面开发人脑的思考[J].教育研究,2001(7).

朱凤青.科学划界:从一元标准走向多元标准[J].科学学研究,2008增刊(上).

朱海燕,张锋.作为自然科学的心理学的困境[J].云南师范大学学报,2000(5).

邹广文,赵浩.个人主义与西方文化传统[J].求是学刊,1999(2).

二、英文部分

Adamopoulos, J. & Lonner, W. J. Culture and psychology at acrossroad: Historical perspective and theoretical analysis. In David Matsumoto(Ed.), *The*

Handbook of Culture and Psychology. New York: Oxford University Press, 2001.

Baars, B. J. *The Cognitive Revolution in Psychology*. New York: The Guilford Press, 1986.

Baars, B. J. *In the Theater of Consciousness*. New York: Oxford University Press, 1997.

Beit-Hallahmi, B. & Argyle, M. *The Psychology of Religious Behaviour, Belief and Experience*. London: Routledge, 1997.

Bem, S. & Looren de Jone, H. *Theoretical Issues in Psychology: An Introduction*. London: Sage Publications, 2006.

Botterill, G. & Carruthers, P. *The Philosophy of Psychology*. Cambridge: Cambridge University Press, 1999.

Brdar, I. (Ed.). *The Human Pursuit of Well-Being: A Cultural Approach*. New York: Springer, 2011.

Charmaz, K. *Constructing Grounded Theory: A Practical Guide through Qualitative Analysis*. London: Sage Publications Ltd, 2006.

Cole, M. *Cultural Psychology*. Cambridge, MA: Harvard University Press, 1998.

Crisp, R. J. (Ed.). *The Psychology of Social and Cultural Diversity*. Oxford: Wiley-Blackwell, 2010.

Doherly, M. *Theory of Mind: How Children Understand Others' Thoughts and Feelings*. East Sussex: Psychology Press, 2009.

Fave, A. D., Massimini, F., & Bassi, M. *Psychological Selection and Optimal Experience across Cultures*. New York: Springer, 2011.

Friedman, H. Psychological nescience in a postmodern context. *American Psychologist*, 2002(6-7).

Fodor, J. A. *Psychosemantics*. Cambridge, MA: The MIT Press, 1987.

Fodor, J. A. *The Mind does not Work that Way: The Scope and Limits of Computational Psychology*. Cambridge, MA: The MIT Press, 2000.

Franklin, S. S. *The Psychology of Happiness: A Good Human Life*. New York: Cambridge University Press, 2010.

Garbarino, J. *The Positive Psychology of Personal Transformation*. New York: Springer, 2011.

Glaser, B. G. & Strauss, A. L. *The Discovery of Grounded Theory: Strategies for Qualitative Research*. New York: Aldine de Gruyter, 1967.

Heelas, P. & Lock, A. *Indigenous Psychology: The Anthropology of the Self*. New York: Academic Press, 1981.

Johnson, D. M. & Erneling, C. E. *The Future of the Cognitive Revolution*. New York: Oxford University Press, 1997.

Kim, U. & Berry, J. W. (Eds.). *Indigenous Psychologies: Research and Experience in Cultural Context*. Newbury Park, CA: Sage Publications, 1993.

Kim, U. Culture, science, and indigenous psychologies: An integrated analysis. In David Matsumoto (Ed.), *The Handbook of Culture and Psychology*. New York: Oxford University Press, 2001.

Kim, U. Culture, science, and indigenous psychologies: An integrated analysis. In David Matsumoto (Ed.), *The Handbook of Culture and Psychology*. New York: Oxford University Press, 2001.

Kim, U., Yong, K. S., & Hwang, K. K. *Indigenous and Cultural Psychology: Understanding People in Context*. New York: Springer, 2006.

Kimble, G. A. Psychology's two cultures. *American Psychologist*, 1984(8).

Kimble G. A. *Psychology: The Hope of a Science*. Cambridge, MA: The MIT Press, 1996.

Markus, H. R. & Kitayama, S. Culture and the self: Implications for cognition, emotion, and motivation. *Psychological Review*, 1991(2).

Paranjpe, A. C. *Theoretical Psychology: The Meeting of East and West*. New York: Plenum Press, 1984.

Paranjpe, A. C., Ho, D. Y. F., & Rieber, R. W. *Asian Contributions to Psychology*. New York: Praeger, 1988.

Pedersen, P. (Ed.). *Multiculturalism as a Fourth Force*. Washington, DC: Taylor Francis, 1999.

Ratner, C. *Cultural Psychology and Qualitative Methodology*. New York:

Plenum Press, 1997.

Rennie, D. L. Grounded theory methodology as methodological hermeneutics. *Theory and Psychology*, 2000(10).

Rescher, N. *Common-Sense: A New Look at an Old Philosophical Tradition*. Milwaukee: Marquette University Press, 2005.

Shweder, R. A. *Thinking through Cultures: Expeditions in Cultural Psychology*. Cambridge, MA: Harvard University Press, 1991.

Sperry, R. W. Psychology's mentalist paradigm and the religion/science tention. *American Psychologist*, 1988(8).

Staats, A. W. *Psychology's Crisis of Disunity: Philosophy and Method for a Unified Science*. New York: Praeger, 1983.

Staats, A. W. Unified positivism and unification psychology. *American Psychologist*, 1991(9).

Stich, S. P. *From Folk Psychology to Cognitive Science*. Cambridg, MA: The MIT Press, 1983.

Strauss, A. L. & Corbin, J. (1998). *The Basics of Qualitative Research: Techniques and Procedures for Developing Grounded Theory*. Newbury Park, CA: Sage, 1998.

Strongman, K. T. *The Psychology of Emotion: From Everyday Life to Theory*. New York: John Wiley & Sons Inc, 2003.

Tart, C. T. Some assumptions of orthodox Western psychology. In C. T. Tart (Ed.), *Transpersonal Psychologies*. New York: Harper, 1975.

Tien-Lun Sun, C. *Themes in Chinese Psychology*. Singapore: Cengage Learning, 2008.

Varela, F. J. , Thompson, E. , & Rosch, E. *The Embodied Mind: Cognitive Science and Human Experience*. Cambridge, MA: The MIT Press, 1991.

Vijver, F. V. D. The evolution of cross-cultural research methods. In David Matsumoto (Ed.), *The Handbook of Culture and Psychology*. New York: Oxford University Press, 2001.

Ward, C. , Bochner, S. , & Furnham, A. *The Psychology of Culture*

Shock. New York: Routledge, 2001.

Wilber, K. *No Boundary: Eastern and Western Approaches to Personal Growth*. Boston, MA: Shambhala Publications, 1979.

Wilber, K. *Integral Psychology: Consciousness, Spirit, Psychology, Therapy*. Massachusetts: Shambhala Publications, 2000.

后　　记

在心理学的研究中,科学心理学从来就被研究者认为是唯一合理的心理学存在和心理学研究,因此,当我将科学心理学看成是一种心理学的特定形态,而且是与其他形态的心理学具有同等价值的心理学探索或心理学存在时,显然我给自己的研究带来了一种风险,那就是对科学心理学的矮化或贬低。

在心理学研究中,研究者通常关注的都是具体的研究课题,或者是关于心理学研究对象的特定方面的研究课题,而很少将科学心理学当成一个整体进行考察和研究,更很少将科学心理学置于与其他形态的心理学的关系中去进行探索。这需要反思心理学或科学形态的心理学。心理学的研究牵涉一系列重大的学科问题、学术问题、学理问题、历史问题、现实问题和未来问题。这些都是关系到心理学学科进步的问题。

我不是单一地探讨心理学的历史、发展、演变、思想、理论、方法、技术、工具等,而是希望能够整合所有这些方面,对心理学学科进行全景式、全方位、立体化、系统性的考察和探索。

无疑,我给自己提出了一个非常棘手的难题,但是富有挑战性的课题也是最具吸引力的。当然,这也是需要深厚的学术功力和丰富的学术修养的。我年轻的时候就有整体把握科学心理学的冲动,但那时力不从心。而现在,我已经有了较长时期的学术积累和思考,已经可以按照自己的研究思路,去系统考察和探索心理学学科的重大问题。

我研究提出了心理学的六种历史、现实和未来的形态,并撰写了这六种形态的心理学的系列学术专著,也就是《常识形态的心理学——心理学的生活形态和日常存在》《哲学形态的心理学——哲学心理学与心理学哲学》《宗教形态的心理学——宗教传统和研究的心理学智慧》《类同形态的心理学——不同科学门类中的心理学探索》《科学形态的心理学——心理学的科学追求与科学身份》和《资源形态的心理学——心理资源的基本性质与核心内涵》系列学术专著中。《科学形态的心理学——心理学的科学追求与科学身份》处在第五序位。

其实,科学心理学的生命力就在于能够贯通自身的发展历程,能够贯通各种不同的研究课题,面对不同形态的心理学探索以及不同的发展或成长任务。在原有的心理学研究中,"科学心理学"成为一个自足、自满、自大的名号,仿佛只要冠以"科学"的心理学,就可以"百毒不侵"、纵横天下。实际上,被科学心理学排斥的不同心理学形态,并不等于就不存在了,而最重要的是,科学心理学还要面对其他不同形态的心理学。

在这种面对中,最重要的就是心理学研究能够清醒、深入、全面和理智地去把握、认识、理解和掌控科学形态的心理学。心理学的研究者都应该有这样的修养和训练,也都应该有这样的思考和明辨。可以说,科学形态的心理学已经有了自己的学科边界、研究规模和学术地位,但是,科学形态的心理学还需要有自我反思的能力和自我批判的勇气。

对心理学的兴趣、学习、热爱、探索、追求、把握和推动,促成我对科学形态的心理学的研究,我也希望自己的研究能够有助于心理学学科的发展和壮大。从事一个学科的研究,就应该对这门学科有自己的理解和把握,这样才能够对自己的专业研究工作有一个引导和定位。

心理学的研究和探索还有许许多多后来的投身者,谁不想对自己的职业领域或专业领域有更全面更深入的了解呢?我希望这部学术著作能够奉献这样的内容给这样的学者。热爱不等于吹捧,批评也不等于贬低,清醒的认识和冷静的反思,都是强化心理学的学科和学术所需要的。

我已经开始进入"老者"的队伍,这不仅是对自然年龄而言的"老者",而且是对在心理学领域从事研究的时间而言的"老者"。同时,我还依然是"少者",这不仅是就实际心态而言的"少者",而且是就我在心理学演进历程中所处位置的"少者"。但是,对心理学的探索,对心理学自身的反思,对心理学未来的把握,对心理学走向的推动,却是一个老少皆宜的学术创造的空间。

　　我并不想做一个前无古人、后无来者的研究者,我只想成为前有古人和后有来者的探索者!

　　非常感谢谢冬华编辑,让我能够从学术专著的出版中获得一种享受!感谢他的劳动,感谢他的热心!

葛鲁嘉

于吉林大学哲学社会学院心理学系

2014 年 11 月 11 日

图书在版编目(CIP)数据

科学形态的心理学：心理学的科学追求与科学身份 / 葛鲁嘉著.–上海：上海教育出版社，2015.12
（心理学形态研究系列）
ISBN 978–7–5444–6729–2

Ⅰ.①科… Ⅱ.①葛… Ⅲ.①心理学 – 科学观 – 研究
Ⅳ.①B84

中国版本图书馆CIP数据核字(2015)第299593号

责任编辑 谢冬华

封面设计 郑 艺

心理学形态研究系列

科学形态的心理学
——心理学的科学追求与科学身份
Kexue Xingtai de Xinlixue
——Xinlixue de Kexue Zhuiqiu yu Kexue Shenfen

葛鲁嘉 著

出 版 上海世纪出版股份有限公司
上 海 教 育 出 版 社
易文网 www.ewen.co
地 址 上海永福路123号
邮 编 200031
发 行 上海世纪出版股份有限公司发行中心
印 刷 昆山市亭林印刷有限责任公司
开 本 700×1000 1/16 印张 18.75 插页 4
版 次 2015年12月第1版
印 次 2015年12月第1次印刷
书 号 ISBN 978–7–5444–6729–2/B·0108
定 价 61.00元

(如发现质量问题，读者可向工厂调换)